WERNER H. SCHMIDT
in Zusammenarbeit mit
HOLGER DELKURT und AXEL GRAUPNER

DIE ZEHN GEBOTE
IM RAHMEN ALTTESTAMENTLICHER ETHIK

ERTRÄGE DER FORSCHUNG

Band 281

WERNER H. SCHMIDT
in Zusammenarbeit mit
HOLGER DELKURT und AXEL GRAUPNER

DIE ZEHN GEBOTE IM RAHMEN ALTTESTAMENTLICHER ETHIK

WISSENSCHAFTLICHE BUCHGESELLSCHAFT
DARMSTADT

Dekalog
Ethik – Dekalog

Einbandgestaltung: Neil McBeath, Stuttgart.

Die Deutsche Bibliothek – CIP-Einheitsaufnahme

Schmidt, Werner H.:
Die Zehn Gebote im Rahmen alttestamentlicher Ethik / Werner H. Schmidt. In Zusammenarbeit mit Holger Delkurt und Axel Graupner. – Darmstadt: Wiss. Buchges., 1993
(Erträge der Forschung; Bd. 281)
ISBN 3-534-10007-7
NE: GT

Bestellnummer 10007-7

Gedruckt auf säurefreiem und alterungsbeständigem Werkdruckpapier
Gesamtherstellung: Wissenschaftliche Buchgesellschaft, Darmstadt
Printed in Germany
Schrift: Linotype Garamond, 9.5/11

ISSN 0174-0695
ISBN 3-534-10007-7

INHALT

VORWORT

Die Zehn Gebote sind, von den Psalmen abgesehen, der Christenheit wohl der wichtigste Text des Alten Testaments geworden und haben über diesen Raum hinaus grundlegende, kaum abschätzbare Bedeutung für die Ethik gewonnen. Es handelt sich durch den Zusammenklang von theologischen und ethischen Geboten um einen Text von großer Dichte und Tiefe sowie kaum vergleichbarer Wirkung.

Ist in dieser über lange Zeit gewachsenen Überlieferung, die Anrede und Anspruch, theologische und ethische Einsicht vereinigt: „Es ist dir gesagt, Mensch, was gut ist“ (Mi 6,8), noch Zukunft aufbewahrt? Der Mensch heute neigt dazu, einem „Du sollst“ sein „Ich bin“ entgegenzustellen. Erscheint die Zukunft ohne diesen Anstoß aber nicht ärmer? Lassen sich hier weiterhin Anregungen für die Verantwortung oder gar Verpflichtung des Menschen empfangen?

In diesem Zusammenhang gibt schon der Titel des Buches Fragen auf. Die geläufige Bezeichnung „Zehn Gebote“ ist insofern einseitig, als sie das theologische Proömium, die allen Geboten voranstehende Zusage „dein Gott“, nicht zu umfassen vermag; der Name „Zehn Worte“ (Ex 34,28 u. a.) oder „Dekalog“ wäre in seiner Allgemeinheit weniger mißverständlich.

Im Alten Testament ist der Dekalog in die Geschichte eingebettet und steht zu der Person Moses in enger Beziehung. Der vorliegende Band möchte den Forschungsbericht ›Exodus, Sinai und Mose‹ (EdF 191, 1983. ²1990), der in der Rückfrage nach Mose sein verbindendes Thema hat, ergänzen.

Allerdings ist dieses Buch ein Gemeinschaftswerk. Ohne die Ermutigung wie die kräftige Mitarbeit von Dr. Holger Delkurt und Dr. Axel Graupner wäre diese Darstellung nicht zustande gekommen.

Holger Delkurt, der sich besonders dem V.–IX. Gebot gewidmet hat, ist seit seiner Wissenschaftlichen Hausarbeit für das Erste theologische Examen über die sog. zweite Tafel des Dekalogs und durch seine Dissertation ›Ethische Einsichten in der alttestamentlichen Spruchweisheit‹ mit dem Thema vertraut.

Axel Graupner, der sich bereits engagiert für ein Verständnis des Dekalogs eingesetzt hat (ZAW 99, 1987, 308–329), hat sich insbesondere des II.–IV. und des X. Gebots, des Abschnitts über die Entstehung und Überlieferungsgeschichte sowie des Literaturverzeichnisses angenommen.

Bereits bei der Beschäftigung mit meinem Dissertationsthema ›Königtum Gottes‹ hat sich mir die Bedeutung der Ausschließlichkeit des alttestamentlichen Glaubens, wie sie im Ersten Gebot gesammelt zum Ausdruck kommt, im Vergleich mit der Umwelt – sowie in der Abwandlung der von ihr aufgenommenen Traditionen und Vorstellungen – aufgedrängt (vgl. BZAW 80, [2]1966, 87ff.); das Phänomen suchte dann eine eigene Studie (Das erste Gebot: ThExh 165, 1970) vor einem weiteren Hintergrund zu entfalten. Zugleich setzt der vorliegende Band einen früheren Auslegungsversuch, den Vortrag ›Überlieferungsgeschichtliche Erwägungen zur Komposition des Dekalogs‹ auf dem Alttestamentler-Kongreß in Uppsala 1971 (VT.S 22, 1972, 201–220) fort.

Wir haben die Einzelauslegung und die Gesamtauffassung des Dekalogs – vor dem größeren Forum des Seminars wie im kleinen Kreis der Sozietät – gemeinsam besprochen und eine Gestalt der Darstellung gesucht.

Die Zehn Gebote sind im Alten Testament zweimal überliefert – in zwar weithin übereinstimmender, in Einzelheiten aber nicht unerheblich voneinander abweichender Gestalt. Daß in der gegenwärtigen Forschungssituation, in der strittig ist, ob die Fassung von Ex 20 oder Dtn 5 die ältere ist, ein Kommentator des Exodusbuches (BK II/1) einen Überblick über ›Erträge der Forschung‹, über Fragestellungen und Einsichten exegetischer Arbeit am Dekalog zu geben sucht und diese Aufgabe nicht dem Ausleger des Buches Deuteronomium überläßt, könnte man bereits als Zeichen verstehen.

Ziel dieser Darstellung ist allerdings weniger, zu dieser breit geführten Diskussion Stellung zu nehmen. Wie der Titel ›Die Zehn Gebote im Rahmen alttestamentlicher Ethik‹ andeuten möchte, soll das Problem der Entstehung des Dekalogs zurücktreten gegenüber der Frage nach dem Inhalt bzw. der Aussage-Absicht des Textes; diese Frage läßt sich jedoch nicht ohne Rückbezug auf die Überlieferungsgeschichte beantworten. Die Zehn Gebote sollen, soweit dies erkennbar ist, im Kontext der Geschichte theologischen und ethischen Nachdenkens verstanden werden; dabei stößt man sowohl auf der Gegenwart Fernes und Fremdes als auch auf Anregendes, Vertrautes und Symbolträchtiges.

Die Frage nach der Gegenwartsbedeutung der Zehn Gebote vermag der Exeget, solange er Exeget bleibt, nicht unmittelbar zu beantworten, sondern nur soweit aufzunehmen, als er sie an den Text zurückbinden kann und dort Anhalt findet.

In mancher Hinsicht knüpft die vorliegende Darstellung an den eingehenden Forschungsbericht von J. J. Stamm an, der seine Sicht in der allgemeinverständlichen Publikation ›Der Dekalog im Lichte der neueren Forschung‹ (^{2}1962) zusammengefaßt hat, und fühlt sich ihm verbunden.

Dabei möchte auch dieser Band über den Kreis der im engeren Sinne fachlich Interessierten hinaus lesbar, in der Argumentation nachvollziehbar und verständlich bleiben – ob und wieweit dies gelungen ist, entscheidet der Leser.

Bonn, im März 1992 Werner H. Schmidt

A

I. EINFÜHRUNG

Zur Verbindung von Glaube und Ethik

Menschliches Handeln ist notwendig in höherem Maß auf die zeitgemäße Situation wie die jeweilige Gesellschaft bezogen als der Glaube. Insofern ist Ethik auch stärker geschichtlicher Veränderung ausgesetzt und damit der Relativität preisgegeben.

Müssen angesichts sich wandelnder Verhältnisse nicht auch die Maßstäbe des Handelns – in der Bindung an die Überlieferung – jeweils neu bedacht werden? Vermag die aus der Tradition vorgegebene Ethik darum mehr als Anstöße und Anregungen zu geben, zwar Richt- oder Leitlinien anzudeuten, die für die Gegenwart hilfreich bleiben, aber kaum „absolut" oder „apodiktisch" zu gelten?

Zudem sind die Anfragen heutiger Lebenssituation, die in mancher Hinsicht vielfältiger, so weniger eindeutig und schwerer durchschaubar wirkt, oft gänzlich anderer Art als in der Vergangenheit. Manche gegenwärtig bedrängenden ethischen Probleme waren früheren Generationen unbekannt und erscheinen darum von der Tradition her keineswegs ohne weiteres lösbar; hier ist ein Weiterdenken erforderlich.

Bedarf ethisches Abwägen und Urteilen trotzdem nicht nur des Vorblicks, der Verantwortung vor der Zukunft, sondern auch des Rückblicks, der Berücksichtigung dessen, was früheren Generationen tragfähig erschien? Muß ethisches Sich-Entscheiden, um sich selbst vergewissern zu können, sich nicht allein auf die bestehende Situation, sondern zugleich auf Vorgegebenes besinnen und in aller zutage liegenden Diskontinuität nach Kontinuität suchen?

Tradition und Situation, der Text in seinem Zusammenhang – nicht das vereinzelte „Du sollst" – und die Gegenwartsaufgabe sind zu bedenken, gleichsam miteinander ins Gespräch zu bringen. Die Tradition deutet auf ein Feld des Lebens hin, setzt dort Zeichen, die zur Orientierung dienen.

(1) Was allgemein angedeutet wurde, gilt auch im besonderen. Im Bereich ethischen Nachdenkens wird eher stärker spürbar, daß wir vom Alten Testament um ein halbes oder gar ganzes Jahrtausend weiter getrennt sind als vom Neuen Testament. Gewiß steht die Christenheit gegenüber dem Alten Testament überhaupt in einem gebrochenen Ver-

hältnis, das durch Gemeinsamkeit und Verschiedenheit, Aufnahme und Widerspruch, Nähe und Ferne, Ja und Nein, Zustimmung und Ablehnung charakterisiert ist. Das Alte Testament ist in der christlichen Kirche ein Buch, das zugleich geschätzt und kritisch betrachtet wird. Besteht dieses spannungsvolle Verhältnis nicht insbesondere gegenüber alttestamentlicher Ethik?[1]

Einerseits scheint der Übergang vom Alten zum Neuen Testament – im Ansatz oder Grundsatz – einen tiefen Umbruch zu markieren, indem das Gebot der Nächstenliebe, von allen Schranken befreit, zur Richtschnur des Handelns und zum Maßstab ethischer Weisung wird:

> „Wer den andern liebt, hat das Gesetz erfüllt. Denn das Gebot ‚Du sollst nicht ehebrechen, nicht töten, nicht stehlen, nicht begehren', und wenn es irgendein anderes Gebot gibt, ist in diesem Wort zusammengefaßt: ‚Du sollst deinen Nächsten lieben wie dich selbst!'"

Mit diesem Zitat und den deutenden Rahmensätzen scheint Paulus (Röm 13,8ff.) das Verständnis des Dekalogs im Christentum prinzipiell vorwegzunehmen. Zunächst trifft Paulus, obwohl er von Erfüllung des Gesetzes als ganzem spricht, seine Auswahl nur aus der sog. zweiten Tafel des Dekalogs, den ethischen Geboten.[2] Tatsächlich gewann der Dekalog seine Bedeutung vorwiegend für das soziale Zusammenleben. Traten die entscheidenden theologischen Gebote der sog. ersten Tafel – jedenfalls im Allgemeinverständnis – nicht auffällig zurück oder konnten gar mit unter die Kritik an den alttestamentlichen Zeremonialgesetzen fallen?

Vor allem bestimmt Paulus die Bedeutung der Zehn Gebote für den christlichen Glauben: Nicht sie selbst gelten als entscheidendes Motiv des Handelns, sondern die durch den Glauben freigesetzte Liebe.[3]

[1] Findet dieser Vorbehalt gegenüber alttestamentlicher Ethik nicht ein Vorbild und eine gewisse Legitimation in den Antithesen der Bergpredigt, auch wenn diese weniger auf das Alte Testament selbst als dessen – zeitgenössische – Auslegung zielen werden?

[2] Vgl. auch Mk 10,19 und schon Hos 4,2. Der Dekalog wird „vor allem im sozialen Sinn interpretiert"; auch ist „der Wortlaut des Dekalogs nicht einfach sakrosankt" (W. Schrage, Ethik des Neuen Testaments, ^{2}1989, 61 zu Mk 10,17ff.). Dies gilt wohl schon für die Propheten.

[3] Zwei Fragenbereiche können hier ausgeklammert werden:
a) Gibt es für den Vorrang des Liebesgebots in der zwischentestamentlichen Literatur (insbesondere im Test. Levi) nicht Vorläufer?
b) Wieweit sind die neutestamentlichen Paränesen, etwa die Bestimmungen über die Ehe (Mk 10; Mt 19; 1 Kor 7; vgl. 11,3ff.) faktisch durch das Liebesgebot bestimmt? Ist nicht auch hier eine Sachkritik nötig?

Besteht darüber hinaus nicht weithin die Furcht, daß mit dem Alten Testament die Gesetzlichkeit ihren Einzug hält, die Freiheit des Christen, damit auch die Freiheit zu eigener und eigenverantworteter ethischer Entscheidung, verlorengeht?

Jedoch ist der Unterschied mit einer solchen Gegenüberstellung eher zu scharf formuliert. Gewiß ist nicht ein „blinder Gehorsam" gegenüber Geboten gefordert; dennoch werden sie keineswegs bedeutungslos. Die einzelnen Gebote werden vom Liebesgebot umfaßt und gehen in ihm auf, erhalten und behalten aber die – wichtige – Aufgabe, anzuzeigen, in welchen verschiedenen Bereichen des Lebens die Liebe tätig sein kann und soll, bleiben so Konkretionen des Liebesgebots.

Andererseits hat das Alte Testament gerade auf dem Feld des Ethischen eine tiefe Wirkung entfaltet.

Stellen nicht die Zehn Gebote mit ihrem „Du sollst" den einzelnen vor Gott und nötigen ihm im Wandel der Situation eine gleichsam unbedingte Entscheidung ab, ohne doch von ihm Unmögliches zu verlangen?

Die Einsicht, daß der Dekalog das Doppelgebot der Liebe zu Gott und zum Nächsten entfaltet, braucht die Bedeutung des Dekalogs nicht zu schmälern. Obwohl M. Luther die Volks- und Situationsgebundenheit des Dekalogs hervorhebt, preist er ihn im Großen Katechismus als unvergleichlich:

> „So haben wir nu die zehen Gepot, ein Ausbund göttlicher Lehre, was wir tuen sollen, daß unser ganzes Leben Gott gefalle, und den rechten Born und Rohre, aus und in welchen quellen und gehen müssen alles, was gute Werk sein sollen, also daß außer den zehen Gepoten kein Werk noch Wesen gut und Gott gefällig kann sein, es sei so groß und köstlich fur der Welt, wie es wolle ... Denn man wird noch lang kein Lehre noch Stände aufbringen, die den zehen Gepoten gleich sind."[4]

Tatsächlich hielt der Dekalog – über seinen ursprünglichen Adressatenkreis weit hinaus und mit neuen Akzenten versehen – zwei Jahrtausenden vor, was sie vor Gott zu tun oder zu lassen und wie sie sich dem Mitmenschen gegenüber zu verhalten haben, worin sie gefehlt und was sie versäumt haben. Die Zehn Gebote bildeten nach allgemeinem Einverständnis die Grundlage, wenn nicht des Rechts, dann jedenfalls der Sitte, und in Luthers Katechismus, in dem sie als einziger alttestamentlicher Text Eingang fanden, dienen sie als Hilfe oder gar Anweisung für die Gestaltung des *christlichen* Lebens.

Wirksam wurden auch die anschaulichen Erzählungen des Alten

[4] BSLK 639.641.

Testaments, sei es von Abraham, Jakob, Saul, David oder Elija; sie wecken Einsicht in Härten und Schwächen, Höhen und Tiefen, Möglichkeiten und Grenzen des Menschseins, tragen so zur Anspannung des ethischen Empfindens, damit zur Schärfung des Gewissens bei. Dies gilt, obwohl oder gar weil heutige ethische Einstellung erheblich von damaligen Grundvoraussetzungen des Zusammenlebens abweichen kann.[5] Bedeutsam bleibt jedenfalls: Das Alte Testament glorifiziert seine „Helden" nicht, stellt weder den Erzvater[6] noch den König in seinem Verhalten immer vorbildhaft dar, beschreibt in ehrlicher Offenheit schlicht, wie es um sie steht, ohne zu verurteilende Sachverhalte zu beschönigen, und zeigt damit – fern aller gesetzlichen Enge – eine überraschend realistische Sicht des Menschen.[7]

In Übereinstimmung damit spricht das Alte Testament in den Schuldbekenntnissen der Psalmen die „Tiefe" aus, in die gerade auch der Glaubende geraten kann.

(2) Menschliches Handeln ist, wie zunächst ein schlichtes Beispiel aus einer bekannten Szene zeigen soll, nicht ohne theologische Implikationen.

Joseph, im Haus des Ägypters wegen seines segensreichen Wirkens zum Verwalter eingesetzt, widersteht der Verführung durch die Frau seines Herrn mit den Worten:

> „Siehe, mein Herr ... hat alles, was er hat, mir übergeben ... Er hat mir nichts vorenthalten als dich, weil du seine Frau bist. Wie sollte ich da dies große Unrecht begehen und gegen Gott sündigen?" (Gen 39,8f.)

Drei Beobachtungen seien hervorgehoben:

a) Berufung in ein Amt setzt Vertrauen voraus; dieses wiederum ver-

[5] Vgl. insbesondere die Geschichte von Juda und Tamar (Gen 38), die von anderen, gegenwärtigen Verhältnissen, Vorstellungen und Erwartungen fremden Voraussetzungen (Leviratsehe) ausgeht und nur von ihnen aus verständlich wird.

[6] Abraham, Vorbild im Glauben, greift – aus Angst – zumindest zu einer Notlüge oder sagt die Halbwahrheit (Gen 20,2f. 12 gegenüber 12,11ff.). – Jakob erscheint, jedenfalls in prophetisch-kritischer Sicht (Hos 12,3f.; vgl. Jes 43,27), als Betrüger (nach Gen 25; 27; 32). – Mose fragt schon bei der Berufung: „Wer bin ich?" (Ex 3,11), zaudert und wird ungehorsam (4,1; 6,12; Num 20, bes. V 12).

[7] Selbst die Zweifel des Propheten Jeremia, die Anklagen Hiobs oder die Skepsis Kohelets werden nicht verschwiegen. Um der Problemsituation, des sog. Leidens des Gerechten, willen wird von (dem Ausländer) Hiob so uneingeschränkt (Hi 1,1) geurteilt.

pflichtet, verlangt nach Gegenseitigkeit, nach entsprechendem Verhalten des Amtsträgers. So erkennt Joseph ganz selbstverständlich eine Grenze im zwischenmenschlichen Verhältnis an; sie wird schlicht durch „menschliche Anständigkeit" (G. v. Rad) vorgeschrieben, ohne daß das Dekaloggebot ausdrücklich angeführt sein muß.

b) Bemerkenswert ist dabei, daß diese Grenze keineswegs nur innerhalb der Beziehungen der eigenen Gruppe oder des eigenen Volkes verläuft, sondern wiederum ganz selbstverständlich, gleichsam „naturgemäß", auch im Umgang mit *Fremden*, Nicht-Israeliten, gilt. Es handelt sich um keine „Gruppenmoral". Vielmehr wird ohne weiteres vorausgesetzt, daß bestimmte ethische Grundgegebenheiten und Grundsätze – ein Konsens im urtümlich Menschlichen, ein elementarer Schutz des Nächsten, sei es des Gastes, des Lebens überhaupt oder der Ehe – auch im Ausland vorhanden sind oder jedenfalls sein sollten.[8]

Gehört zur Ethik darum nicht schon früh, wenn nicht von vornherein eine gewisse, letztlich unaufhebbare Widerspruchserfahrung, eine Unterscheidung zwischen dem Möglichen oder Notwendigen einerseits und dem Faktischen andererseits? „Eigentlich" sollte es jene Grundeinstellung geben, auch wenn man befürchtet, sie würde fehlen (Gen 20,11): „Ich dachte, es gebe keine Gottesfurcht an diesem Ort." Die Wirklichkeit könnte oder müßte anders sein, als sie ist oder nur vielleicht ist; in jedem Fall bleibt das Empfinden eines Zwiespalts.

c) Beachtenswert ist vor allem, daß Josephs Antwort unter der Oberflächenstruktur des Allgemein-Menschlichen um eine Tiefenschicht weiß. Im unmittelbar zutage liegenden Bereich des Beobachtbaren, Erfahrbaren und der zwischenmenschlichen Beziehungen wird eine andere – darf man bei dem räumlichen Bild verharren: „hinter-gründige" – Wirklichkeit aufgedeckt. Die Welt des Menschen erscheint gleichsam „doppelbödig". Allerdings ragen jene beiden Ebenen ineinander, durchdringen sich, bestimmen die eine menschliche Wirklichkeit. Theologischer formuliert: Das Verhalten gegenüber dem Nächsten ist zugleich Verhalten gegenüber Gott. Josephs Worte sind „so zu verstehen, daß das Unrecht gegen den Mann eine unmittelbare Sünde gegen Gott sein würde ... Das Ethos ist vollständig und bewußt an Gott gebunden".[9]

[8] Vgl. Gen 12,12ff.; 19; 20,11; 26,7ff.; Ex 1,17ff.; Am 2,1 u. a. – Die „Sittlichkeit Israels hat, wie solche Stellen lehren, nicht allein von den Beziehungen der Israeliten untereinander gesprochen und den Fremden gegenüber alles erlaubt, sondern der Ehebruch als solcher, auch an der Ägypterin, gilt als schwere Sünde wider Gott" (H. Gunkel, HK I,1, ^{3}1910, 424 zu Gen 39,9).

[9] G. v. Rad, ATD 2–4, ^{9}1972, 298 z. St.

Derselbe enge Zusammenhang spiegelt sich in der David-Batseba-Erzählung wider, die ebenfalls den Ehebruch gegenüber einem – im Land ansässigen – Fremden, dem „Hethiter Urija", geißelt, aber nun Gott durch Prophetenmund in die Szene eingreifen läßt. Zur Selbsteinsicht geführt, bekennt David (nach 2 Sam 12,13) sein Vergehen am Nächsten als Schuld vor Gott.

„Ich habe gegen Jahwe/den Herrn gesündigt."[10]

Einen Schritt weiter geht Ps 51, der nach der Überschrift bei jener Szene gesprochen sein soll:

„An dir *allein* habe ich gesündigt."[11]

Das Geständnis wird durch Einfügung der Exklusivitätspartikel „allein", die im Wortfeld des ersten Gebots verwurzelt ist,[12] noch verschärft. Mitmenschliche Schuld wird radikal als Schuld vor Gott erfaßt. Ethik ist in diesem Raum ohne Rede von Gott kaum aussagbar.

Wird heutige Zeit nicht andere Lebensbereiche benennen, in denen der Mensch so an seine Grenzen stößt, daß seine Erfahrung „gott-unmittelbar" wirkt? Allerdings bleibt – absichtlich allgemein gesprochen, so das Phänomen nur andeutend bezeichnend – die Ahnung oder das Bewußtsein der Gegenwart vertraut, daß die Welt angesichts von Ausnahme- oder Grenzsituationen „hintergründig" wirkt, der Mensch auf Letztgültiges stößt.

(3) Besteht der enge Zusammenhang zwischen Glaube und Ethos seit je? Zwar unterscheidet sich Israel im Bereich des Glaubens durch die Ausschließlichkeit, die im ersten (und zweiten) Gebot zugespitzt zum Ausdruck kommt, tiefgreifend von seiner Umwelt, ist es aber möglich und sinnvoll, auf dem Feld der Ethik in gleicher Weise nach grundlegenden Besonderheiten zu suchen?

Ethisches Denken und Handeln ist nur eingeschränkt neu oder gar „original"; mit seinen Grundsätzen und Richtlinien des Verhaltens

[10] „Die Geschichte von David und Bathseba hat seit alters Entsetzen und Staunen hervorgerufen; Entsetzen darüber, daß der König David ... solche Tat begehen konnte, Staunen, weil die Bibel sie in schonungsloser Offenheit erzählt, obwohl David der Täter ist, der große und gefeierte König, der Prototyp des Messias" (H. W. Hertzberg, ATD 10, ^{4}1968, 253 zu 2 Sam 12).

[11] Bot eben dieser parallele Wortlaut (V 6) den Anlaß, Ps 51 mit jener historischen Situation aus dem Leben Davids zu verbinden? Von sich aus hat der Psalm kaum einen einzelnen Fehltritt, sondern menschliches Verhalten und Sein grundsätzlich vor Augen.

[12] Vgl. Ex 22,19 u. ö.; dazu u. B I.

knüpft man weithin an vorgegebene Lebensgewohnheiten, an Brauchtum, Sitte und Recht an.

Um so mehr überrascht, daß das Alte Testament nach Ausweis nicht nur jener beiden Erzählungen gerade im Bereich des Sexuellen schon früh ein feines Gespür für das Anstößige, dem Nächsten Schädliche hat und im Ehebruch ein so schweres Vergehen gegen Gott sieht.[13] Möchte man diesen Sachverhalt historisch verstehen, wird man Tradition wie Situation zu bedenken haben. Von seiner (halb-)nomadischen Vergangenheit her war Israel höchstwahrscheinlich ein strenges Ethos, zumal im Bereich der Sexualität, vorgegeben.[14] Zudem muß Israel nach der Seßhaftwerdung schon bald die Gefahr erkannt haben, die ihm durch die andere Lebensweise der kanaanäischen Umwelt drohte, in deren Riten, dem sog. Fruchtbarkeitskult, auch die sakrale Prostitution nicht gefehlt haben wird.[15] So bedeutete Teilnahme an fremden, kanaanäischen Sexualriten Nachahmung fremden Brauchs (vgl. Lev 18,3f.), nicht nur Beeinträchtigung oder Zerstörung der eigenen Familien- und Volksgemeinschaft, sondern zugleich der Gottesgemeinschaft.

Die Abgrenzung von der Umwelt im Bereich dessen, was sittlich und statthaft ist, klingt nicht nur in Erzählungen[16] an, sondern wird ausdrücklich in gewissen, anscheinend alten, formelhaften Wendungen ausgesprochen:

„So tut man nicht in Israel"

oder

„eine Torheit in Israel tun".[17]

[13] Vgl. Ex 20,14; Lev 18,20; 20,10; Dtn 22,22ff.; Ez 18,6 u. a.

[14] Vgl. bes. Lev 18; auch Dtn 27,20ff. Die Untersuchung von J. Halbe zu Lev 18 bestätigt die Auffassung von K. Elliger, daß im Kern eine „im Milieu von Kleinvieh-Nomaden entstandene ... vater- und eigentumsrechtlich geprägte Reihe das Leben der Großfamilie schützender Inzestverbote" vorliegt. (Die Reihe der Inzestverbote Lev 18,7–18: ZAW 92, 1980, 60–88, bes. 87, mit Lit.) Vgl. E. Würthwein, Verantwortung, 100ff.

[15] Vgl. das Hoseabuch, wie Hos 1,2; 2,4ff.; 3,1; bes. 4,11ff.; Jer 2; auch Lev 19,29; Dtn 23,18f. u. a. In den Texten von Ras Schamra-Ugarit, die man als Selbstzeugnisse kanaanäischer Religion verstehen kann, spielen sexuelle Riten insgesamt keine beherrschende, eher eine geringe Rolle; doch werden etwa der Umgang des Gottes Baal mit einer Kuh und in einer derben Szene die Zeugung der Götter Schachar und Schalim durch El erzählt.

[16] Gen 9,22ff.; 19; 34; 26,10 u. a.

[17] 2 Sam 13,12; Gen 34,7; Dtn 22,21; Ri 19,23f.; 20,6; vgl. M. Noth, Das

Schon früh scheinen weit außerhalb des eigentlich „Kultischen" im Verhalten Trennungslinien gezogen zu sein. Jene wohl ältesten Bekundungen ethischer Besonderheit benennen Vergehen vor allem, aber nicht allein im sexuellen Bereich. Es scheint auch in Sitte und Recht Unterscheidungsmerkmale, Konsequenzen der Zugehörigkeit zu „Israel", damit – zumindest indirekt – ein zeichenhaftes Bekennen oder Verleugnen des Jahweglaubens zu geben.

Um so auffälliger bleibt, daß jene Abgrenzungsformeln menschliches Handeln nicht „vor Jahwe/dem Herrn" (Gen 6,11; 7,1; 10,9 u. ö.), sondern (nur) im zwischenmenschlichen Raum bedenken und beurteilen; sie decken eine Verletzung (der Grundordnung) der Gemeinschaft „Israel" auf, sprechen gleichsam Abgrenzung und Selbstbewußtsein aus. Beziehen sie sich mehr auf eine soziale oder auf eine religiöse Besonderheit „Israels" – oder ist diese Unterscheidung für die Frühzeit unsachgemäß? Ist unausgesprochen-selbstverständlich vorausgesetzt, daß die Abgrenzung auf einem Gottesrecht beruht?[18]

Jedenfalls mußte Israel das weite Feld des Ethischen erst mehr und mehr in den *Jahwe*glauben integrieren und zugleich mit ihm durchdringen. Im Dekalog scheint diese Situation insofern nachzuklingen, als nur die ersten beiden Gebote von der einleitenden göttlichen Ich-Rede geprägt sind.

(4) Auch die beiden ältesten Rechtssatzreihen bedenken ursprünglich (nur) zwischenmenschliche Vergehen.

Die sog. *Todesrechtssätze* (*mot-jumat*-Sätze) Ex 21,12.15–17, welche die Lebensform der Sippe widerspiegeln und bis in (halb-)nomadische Verhältnisse zurückzugehen scheinen,[19] erinnern an die sog. zweite (ethische) Tafel des Dekalogs, so daß sie – neben den Worten des Propheten Hosea als die sachlich und zumal überlieferungsgeschichtlich

System der zwölf Stämme Israels, 1930, 104f.; J. Marböck, ThWAT V, 1986, 181–183.

[18] Nach Jos 7 führt eine „Torheit in Israel" zum Schuldbekenntnis „vor Jahwe" (V 15.20). – Selbstverständlich schlossen die altorientalischen Religionen ethische Aspekte (etwa der Gerechtigkeit) ein. So wird oben absichtlich nur die *Frage* nach der Selbständigkeit des Ethischen, auf die einige Phänomene hindeuten, gestellt.

[19] Es handelt sich um eine „Sammlung von Kapitaldelikten für die innergentale Gerichtsbarkeit innerhalb des nomadischen Rechts" (V. Wagner, Rechtssätze, 30). Ein „Recht ..., das zum ältesten Rechtsbestand Israels gehört und aus einer Zeit stammt, die vor der Seßhaftwerdung liegt" (H. J. Boecker, Recht und Gesetz, 171). Vgl. K.-J. Illmann, ThWAT IV, 1984, 779f.; L. Schwienhorst-Schönberger, Bundesbuch, 213ff.

wichtigste Parallele – bei der Besprechung der Einzelgebote zum Vergleich heranzuziehen sind. Ausgeschlossen werden Mord bzw. Totschlag, tätliches Vorgehen gegen die Eltern, auch deren Verfluchung, und Menschenraub:

„Wer einen Mann schlägt, so daß er stirbt,
muß unbedingt getötet werden ...
Wer seinen Vater oder seine Mutter schlägt (erschlägt?),
muß unbedingt getötet werden.
Wer einen Mann stiehlt –
ob er ihn verkauft
oder ob er sich noch in seiner Hand (Gewalt) befindet –,
muß unbedingt getötet werden.
Wer seinem Vater oder seiner Mutter flucht
(verächtlich behandelt)
muß unbedingt getötet werden."[20]

Der sog. *Fluchdekalog* Dtn 27,16–25 ist nachträglich von zwei theologischen Sätzen (V 15.26) umrahmt und damit (zum Dodekalog) erweitert worden. Wieder sind einzelne Berührungen mit den Zehn Geboten – im Rahmen (V 15) mit dem Bilderverbot, im älteren Kern mit der sog. Zweiten Tafel – gegeben, und das Wort „Nächster" wird im Sinne des „Nachbarn" erläutert:

„Verflucht ist,
wer seinen Vater oder seine Mutter geringschätzig behandelt.
Und alles Volk soll sprechen: Amen.
Verflucht ist,
wer die Grenze seines Nächsten verrückt.
Und alles Volk soll sprechen: Amen ...
Verflucht ist,
wer seinen Nächsten heimlich erschlägt.
Und alles Volk soll sprechen: Amen ..."

Demnach beruht die von den Zehn Geboten bezeugte feste Verbindung von Glauben und Ethos vermutlich auf langem theologischem und ethischem Nachdenken.

[20] Entgegen naheliegendem Mißverständnis sei eigens darauf hingewiesen, daß diese (formgeschichtlich) isolierten (und aus früher Zeit vorgegebenen) Todesrechtssätze nicht ohne weiteres alttestamentliches Recht wiedergeben, wie schon die in der Übersetzung ausgelassenen Zusätze 21,13f. zeigen; erst recht ist vom weiteren Kontext abgesehen.

II. UNIVERSALE ETHIK?

Zu den Merkmalen des Dekalogs

Ethisches Nachdenken äußert sich auf verschiedene Weise; die unterschiedlichen Redeformen helfen, die Zehn Gebote in ihrer Eigenart zu erkennen.

(1) Gewiß lebt der Mensch (nach Volkszugehörigkeit, sozialer Stellung, Geschlecht, Alter usw.) in bestimmten Verhältnissen und konkreten Beziehungen, bedarf jedoch der Reflexion auf das allen Menschen Gemeinsame. Zwar redet das Alte Testament weithin vom Volk, von Gruppen oder Einzelpersonen, fragt aber auch grundsätzlich (Ps 8,5 u. a.): „Was ist der Mensch?“[1]

Den Menschen hat Gott nach Gen 1 unter den Geschöpfen als sein „Bild“ ausgezeichnet und persönlich angeredet. Als in der Schöpfung, die (noch) kein Blutvergießen kennt (1,29f.; vgl. 2,16) und darum das Urteil „sehr gut“ (1,31) empfangen kann, mit „Gewalt“ (6,11.13; vgl. 4,5ff.) „Furcht und Schrecken“ (9,2) aufkommen und so erst die Welt in ihren gegenwärtigen Bedingungen entsteht, wird der Mensch wiederum aus den anderen Lebewesen herausgehoben (9,6):

> „Wer Menschenblut vergießt,
> dessen Blut soll durch Menschen
> – oder: um des Menschen willen – vergossen werden;
> denn nach dem Bilde Gottes hat er den Menschen gemacht.“

Für diesen ohne jede Bedingung oder Einschränkung formulierten Rechtssatz ist jeder Mensch – unabhängig von Volkszugehörigkeit, Stand, Geschlecht oder Alter – Gottes „Bild“; d. h. kaum nur sein „Gegenüber“ oder Partner, sondern zugleich Gottes Stellvertreter oder Statthalter. Jedenfalls wird auf diese Weise etwas allen Menschen Gemeinsames und sie Verbindendes aufgedeckt und bekannt. Dies Besondere, Eigenartige, was der Mensch „von Natur aus“, genauer: von der

[1] Vgl. „Was ist der Mensch?“ Anthropologische Einsichten des Alten Testaments: Glaube und Lernen 4, 1989, 111–129; zur näheren Begründung der folgenden Bemerkung über die Gottebenbildlichkeit: Alttestamentlicher Glaube in seiner Geschichte, 1990, § 12c (Lit.)

Schöpfung aus hat oder vielmehr ist, ist ihm vor-gegeben, verliehen. Aus dem, was der Mensch weder zu begründen noch durch sein Handeln erst zu erwerben braucht, auch nicht erreichen kann, sondern – ohne sein Zutun und Verhalten – bereits ist, werden Folgerungen für das Handeln gezogen; es ist statt Voraussetzung vielmehr Konsequenz.

Weil der Mensch ein ihm verliehenes Leben hat, ja als Gottes „Bild" erscheint, wird die Herrschaft des Menschen (1,28) eingegrenzt, der Mensch vor sich selbst geschützt. So wird der Menschheit insgesamt, nach der Flut durch Noach und seine Söhne repräsentiert, eine allgemein-menschliche Grundgegebenheit und Grundforderung, ein lebensnotwendiges ethisches Minimum vor Augen gestellt. Was schon ältere Texte bezeugen, daß auch im Ausland eine elementare Menschlichkeit bestehen sollte,[2] wird hier prinzipiell und universal gefaßt.

Zwar ist dieser ethische Ansatz und Grundsatz „religiös" motiviert, gilt aber keineswegs nur innerhalb des Volkes, das sich mit diesem Gott verbunden weiß, ist also unabhängig von der Gruppen-, ja der Religionszugehörigkeit. Alle sind geschaffen, alle Gottes „Bild" – unabhängig davon, welchem Volk oder welcher Religion sie angehören (vgl. Mi 4,5). In der Konsequenz, wenn auch vielleicht zu individuell-modern gesprochen: Ein jeder ist geschaffen und Gottes „Bild" – unabhängig davon, ob der einzelne dies anerkennt oder nicht.

So reicht der Schutz, den der Glaube an Gott, den Schöpfer, über den Menschen ausspricht, erheblich weiter als der Glaube selbst, letztlich unbegrenzt weit.

Jener Rechtssatz, der das Leben eines jeden Menschen bewahren will, erscheint gegenwartsnah in der Universalität, wirkt aber gegenwartsfern in der Rechtsfolgebestimmung.[3] Die Abschaffung der in vielen Ländern noch praktizierten Todesstrafe wird heute weltweit angestrebt; dasselbe schwere, allgemein verurteilte Vergehen wird mit einer milderen Strafe bedroht. Hat, wenn der schuldige Mensch Gottes „Bild" bleibt, nicht auch der Täter trotz seinem Vergehen eine ihm nicht abzuerkennende Würde?[4] Jedenfalls spricht das Alte Testament

[2] Vgl. Gen 20,11 u. a.; o. Abs. A I, Anm. 8.

[3] Kann das Gotteswort „ich will einfordern" (9,5) eine Einschränkung der – „durch Menschen" (9,6) vollstreckten – Strafe bedeuten? Zur Übersetzung „um des Menschen willen" vgl. A. Ernst, „Wer Menschenblut vergießt ...": ZAW 102, 1990, 252f. – Gen 9,6 (P) scheint das Tötungsverbot gleichsam als Kern der sog. zweiten Tafel des Dekalogs zu zitieren, während Gen 17,1 (P) das Hauptstück der sog. ersten Tafel Abraham als Stammvater Israels zuspricht; vgl. u. Abs. C.

[4] Ist so auf Grund des Anstoßes durch den Text über ihn hinauszugehen?

nicht von einer verwirkten, verlorengegangenen Gottebenbildlichkeit.[5]

Von daher zeigen sich zugleich „Vorzug" und „Nachteil" des Dekalogs; er enthält keine Strafbestimmungen, hat aber von Haus aus nicht jene universale Reichweite, die Allgemeingültigkeit.

(2) Eine völlig andere Weise des Redens von ethischen Grundsätzen findet sich bei den Propheten; aus der Vielfalt ihrer Botschaft sei beispielhaft Hos 4, 1 f. herausgenommen:

„Hört das Wort Jahwes/des Herrn, ihr Israeliten!
Einen Rechtsstreit hat Jahwe/der Herr
mit den Bewohnern des Landes;
denn es fehlt Zuverlässigkeit, es fehlt Treue,
es fehlt Gotteserkenntnis im Lande.
Fluchen und Betrügen,
Morden, Stehlen und Ehebrechen sind eingerissen;
Bluttat reiht sich an Bluttat."

Das Prophetenwort[6] bezieht sich wiederum nicht auf einen Stand oder eine bestimmte Schicht, nimmt niemanden aus, sondern schließt über die bei solchen Vergehen doch zunächst betroffenen einzelnen Täter hinaus alle ein – aber (anders als Gen 9, 6 nur) alle Angehörigen des eigenen Volkes, „die Landesbewohner".

Getadelt wird in der Anklage des Volksganzen zunächst allgemein der Mangel an bestimmtem, eigentlich nötigem mitmenschlichem Verhalten, wie – die Begriffe lassen sich verschieden übersetzen – „Zuverlässigkeit" oder „Gemeinschaftssinn", „Treue", „Hingabe" oder „Güte". In dieser zwischenmenschlichen Beziehung, in der Verbundenheit und Verpflichtung, Gesinnung und Tat vereint sind, verbirgt sich zugleich „Gotteserkenntnis" (vgl. Hos 6, 6). Umgekehrt sollte sich aus dem Wissen um den Geber der Gaben des Landes (2, 10) und um seine Fürsorge (11, 3; 13, 4) eine Offenheit oder Hilfsbereitschaft für den anderen ergeben.

Allerdings wird hier keine Forderung aufgestellt, sondern ein Zu-

Gen 9, 6 (P) nimmt die Bestimmung des Menschen zum „Bild Gottes" *nach* der Feststellung 6, 11–13 (P) oder gar – im vorliegenden Kontext – der Erzählung Gen 4 (J) auf; in ihr erhält der Mörder ein Schutzzeichen (4, 15).

[5] Erscheint heutiger Einsicht die Rechtsfolge der Todesstrafe darum nicht fast als Widerspruch zu der alle Menschen verbindenden Gottebenbildlichkeit? Vgl. auch Abs. B VI.

[6] Hos 4, 1 f. bildet im gegenwärtigen Kontext eine thematische Zusammenfassung des Folgenden, ist aber im Wortlaut wie Inhalt mit Hoseas Botschaft (6, 4. 6 u. a.) verknüpft und wird von Jer 7, 9 wohl bereits aufgenommen.

stand beschrieben; jedoch setzt die Anklage doch wohl Gebote oder Rechtssätze voraus – wie wäre sonst ein Ansprechen auf Schuld möglich? Die Hörer müssen bereits wissen oder wissen können, daß ihr Verhalten eine Verfehlung darstellt.

Jene Allgemeinbegriffe, die menschliches Miteinander fernab aller Kasuistik[7] umschreiben, werden konkretisiert in Einzelhinweisen. Wie später – vom christlichen Glauben – das Liebesgebot als Zusammenfassung der Zehn Gebote verstanden wird, so gehen hier jene Grund-„werte", d. h.: zugleich Grundgegebenheiten und Grundanforderungen, allen Einzelanforderungen voraus und zeigen sich in ihnen.

Diese berühren sich teils sachlich, teils wörtlich mit dem Dekalog. Erinnert „Fluchen", das ausgesprochen oder unausgesprochen eine Anrufung Gottes einbegreift (vgl. Ri 17,2), an den vom dritten Gebot ausgeschlossenen Mißbrauch des Gottesnamens, so stellt „Lügen, Täuschen" eine Erweiterung des im neunten Gebot bezeichneten Tatbestandes dar. Die folgenden drei Verben gelten dem Schutz von Leben, Eigentum und Ehe des Nächsten (vgl. Jer 7,9; Hi 24,14f.). Der Zusammenhang mit dem Dekalog ist außer durch die thematische Gemeinsamkeit wegen des spezifischen, im Alten Testament eher seltenen Verbs „töten" *(rṣḥ)* recht eindeutig; unsicher und umstritten bleibt jedoch, ob das Prophetenwort bereits aus dem Dekalog zitiert oder in einer Überlieferung steht, die auf ihn hinführt.

Sollten die Propheten Hosea und – wohl im Anschluß an die Botschaft seines Vorgängers – Jeremia (7,9) den Dekalog oder eine Vorform kennen, so praktizieren sie bereits dieselbe Freiheit, wie sie später die neutestamentliche Gemeinde[8] beweist: Beide wählen aus dem Dekalog Gebote aus und können sie mit anderen Geboten verbinden. Nicht das Festhalten am Wortlaut, die Übereinstimmung in der Intention ist entscheidend.

In jedem Fall bleibt die generelle Fassung des Prophetenworts, das – anders als ältere Rechtssätze – weder bei dem Subjekt noch bei dem Objekt der Handlung Einschränkungen kennt, bemerkenswert. Diese Allgemeinheit, die sowohl einen Begriff wie *ḥäsäd* „Treue"[9] als auch

[7] Vgl. u. Abs. C.

[8] Vgl. Mk 10,19; Röm 13,8ff. u. a.; dazu o. Abs. A I, Anm. 2. – Die Propheten zitieren Rechtsbestimmungen, die Rechtstraditionen ihres Volkes, ausdrücklich überhaupt selten, stehen ihnen also mit gewisser Freiheit gegenüber.

[9] Nach N. Glueck (Das Wort *HESED:* BZAW 47, 1927, ^{2}1961) hat der Begriff „in der prophetischen Literatur eine große Erweiterung erfahren. Aus der Verhaltungsweise bestimmter, in einem Rechts-Pflicht-Verhältnis stehender Gruppen wird *ḥsd* zur Gott gefälligen Verhaltungsweise *aller Menschen* unter

die Einzelanforderungen (wie „Stehlen") prägt, hängt mit der das Volksganze treffenden prophetischen Botschaft zusammen.

Sie ruft weniger zu künftigem Tun und Lassen auf, mahnt nicht „Du sollst", sondern stellt eher einen Tatbestand fest: „Du hast ..." bzw. „Sie haben getan". Das Volk wird bei seinem Verhalten behaftet.

(3) Von so verschiedenen Redeweisen her, zu denen noch andere wie der weisheitliche Rat[10] hinzuzufügen wären, wird die formale wie inhaltliche Besonderheit des Dekalogs[11] um so eindringlicher erkennbar; sie sei in sechs Punkten erfaßt:

a) Diese Gebote sprechen – innerhalb der Gemeinde – den einzelnen als Glied der Gemeinschaft an. Sie sind unmittelbare *Anrede,* die in den Geboten eher an den einzelnen („dein Sohn", „dein Vater, deine Mutter", „dein Nächster"), im deutenden Proömium eher an das Volk („dich herausgeführt") ergeht.

So nehmen die Gebote jeden *persönlich* in Anspruch: „*Du* sollst/wirst."[12]

b) Um für jedermann behaltbar zu sein, sind entsprechende Gebote sowohl in gedrängter Kürze formuliert als auch, um verschiedene Bereiche des Lebens zu erfassen, zu – möglichst ähnlich lautenden – Reihen zusammengestellt, gleichsam an den Fingern abzählbar.

c) Diese Gebote enthalten einen uneingeschränkten Anspruch, gelten nicht nur in bestimmten Lebenssituationen, sondern *unbedingt,* „absolut", – mit A. Alt[13] zu sprechen: – apodiktisch.

sich, die zugleich als die einzig richtige Gott gegenüber gilt" (21). So ist *ḥäsäd* im Buche Hosea „ein veredelter Begriff ...; ist nicht mehr die gemeinschaftsgemäße Verhaltungsweise eines engen Kreises, sondern *aller* untereinander" (22). Gemeint ist: innerhalb des Volkes.

[10] Vgl. u. A III.

[11] In den Vergleich können ähnliche Reihen ein Stück weit einbezogen werden, wie Lev 18,9ff.; auch Ex 22,17.20f. 27; 23,1ff.

[12] Dieses „Du" ist im Hebräischen maskulin; vgl. zu Anm. 29.

[13] A. Alt setzt in seinem grundlegenden Aufsatz ›Die Ursprünge des israelitischen Rechts‹ (KS I, 278–332) die schon früher angedeutete Unterscheidung zwischen zwei Rechtssatzarten durch, die er kasuistisch und apodiktisch nannte. Die erste Form leitete er aus der altorientalischen Rechtspraxis ab, die zweite Form verstand er als „volksgebunden israelitisch und gottgebunden jahwistisch", im Kult beheimatet.

Sind Alts Darlegungen zum kasuistischen Recht auch heute noch weithin anerkannt, so wird seine Charakterisierung des apodiktischen Rechts zunehmend kritisiert: Alt hat (a) zu verschiedene Formen (einerseits sanktionslose Ge- und Verbote, andererseits Partizipial- und Relativsätze mit Rechtsfolge, wie die

Mit dieser Bestimmung werden die Gebote insbesondere abgehoben von den – nach Form, Inhalt und Sinn – andersartigen Sätzen des sog. kasuistischen Rechts. Es umschreibt einen Rechtsfall in allen Einzelheiten – d. h. unter den mannigfaltigen Bedingungen, wie sie im täglichen Leben vorkommen – und legt für diesen Fall („wenn – dann") das Strafmaß fest, zumeist einfache oder mehrfache Ersatzleistung, z. B.:

„Wenn Männer miteinander streiten und einer den anderen mit einem Stein oder einer Hacke schlägt, so daß er zwar nicht stirbt, aber bettlägrig wird; wenn er dann wieder aufsteht und draußen an seinem Stock umhergehen kann, so bleibt der Schläger straffrei; nur sein Daheimsitzen (d. h. seinen Arbeitsausfall) soll er bezahlen, und für seine Heilung soll er aufkommen" (Ex 21, 18 f. nach M. Noth).

Wegen der Verbindung von Tatbestandsdefinition und Rechtsfolgebestimmung sowie der in dritter Person unpersönlich-allgemein gehaltenen Struktur („wenn ein Mann ...") handelt es sich hier vermutlich um Recht, das der ordentlichen Gerichtsbarkeit – zunächst den Ältesten im Stadttor, wohl erst später, sei es in der Hauptstadt oder nur in besonderen, den örtlichen Bereich übergreifenden Fällen, auch vom König eingesetzten Berufsrichtern – bei ihrer Entscheidung als Maßstab diente.

Anders als solche Rechtssätze enthalten die Zehn Gebote keine genaue Bestimmung des Tatbestands – ob beispielsweise ein Totschlag absichtlich oder zufällig geschah (vgl. Ex 21, 12 ff.) –, bleiben vielmehr bewußt allgemein-grundsätzlich. Die Gebote nehmen also keine Rücksicht darauf, was der Mensch im einzelnen tun oder nicht tun kann, was ihm in den komplexen, vielschichtigen Situationen des alltäglichen Lebens möglich ist oder nicht, sondern fordern vorbehaltlos, gleichsam „vollkommen".[14]

d) Die Zehn Gebote enthalten *keine* Angaben über die Rechtsfolgen, die *Strafbestimmungen*, sei es über die Höhe des Strafmaßes oder die Straffreiheit.[15] Die Gebote stellen also im strengen Sinne keine Rechts-

„*mot jumat*"-Reihe Ex 21, 12 ff.) zu einer Einheit verbunden; vielleicht sollte man die sanktionslosen Ge- und Verbote überhaupt aus der Kategorie „Rechtssätze" ausgliedern. Apodiktische Gebote finden sich (b) nicht nur in Israel, sondern bereits im alten Orient. Schließlich (c) ist die Herkunft der Gebote, ihr soziologischer „Sitz im Leben" (Ursprung des sog. Prohibitivs „Du sollst" in der Sippenweisheit mit ihrer patriarchalischen Struktur, in der Willensproklamation einer Amtsperson o. a.?), stark umstritten. Die Gebote sind jedenfalls kaum im Kult entstanden, sondern erst nachträglich dort verwendet worden.

Vgl. die einschlägigen Arbeiten von E. Gerstenberger, G. Liedke, V. Wagner, zusammenfassend W. Schottroff und H. J. Boecker.

[14] Vgl. Abs. C, Anm. 8.

[15] Zu Ex 20, 5 f. vgl. u. Abs. B II.

sätze dar, dienen nicht der Gerichtsbarkeit, sondern sind eher „Verhaltensregeln", Anweisungen für das Leben, mehr Ethos als Jus.[16] Sie behaften den Täter nicht bei einer bestimmten, bereits geschehenen Tat, sondern richten sich in die Zukunft, warnen vor noch ungeschehener Tat.[17]

Daß der Dekalog keine Strafbestimmungen enthält, ist eine Vorbedingung dafür, daß er über Jahrhunderte bzw. Jahrtausende bis in die Gegenwart Bedeutung bewahren konnte.[18]

e) Die Gebote werden – jedenfalls in ihrem vorliegenden Kontext (Ex 20; Dtn 5) – als Wort Gottes an ein Volk verstanden. Das heißt, sie gelten nicht von vornherein für alle Welt, sondern zunächst für die Gruppe, die sich in der Gemeinschaft mit diesem Gott weiß.

Demgemäß ergehen sie innerhalb des Alten Testaments auch nicht – wie jenes Verbot des Totschlags (Gen 9,6) – an die Menschheit. Eine solche völlige Entschränkung des Adressatenkreises wäre in der damaligen Zeit und Umwelt schon wegen des ersten und zweiten Gebots nicht möglich; der Dekalog spricht das Volk an, dem bereits göttliche Führung zuteil wurde.

„Du sollst" ist für christliche Theologie Inbegriff gesetzlicher Forderung; um so wichtiger ist zu erkennen:

Zum einen verrät schon die im Exodusbuch, das von den Anfängen, vom Ursprung und Grund des Gottesvolkes erzählt, dargestellte Geschehensfolge: Gottes Verheißung (Ex 3; 6), Rettung und Fürsorge (Ex 14–17) gehen allen Gesetzen (Ex 21 ff.) voraus.

Zum andern spiegelt der ihnen zusammenfassend vorangestellte Dekalog (Ex 20) dieselbe Struktur wider. Der Vorspruch wiederholt vor allen Geboten die Zusage:

„Ich (bin) JHWH/Jahwe/der Herr[19], *dein* Gott"

[16] Anders A. Phillips, Ancient Israel's Criminal Law, 1970; The Decalogue – Ancient Israel's Criminal Law: JJS 34, 1983, 1–20.

[17] „In den Verboten und Geboten geschieht also kein Rückblick auf begangenes Unrecht, wie in den echten Rechtssätzen, sondern gleichsam eine Vorwarnung, die die Beachtung der Rechtsnorm nicht einmal erzwingen, sondern ... dem einzelnen nahelegen will" (E. Gerstenberger, Wesen und Herkunft, 26).

[18] Mag alttestamentliches Recht in dieser oder jener Hinsicht auch menschlicher sein als das seiner Zeit und Umwelt, so sind die Strafbestimmungen doch oft strenger, als sie heute wenigstens in Teilen der Welt geläufig sind.

[19] Im Anschluß an die Zusage „Ich werde mit dir sein" (Ex 3, 12) erläutert Ex 3, 14 den Gottesnamen JHWH als Form des Verbums *hjh* „sein": „Ich werde sein" wohl im Sinne von „Ich werde wirksam/da sein" o. ä.; vgl. die Bestrei-

und erinnert wie schon der Prophet Hosea (13,4; vgl. 12,10) an den Beginn der Verbundenheit:

„Ich (bin) Jahwe, dein Gott, vom Land Ägypten her."

Gott stellt sich vor „Ich bin ...", aber nicht wie ein Unbekannter; denn er hat sich in der geschichtlichen Führung längst vertraut gemacht. Vielmehr sagt er seine Huld zu: „dein Gott"[20] und verweist – gleichsam begründend – auf das, was er (bereits) für die Angeredeten getan hat. Dem Alten Testament erscheint die „Herausführung" als Urdatum[21]; das einmalige Ereignis erhält für die Erkenntnis Gottes grundsätzliche Bedeutung – mit jenem recht frühen Beleg (Hos 13,4) knapp gesagt: Gottes als „Helfers" und Retters.

Zweifellos konnten auch nach altorientalischem Verständnis die Götter in die Geschichte, etwa zugunsten eines Königs in eine Schlacht, eingreifen.[22] Darüber hinaus erscheint hier die Erinnerung an die Rettung wie eine Eigenart, Eigenheit oder „Wesensbestimmung" Gottes.

tung Hos 1,9; zum Thema knapp: W. H. Schmidt, Exodus, Sinai und Mose: EdF 191, ^{2}1990, 40ff.; ausführlicher BK II/1, 173ff. (jeweils mit Lit.).

[20] Vgl. neben den einschlägigen Arbeiten von W. Zimmerli (Ich bin Jahwe [1953]: Gottes Offenbarung, TB 19, 1963, 11ff.): K. Elliger, Ich bin der Herr – euer Gott (1954): KS zum Alten Testament, TB 32, 1966, 211–231. Die Apposition „dein Gott" mit dem Hinweis auf die Heilsgeschichte stellt „nicht nur die Macht und Größe dieses Gottes, sondern vor allem auch seine persönliche Zuneigung zu Israel und seinen Heilswillen" dar. „Es bedeutet daher eine durchaus sachgemäße Exegese, wenn im Dekalog zu dem einfachen Namen die Apposition ‚dein Gott' hinzugetreten und die auf diese Weise betonte persönliche Beziehung durch den Hinweis auf die grundlegende Offenbarung des göttlichen Wohlwollens erläutert ist." (Ebenda 230f.) A. Jepsen (ZAW 79, 1967, 286 = Der Herr ist Gott 81) bestätigt: „Der Ton liegt im Zusammenhang nicht auf der Selbstvorstellung ..., sondern auf der Zusage und der daraus sich ergebenden Forderung." – Nach A. Schenker (OBO 103, 189) versteht sich die „Ich bin"-Rede „am besten als gewährte *Bürgschaft* und übernommene *Garantie.* JHWH übernimmt die Garantie für das Gesagte, sei es ein Versprechen oder eine Forderung. Er steht mit seiner Vollmacht dafür ein ... Er ist Israels Gott, und durch die Befreiung *bekräftigt* er sein Recht über Israel."

[21] Vgl. W. Groß, Die Herausführungsformel: ZAW 86, 1974, 425–453, bes. 430f.; auch H. D. Preuß, ThWAT III, 1982, 795–822, bes. 809ff.

[22] In seiner einschlägigen Monographie ›History of the Gods‹ (1967) legt B. Albrektson mit einer umfangreichen Materialsammlung dar, daß schon der alte Orient die Vorstellung von göttlichen Offenbarungen in der Geschichte kannte, gelangt jedoch zu dem Ergebnis, "that the idea of historical events as divine manifestations has marked the Israelite cult in a way that lacks real paral-

Jene „Wesensbestimmung“ Gottes durch Vergegenwärtigung seiner Tat fehlt in *M. Luthers* Katechismus. Er hat, einer ihm geläufigen mittelalterlichen Tradition folgend, die einen aus pädagogischen Gründen verkürzten Dekalog als Memoriertext kannte,[23] in seinen 1529 erschienenen Katechismen den Prolog insgesamt einschließlich der Zusage „dein Gott“ fortgelassen.[24] Luther hat den Dekalog einerseits als „natürliches Gesetz“ verstanden, andererseits, soweit er darüber hinausgeht (nach Luther im Bilderverbot und Sabbatgebot), zusammen mit anderen Gesetzen gleichsam als *„Mose der Juden Sachsenspiegel“*, als jüdisches Volksrecht, beurteilt. Vielleicht wirkte bei dieser Entscheidung die Einsicht mit, daß Gott „uns yhe nicht aus Egypten gefurt“ hat.[25]

---

lels among Israel's neighbours ... Nevertheless it appears evident that the deity's saving acts in history are nowhere afforded so central a position in the cult as in Israel, where they dominate the Passover and other ancient feasts. This, then, is a field where we may be entitled to speak of something distinctive“ (115f.). Vgl. zum Thema zuletzt K. Koch, Geschichte/Geschichtsschreibung/Geschichtsphilosophie II: TRE 12, 1984, 569–586.

[23] Vgl. J. Meyer, Historischer Kommentar zu Luthers Kleinem Katechismus, 1929, 85f.; B. Reicke, Die Zehn Worte in Geschichte und Gegenwart, 12f.; A. Peters, Kommentar zu Luthers Katechismen I, 86ff.

[24] Luther bringt die Intention insbesondere in der Auslegung des ersten Gebots im Großen Katechismus zum Ausdruck (BSLK 560): „Ein Gott heißet das, dazu man sich versehen soll alles Guten und Zuflucht haben in allen Nöten.“

[25] WA 18, 81 bzw. 16, 373. Aus „den zehen gebotten fliessen und hangen alle ander gebot und der gantze Mose“ (WA 18, 76). „So haben wir nu die zehen Gepot, ein Ausbund göttlicher Lehre, was wir tuen sollen, daß unser ganzes Leben Gotte gefalle, ... daß außer den zehen Gepoten kein Werk noch Wesen gut und Gott gefällig kann sein, es sei so groß und köstlich fur der Welt, wie es wolle“ (BSLK 639).

Für Luther gilt „die Sinaioffenbarung als eine besondere Einsetzung des *öffentlichen Predigtamtes des Gesetzes*“. Die Gesetzespredigt ist mit dem natürlichen Gesetz *„inhaltlich identisch“*. „In ihrer positiv-rechtlichen Ausformung, einschließlich der Bestimmungen des Dekalogs, gehört die Gesetzesverkündigung des Mose allerdings ausschließlich dem Volk Israel.“ Nur soweit die Bestimmungen „dem in unser Herz geschriebenen Gesetz entsprechen, können sie eine Bedeutung für uns haben“. So kann der Dekalog „geradezu mit der lex naturae identifiziert werden“. „Seine allgemeine Relevanz kann nur insofern ausgesagt werden, als es mit dem ‚adamitischen' Naturgesetz aller Menschen übereinstimmt und weil Christus alles Gesetz erfüllt hat. Auch das erste Gebot ist ‚de natura'.“ Wie die evangelische Gesetzespredigt ist Mose „gleichsam ein Interpret und Illustrator des allen Menschen unter der Sonne in dem (lies: den) Sinn geschriebenen Naturgesetzes“. Allerdings bedarf es nach Luther der sich am Dekalog orientierenden Predigt des Gesetzes, um die Erkenntnis des natürlichen Gesetzes von den Verblendungen des Teufels zu befreien. So M. Schloe-

Allerdings ist gegenüber einer solchen Auslegung nicht zu übersehen:

Zum einen führt das Alte Testament über dies eine Geschehen, die Rettung der in Ägypten Bedrängten, in seinen geschichtlichen Rückblicken (Ex 15; Ps 78; 135 u. a.) vielfach hinaus, versteht diese Tat gleichsam exemplarisch, kann etwa in Ps 136 die Vielfalt der Taten Gottes in Schöpfung und Geschichte mit dem Refrain beantworten: „denn seine Huld/Gnade währet ewig."

Sodann bestimmt die Exodustradition nicht das ganze Alte Testament; es kennt auch andere Bezugs- oder Haftpunkte des Glaubens, insbesondere den Zion (Jes 8,18; Ps 46; 48 u. a.).

Schließlich kann das Alte Testament, wie es auf einen neuen Exodus (Jes 43,16ff.; 52,12 u. a.) ausblickt, für die Zukunft gar ein neues, erweitertes Bekenntnis (Jer 16,14f. = 23,7f.; vgl. Jes 48,20 u. a.) erwarten.

Zudem hat das Alte Testament die *Struktur* dieses Gottesverständnisses – der Glaube verweist auf Geschichte, von Gott wird erzählt – dem Neuen Testament weitergegeben; wird etwa das Passa als „Erinnerung, Gedächtnis" begangen (Ex 12,14; Dtn 16,3. 12 u. a.), so feiert die christliche Gemeinde das Mahl „zu meinem Gedächtnis" (1 Kor 11,24).

Demnach kann schon innerhalb des Alten Testaments im Konkreten, in der geschichtlichen Einzelerfahrung, Allgemeines und Wesentliches erkannt werden, das auch Individuelles zu umfassen vermag (Ex 15,1f.: „Ich will singen") oder zur Folge haben kann, wie etwa Ps 103,4 Gott als Retter in der Form bekennt: „der dein Leben vom Verderben erlöst hat."

Der Anfang des Dekalogs verweist also weniger auf die Autorität als die Zusage, den Beistand und Schutz Gottes, entsprechend nicht die Bindung, sondern die Rettung und Befreiung des Menschen (vgl. Ps 146,7; 1 Sam 10,19), die ihm von Gott gewährte Ermöglichung zum Leben.

Vor allen Forderungen bezeugt der Dekalog die von Gott gewährte Gemeinschaft. Erst aus der „Begegnung" (vgl. Ex 5,3), der Verheißung und der erfahrenen Hilfe erwächst die Verpflichtung, aus der Vorgabe die Aufgabe. Als Empfangender wird der Mensch auf sein Handeln angesprochen.

Das erste (und zweite) Gebot ist schon von seiner sprachlichen Fassung in der Ich-Rede, aber auch in seinem Inhalt nur von der vorausgehenden Zusage „Ich – dein Gott" her verständlich.

mann, Natürliches und gepredigtes Gesetz bei Luther, 1961, 98–105. 130; vgl. K.-H. zur Mühlen, Luther II. Theologie: TRE 21, 1991, 530–567, bes. 534. 548f. Zum Thema auch H. Bornkamm, Luther und das Alte Testament, 1948, 104ff.; A. Peters, Kommentar zu Luthers Katechismen I, bes. 71ff. 129; H. J. E. Beintker, Luther und das Alte Testament: ThZ 46, 1990, 219–244.

In der Formulierung des ersten und zweiten wie der anderen Gebote im Dekalog ist, wie nicht zu vergessen bleibt, eine lange Geschichte des Glaubens (wie des theologischen Nachdenkens) enthalten.

Eine Besonderheit des Dekalogs besteht in dieser Präambel: „Vergleichbares gibt es bei den anderen apodiktischen Rechtsreihen nicht." Sie „ist alles andere als eine mehr oder weniger belanglose Einleitung, vielmehr wird durch sie den folgenden Geboten des Dekalogs ihr theologischer Ort angewiesen. Gott gibt, bevor er fordert. Er fordert als der, der sich vorher als der Gott der Befreiung erwiesen hat".[26]

Das Gottesverhältnis wird nicht durch menschliches Tun konstituiert; die Rechtsordnung setzt bereits die Gemeinschaft voraus, braucht sie nicht hervorzubringen und zu begründen.

Anders gesagt: Die Gebote wollen keine Autorität aufrichten, sondern das bereits bestehende (also „voraus-gesetzte") Gottesverhältnis ordnen oder bewahren. Sie schaffen nicht etwa die Gemeinschaft, sondern regeln sie, halten sie – höchstens – aufrecht; sie reden Menschen an, die „mit", aber nicht „aus" dem Gesetz leben; sie bilden die Lebensordnung derer, die Zuwendung und Befreiung erfahren haben.

Da sich der Anspruch aus dem Zuspruch ergibt, lassen sich die einzelnen Gebote nicht ohne Sinnverlust aus ihrem Horizont oder Kontext lösen. Erhalten einige, letztlich alle Gebote nicht erst vom Ganzen, zumal von der vorausgehenden Zusage „dein Gott" mit dem ersten Gebot, her ihre Aufgabe?

f) Demgemäß wollen die Zehn Gebote von Haus aus keine allgemeinen Normen, keine angeborenen und unveräußerlichen Menschenrechte setzen.

Die Zehn Gebote geben zunächst die *Grenzen* des Gottesverhältnisses an, beziehen sich auf den von ihm eröffneten Raum.

Es ist nicht zu übersehen, daß die Gebote durchweg (mit den beiden Ausnahmen des Sabbat- und Elterngebots) *negativ* formuliert sind, also eigentlich nicht Ge-, sondern *Ver*bote, nicht Mahnungen, sondern Warnungen darstellen. Das heißt, die Verbote *be*schreiben nicht das Gottesverhältnis, sondern *um*schreiben es, sprechen aus, was innerhalb dieses Raums nicht möglich ist, bezeichnen die Übertretung, das Ende der Gottesgemeinschaft.

Ehebruch, Diebstahl oder gar Mord sind zwar mögliche, aber nicht wirkliche Handlungen jedermanns, d. h., sie bezeichnen Grenzsituationen, Extremfälle, die vorkommen können, sich aber nicht ereignen müssen.

Der Dekalog „beschränkt sich auf einige fundamentale Negationen, d. h. er begnügt sich damit, gewissermaßen an den Rändern eines weiten Lebenskreises Zeichen aufzustellen". So bleibt der Lebensraum in der Gemeinschaft zunächst

[26] H. J. Boecker, Recht und Gesetz, 184f.

„durchaus unnormiert“; die Gebote verlangen nur „in bestimmten Randsituationen ein Bekenntnis zu Jahwe ... in der Enthaltung von gewissen Praktiken“.[27]

Möchte man fragen, wie der Innenraum dieses Gemeinschaftsverhältnisses schon nach dem Verständnis recht früher Zeit (jedenfalls im 8. Jh.) bestimmt sein soll, so darf man vielleicht an jene vom Propheten Hosea[28] gebrauchten Allgemeinbegriffe erinnern, wie *ḥäsäd* „Gemeinschaftssinn, Treue“, *'ämät* „Zuverlässigkeit“, auch *ṣ^{e}daka* „Gerechtigkeit“ oder *mišpaṭ* „Recht, Ordnung“.

Allerdings kommt es bereits im Dekalog über jene negativen Einzelbestimmungen hinaus auch zu *positiven* Allgemeinforderungen, die eher stärker beanspruchen.[29]

(4) Von der Auslegungs- und Wirkungsgeschichte des Dekalogs her drängen sich zwei weitere Beobachtungen auf:

a) Der Dekalog wendet sich, wie allein schon die Verbote des Ehebruchs und der Aneignung fremden Eigentums oder auch eine der beiden Begründungen des Sabbatgebots (Dtn 5,14ff.) deutlich vor Augen führen, von Haus aus an – rechtsfähige – Erwachsene.[30] Indem sich in der Wirkungsgeschichte der Adressatenkreis wandelte, nämlich Kinder[31] und – zumindest insofern – Abhängige angesprochen wurden, ja der Dekalog zu einem Mittel der Erziehung werden konnte, erhielt er eine völlig andere Aufgabe. Zumindest konnte er, vorsichtig ausgedrückt, so mißverstanden werden, daß er statt Schutz vielmehr Gehorsam forderte; damit konnte sich die Intention faktisch verkehren.

b) Die Zehn Gebote lassen sich, obwohl im Vergleich mit der erheblich verschärfenden Intention der Bergpredigt leichter „erfüllbar“, wie menschliche – vielleicht erst im Laufe langer Zeit gewonnene – Erfahrung lehrt, nicht einhalten. Insofern muß die Auslegung einen Schritt weiter gehen, als der Wortlaut ausdrücklich sagt: Die Zehn Gebote werden nicht nur durch die Zusage „dein Gott“ begründet, sondern bleiben – auch angesichts menschlichen Scheiterns – auf sie angewiesen.

Eine Anmerkung sei hinzugefügt: Für neuzeitliches Selbstverständnis ist die allgemeine Einsichtigkeit auch ethischer An- und Grundsätze entscheidend. Indem der Dekalog überlieferungsgeschichtlich

[27] G. v. Rad, TheolAT I^{4}, 208.

[28] Hos 4,2; 6,6; vgl. Mi 6,8; Am 5,7.24; Jes 5,7; Sach 7,9; Spr 11,17; 16,6.8.12.31; 21,21 u. a.

[29] Vgl. zu B IV und V, zusammenfassend zu C.

[30] Vgl.u. A III; auch zum Gebot der Elternehrung B V sowie B IX und X.

[31] Vgl. als frühes Zeugnis Eph 6,1f.

untersucht wird, erscheint seine Forderung nicht (mehr) als abstraktes, fremdes, von außen ergehendes „Du sollst“, sondern wirkt zugleich eingebettet in eine nachvollziehbare Geschichte menschlicher Erfahrung und Einsicht.

Damit wird dem Dekalog nichts von seinem Rang genommen; er wird vielmehr tiefer verstanden. Auch wenn die im Dekalog gegebenen Einzelmotivationen nicht (mehr) *allgemein* überzeugend erscheinen, so bleibt doch jene Zusage „dein Gott“, die das „Du sollst“ trägt, nicht einholbar.

III. ZUR ENTSTEHUNG UND ÜBERLIEFERUNGSGESCHICHTE DES DEKALOGS

Der Dekalog gewinnt nicht erst in der Wirkungsgeschichte des Alten Testaments überragende Bedeutung. Er nimmt bereits innerhalb des Berichts über die Offenbarung am Sinai Ex 19ff. eine herausgehobene Stellung ein: Er ergeht unmittelbar als Gotteswort (Ex 20,1) und steht den anderen Geboten, die durch Mose vermittelt werden (V 19), voran. So erhalten die Rechtssätze vom sog. Bundesbuch (V 22) ab durch die Komposition den Charakter von Ausführungsbestimmungen zum Dekalog.[1]

Das Deuteronomium, das gleichsam auf der Schwelle des verheißenen Landes die Ereignisse am Gottesberg vergegenwärtigt und dabei den Dekalog ein zweites Mal – mit Abweichungen – überliefert (Dtn 5), räumt ihm den gleichen Rang ein.[2]

(1) Stand der Dekalog darum am Beginn der Rechtsentwicklung? Gewichtige Gründe sprechen dagegen.

a) Der Dekalog wurde den übrigen Rechtssätzen erst nachträglich vorgeordnet und stellt ursprünglich „eine in sich geschlossene und selbständige Einheit dar ..., die anfangs gewiß ihre eigene Überlieferungsgeschichte gehabt hat“[3].

Innerhalb der Sinaiperikope bleibt der Dekalog unverbunden: Er „schließt nicht an 19,19 an, denn da antwortet Gott nicht mit Geboten, sondern mit dem Donner. 20,2–17 schließt auch nicht an 19,25 an, denn da ist Mose schon wieder bei den Seinen. 20,18ff. hat andere Interessen und läßt mit keiner Silbe erkennen, daß Jahwe (so 20,2ff. gegenüber Elohim in 20,19ff.) eben Letztgültiges proklamiert hat.“[4]

[1] Vgl. auch unten C.

[2] Nach G. Braulik (SBAB 2, 231–255; SBS 145, 1991) richtet sich sogar die Anordnung der Gesetze in Dtn 12–26 nach der Abfolge der Gebote im Dekalog; jedoch fehlt beispielsweise für das Sabbatgebot eine Entsprechung im Korpus des Deuteronomiums.

[3] M. Noth, ATD 5, [6]1978, 124.

[4] L. Perlitt, Bundestheologie, 91, Anm. 2. Der Dekalog gehört darum schwerlich dem elohistischen Erzählstrang des Pentateuch an, wie gelegentlich vermutet wurde. Ist eine solche Zuweisung nicht auch deshalb problematisch, weil der Dekalog den Jahwenamen verwendet, den der Elohist sonst meidet?

Die Parallelfassung in Dtn 5 fügt sich zwar besser in den Bericht von Theophanie und Bundesschluß ein, ist aber auch dem Deuteronomium erst in einem späteren Stadium zugewachsen. Während der Rahmen Israel in zweiter Person Plural anredet (V 1–5.22), ergehen Präambel und Gebote in zweiter Person Singular.[5] Wahrscheinlich begann das Deuteronomium ursprünglich mit dem „Höre, Israel" 6,4f. oder gar erst mit der Forderung nach der Einheit des Kultortes Kap. 12.[6]

b) Der Dekalog ist formal uneinheitlich gestaltet, weist Merkmale eines jüngeren Mischstils auf.

aa) Die Gebote haben recht unterschiedliche Länge. Neben den ausführlichen Geboten vor allem der ersten Tafel stehen die kurzen Verbote des Tötens, Ehebrechens und Stehlens, die nicht einmal ein Objekt nennen. Dagegen ist das abschließende zehnte Gebot wieder umfangreicher, zählt nämlich die geschützten Personen und Güter einzeln auf.

bb) Manche Gebote verfügen über eine Begründung, andere nicht. Nur die Einhaltung des Elterngebots wird eigens motiviert.

cc) Die Kette der Verbote („Du sollst nicht") wird beim Sabbat- und Elterngebot durch positive Formulierungen unterbrochen („Du sollst").

dd) Nur das erste und zweite Gebot sind durch die Ich-Rede geprägt; bereits das dritte Gebot spricht von Gott in dritter Person. Ab dem sechsten Gebot begegnet der Gottesname nicht mehr.

c) Der Dekalog weist an einigen Stellen jüngeren, deuteronomistischen Sprachgebrauch auf.[7]

Als typisch deuteronomisch/deuteronomistisch (= dtn/dtr) gelten gemeinhin: die Häufung der Zusage „dein Gott", die Bezeichnung Ägyptens als „Sklavenhaus", die Verwerfung „anderer Götter", das Verbot, „sie anzubeten und ihnen zu dienen", außerdem – in Dtn 5 – die Rückverweise „wie Jahwe, dein Gott, dir geboten hat" (V 12b. 16aβ), die Begründung des Sabbatgebots (V 14bβ. 15) und die Wendung „damit es dir gut geht" in der Motivierung des Elterngebots (V 16b). Auch die Begründung des ersten und zweiten Gebots scheint zum Ende hin (V 9fin. 10b) durch dtn/dtr Sprachgebrauch geprägt zu sein.

Der Dekalog stammt darum kaum aus früher, erst recht nicht mosaischer Zeit. Eher ist er eine spätere Zusammenstellung des Wesentlichen. Seine vorliegende Gestalt reicht wegen der jüngeren (dtr) Sprachanteile kaum in vorexilische Zeit zurück.

[5] L. Perlitt, Bundestheologie, 77f.; TRE 8, 1981, 411; vgl. (im Gespräch mit F.-L. Hossfeld) A. Graupner, ZAW 99, 1987, 311, Anm. 9.

[6] Vgl. H. D. Preuß, Deuteronomium: EdF 164, 1982, 100f.

[7] Vgl. L. Perlitt, Bundestheologie, 83ff.; kritisch: N. Lohfink, SBAB 8, 1990, 363–378.

(2) Die Einsicht, daß der Dekalog ein spätes Gebilde darstellt, hat man in der älteren Forschung zu vermeiden gesucht, indem man seine gegenwärtige Form als nachträgliche Ausgestaltung eines Urdekalogs erklärte.[8] Die vielfach unternommenen Versuche, das Zehnwort – zunächst literarkritisch, später auch formgeschichtlich – auf eine Reihe *gleichförmig* gestalteter Gebote zurückzuführen, erfordern jedoch eine Fülle einschneidender Eingriffe, die im Dekalog selbst keinen Anhalt finden. Es fehlen überzeugende Argumente, die von der Ansicht unabhängig wären, daß es eine solche Urfassung gegeben haben müsse.[9] Nur bei den einzelnen Geboten lassen sich ältere (Vor-)Formen erschließen.

Muß man nicht zwischen der Überlieferung des Dekalogs und der Geschichte seiner Bauelemente, der Einzelgebote, unterscheiden? Ein Vergleich beider Versionen läßt zwar erkennen, daß der Dekalog ergänzt und in seinem Wortlaut abgewandelt werden konnte, doch nur innerhalb enger Grenzen.[10] Die wesentlichen Veränderungen scheinen sich nicht im Rahmen des Dekalogs, sondern bereits vor bzw. bei seiner Entstehung oder Niederschrift vollzogen zu haben. Die Gestalt einzelner Gebote oder Gebotsgruppen ist älter als ihre Zusammenstellung zu einer Reihe.

Wahrscheinlich ging der Dekalog aus der Verbindung ursprünglich selbständiger Kurzreihen hervor, die ein bis drei Glieder umfaßten und bereits vor ihrer Vereinigung eine längere Überlieferungsgeschichte durchlaufen haben. Ältere Gebotsformulierungen wurden durch Verallgemeinerung der Ausdrucksweise (erstes und drittes Gebot), Ergänzung des Wortlauts (zweites und zehntes Gebot), positive Fassung (viertes und fünftes Gebot) oder Auslassung des Objekts (sechstes bis achtes Gebot) ausgeweitet, grundsätzlicher gefaßt.[11]

Die Entstehung des Dekalogs aus ursprünglich selbständigen Einzelgeboten oder Kurzreihen darf man sich allerdings nicht zu schematisch vorstellen. Der Dekalog läßt sich kaum auf drei vormals selbständige Gruppen[12] oder fünf ursprünglich voneinander unabhängige Gebots-

[8] Vgl. die Übersicht bei E. Nielsen, Die Zehn Gebote, 64ff.; J. J. Stamm, Der Dekalog, 11ff. und aus jüngerer Zeit den Versuch A. Lemaires (FS H. Cazelles, 1981, 259–295).

[9] „Jeder Versuch, einen Urdekalog zu rekonstruieren, ist eine petitio principii" (H. Schüngel-Straumann, Der Dekalog, 30).

[10] Vgl. die Synopse beider Fassungen unten S. 34f.

[11] W. H. Schmidt, VT.S 22, 1972, 204ff.; vgl. die Auslegung der Gebote in Teil B.

[12] G. Fohrer, KuD 11, 1965, 49–74 = BZAW 115, 1969, 120–148.

paare aufteilen.[13] Als Untergruppen sind nur erkennbar: einerseits das Fremdgötter- und Bilderverbot, falls sie bereits bei der Entstehung des Dekalogs durch eine gemeinsame Begründung verbunden waren, andererseits das sechste bis achte Gebot. Dieser Mangel an genauerer Kenntnis der Bauelemente des Dekalogs muß jedoch kein Nachteil sein, erklärt vielmehr, wie es überhaupt zur Bildung einer Zehnerreihe kommen kann: Ältere Kurzreihen wandeln sich, nehmen neue Glieder hinzu, stoßen andere ab und wachsen schließlich zu einem Dekalog zusammen.[14]

Dieser Prozeß läßt sich am Beispiel des sechsten bis achten Gebots ein Stück weit verfolgen. Die drei Verbote des Totschlags, Ehebruchs und Diebstahls gehören zusammen, wie die zwar späte, aber kaum vom Dekalog abhängige Zusammenstellung Hi 24,14f. zeigt:

„Bei Licht erhebt sich der Totschläger,
um den Armen und Elenden zu töten,
und in der Nacht ist er (verhält er sich) wie der Dieb.
Das Auge des Ehebrechers lauert auf die Dämmerung
und denkt: „Kein Auge wird mich gewahren ..."

Diese Dreiergruppe kann auch verkürzt (Ps 50,18; vgl. Sach 5,4) oder erweitert werden, wobei vor allem der Hinweis auf „Fluchen und Betrügen", d. h. den ungerechtfertigten Fluch, hinzutreten kann, den das dritte Gebot neben anderen Vergehen untersagt. So klagt der Prophet Hosea (4,1f.) die Bewohner des Nordreichs an:

„Fluchen und Betrügen und Töten und Stehlen und Ehebrechen reißen ein,
und Bluttat reiht sich an Bluttat."[15]

Die Reihe todeswürdiger Verbrechen Ex 21,12ff., die im Grundbestand gewiß älter ist als der Dekalog, weist neben Totschlag (V 12) und Menschenraub (V 16) sogar den Elternfluch (V 17) auf.

Die durch Totschlag, Ehebruch und Diebstahl gebildete Gruppe kann also noch das dritte Gebot in einer älteren Gestalt (als Verbot des unberechtigten Fluchs) enthalten haben, eventuell sogar das Elterngebot.

(3) Dieses überlieferungsgeschichtliche Verständnis, das die ältere Rückfrage nach einem Urdekalog ablöste und zunächst zu einem neuen Konsens in der Dekalogforschung führte, ist freilich nicht unbestritten geblieben. Nach neuerer Auffassung ist der Dekalog im Zuge

[13] H. Gese, ZThK 64, 1967, 121–138 = Vom Sinai zum Zion, 63–80.

[14] E. Gerstenberger, Wesen und Herkunft, 77–88; E. Zenger, ThRev 64, 1968, 189ff.; W. H. Schmidt, VT.S 22, 1972, 201ff. 212ff.; H. Schüngel-Straumann, Der Dekalog, 29ff.; F. Crüsemann, Bewahrung der Freiheit, 16ff.

[15] Vgl. Jer 7,9; ferner Lev 19,11f.

jüngerer, genauer: deuteronomistischer Redaktionstätigkeit entstanden.[16] Die Erklärung rechnet mit mehreren Schichten:

Ein früh-dtr Bearbeiter habe im Zuge einer Neufassung der Sinaiperikope Ex 19ff. für das Deuteronomium eine sieben Gebote umfassende Reihe geschaffen, die er dem bereits paränetisch ausgestalteten dt Gesetz (Dtn 12ff.) vorangestellt habe. Ein späterer, ebenfalls dtr Bearbeiter habe diese Gebotsreihe um das Verbot des Namenmißbrauchs wie das Sabbat- und Elterngebot ergänzt und damit zum Dekalog ausgebaut. In die Sinaiperikope sei der Dekalog erst im Zuge der Endredaktion des Pentateuch eingesetzt worden, als er mitsamt dem Deuteronomium an die Peripherie geriet. Dabei sei das Zehnwort durch priesterliche Redaktoren novelliert worden.

Diese Deutung muß freilich die bislang allgemein anerkannte Zuordnung beider Dekalogfassungen umkehren und der Version Dtn 5 Vorrang gegenüber Ex 20 einräumen: „Der Dekalog hat seine Wurzeln im Dtn. Seine Laufbahn beginnt in der Horebtheophanie und vollendet sich in der Sinaitheophanie des Pentateuch."[17]

Vielleicht ist die von Gen 2,1–3 (P) kaum unabhängige Begründung des Sabbatgebots Ex 20,11 jünger als die soziale Motivierung desselben Gebots Dtn 5,14bβ. 15. Jedoch hat kaum eine Begründung die andere verdrängt. Eher zeigt die Variabilität beider Begründungen, daß sie dem Gebot erst nachträglich beigegeben wurden, also in beiden Fällen sekundär sind.[18]

Ansonsten ist die nicht unerheblich längere Deuteronomiumfassung eher eine Erweiterung der kürzeren Exodusversion.[19] Nach den Regeln der Textkritik geurteilt: Die kürzere Lesart ist vorzuziehen (lectio brevior est potior).[20] Die Überlieferung pflegt zu wachsen, nicht abzunehmen.

[16] F.-L. Hossfeld, Der Dekalog, 1982; vgl. J. Schreiner, Die Zehn Gebote, 9ff.

[17] F.-L. Hossfeld, Der Dekalog, 284.

[18] Siehe u. B IV 4.

[19] Die „zahlreichen Ergänzungen im Text von Dtn 5 (sind) ein deutliches Kennzeichen späterer Bearbeitung". H. J. Boecker, Altes Testament, 209; ganz ähnlich R. Smend, ThRev 79, 1983, 459. Dagegen hält W. Johnstone (ZAW 100, 1988, 369) die Frage für "highly marginal and largely wrongly put". Ihm zufolge gibt es drei Dekalogformen: "(1) a Dtr Decalogue in the Horeb recension of Ex 19–40, cited as (2) in Deut, with perhaps as little as the cross-references added, and to be identified with the help of that Deut version as underlying (3), the P version in the final Sinai recension of Ex 19–40" (383). Müßte nicht auch dann erkennbar sein, daß die gegenwärtige Gestalt von Ex 20 eine jüngere Fassung des Dekalogs bietet als Dtn 5?

[20] Vgl. Chr. Levin, VT 35, 1985, 165ff.

Weitere Beobachtungen erhärten dieses Urteil. So bewahrt Ex 20 zumindest in zwei Fällen – im neunten und zehnten Gebot – eher eine ältere Gestalt des Dekalogs.[21]

a) Während Ex 20, 17 die Ehefrau noch zum Haus zählt, gibt ihr Dtn 5, 21 bereits eine herausgehobene Stellung: Die Frau erscheint nun vor den Gütern und gewaltunterworfenen Personen. Sollte diese Unterscheidung später wieder nivelliert worden sein?

b) Der Terminus „Lügenzeuge" Ex 20, 16 begegnet bereits in frühen Schichten des Sprüchebuches[22]; dagegen bleibt die Wendung „nichtiger Zeuge" Dtn 5, 20 singulär.

Tatsächlich widersetzt sich der Dekalog einer Erklärung im Rahmen der Redaktionsgeschichte des Deuteronomiums.

Zum einen enthält der Dekalog zwar – besonders im ersten und zweiten Gebot – dtr Diktion, wird jedoch nicht durchgängig von ihr geprägt; die letzten fünf Gebote sind frei von ihr. Der Terminus „heiligen" im Sabbatgebot ist sogar untypisch für dtr Theologie.

Zum anderen überschneidet sich das Begehrensverbot, das neben dem Grundbesitz auch die Ehefrau und die bewegliche Habe des Nächsten vor Zugriff schützen möchte, mit dem Ehebruch- und Diebstahlverbot. Diese Überschneidung spricht gegen eine gemeinsame literarische Herkunft des siebten, achten und zehnten Gebots, läßt sich überlieferungsgeschichtlich leichter erklären: Das Ehebruch- und Diebstahlverbot entstammen einer anderen Kurzreihe als das Begehrensverbot.

Der Dekalog ist darum kaum in der dtn/dtr Bewegung entstanden.[23] Eher stellt er ein durch die Tradition vorgegebenes Stück dar, das bei seiner Verschriftung von dtr Kreisen bearbeitet und ergänzt wurde.

(4) Kannten bereits die sog. Schriftpropheten des 8. Jahrhunderts den Dekalog? Die für den Vorspruch des Dekalogs charakteristische Verbindung der Huldformel mit dem Hinweis auf Ägypten und ihre Zusammenstellung mit dem ersten Gebot findet sich schon beim Propheten Hosea:

> „Ich bin Jahwe, dein Gott, vom Lande Ägypten her.
> Einen Gott außer mir kennst du nicht
> und einen Helfer außer mir gibt es nicht."
> (13, 4; vgl. 12, 10)

[21] A. Graupner, ZAW 99, 1987, 308–329; R. Achenbach, Israel, 41–46.

[22] Spr 12, 17; 14, 5; 19, 5. 9; 25, 18; vgl. 6, 19; ferner Ps 27, 12.

[23] So nach dem Vorgang von J. Meinhold (Sabbat und Woche, 37ff., bes. 40f.), der sich bereits auf O. Meissner (Der Dekalog, 1893) stützt, R. Smend, ThRev 79, 1983, 459; O. Kaiser, Einleitung in das Alte Testament, ^{5}1984, 74. Vgl. auch R. Achenbach, Israel, 46.

Mehrfach klagen Propheten das Volksganze oder Gruppen in der Gesellschaft eben jener Taten an, die der Dekalog verbietet. Dabei sind terminologische Anklänge an das Zehnwort unüberhörbar.

a) So beschreibt Hos 3, 1bβ die Mißachtung des Ausschließlichkeitsanspruches mit Worten, die für das erste Gebot kennzeichnend sind:

„Aber sie wenden sich anderen Göttern zu."[24]

b) Hoseas Anklage

„Fluchen und Betrügen und Töten und Stehlen und Ehebrechen reißen ein, und Bluttat reiht sich an Bluttat" (4, 1 f.),

die ähnlich bei Jeremia wiederkehrt (7, 9), läßt sich kaum vom sechsten bis achten Gebot trennen, da das Verb für „töten" *(rṣḥ)* außerhalb des Dekalogs selten begegnet.

c) Der Weheruf des Propheten Micha über die, „die Unrecht planen", erinnert an das zehnte Gebot:

„Sie begehren Felder und rauben (sie),
Häuser und nehmen (sie).
Sie bedrücken einen Mann und sein Haus,
einen Menschen und seinen Erbbesitz."
(2, 2; vgl. Hos 5, 10; Jes 5, 8)

Wählen die Propheten aus der bereits vorliegenden Ganzheit aus oder beziehen sie sich auf Vorformen, Bauelemente des Dekalogs? Die Frage läßt sich nicht eindeutig beantworten.

Wenig wahrscheinlich ist die Vermutung, einzelne Gebote des Dekalogs seien erst aus dem prophetischen Schuldaufweis erwachsen.[25] Eher setzt die Anklage ein Gebot voraus; denn die prophetische Kritik möchte die Unheilsansage einsichtig machen, muß sich also auf Maßstäbe stützen, die auch bei den Hörern be- und anerkannt sind.[25a] Allerdings kann die prophetische Kritik die

[24] Der Satz ist allerdings gerade wegen seiner wörtlichen Berührungen mit dem ersten Gebot und Dtn 31, 18. 20 in seiner Echtheit umstritten. Vgl. J. Jeremias, ATD 24/1, 1983, 55. Tatsächlich redet Hos 3, 1bβ von Gott in dritter Person, obwohl der Halbvers Teil der Jahwerede ist. Dieses Phänomen begegnet jedoch auch sonst. Vgl. nur Hos 1, 2; Jer 2, 2 f.; 29, 7; Jes 40, 1 f. Außerdem ist die Fortsetzung, die ebenfalls von Gott in dritter Person spricht, im Wortlaut originell und für Hosea und seine Situation charakteristisch. Spricht dies nicht dafür, V 1bβ im Text zu belassen?

[25] F.-L. Hossfeld, Der Dekalog, 276 ff.; Chr. Levin, VT 35, 1985, 169 f.

[25a] Vgl. H.-D. Neef, Die Heilstraditionen Israels in der Verkündigung des Propheten Hosea: BZAW 169, 1987, 175 ff., bes. 206 ff.

Tendenz zur Bedeutungserweiterung und Verallgemeinerung der Gebote verstärkt haben.[26]

Wenn auch Einzelheiten unsicher bleiben, so bezeugen die zitierten Prophetenworte jedoch dies: Der Dekalog ging nicht erst aus der Tätigkeit einer theologischen Schule der Exilszeit hervor, sondern ist Ergebnis eines längeren Überlieferungsprozesses, der bis in das 8. Jahrhundert zurückreicht.

(5) Neben der Prophetie bietet die Weisheit Parallelen zum Dekalog. In zahlreichen Worten bedenkt sie das Verhältnis des erwachsenen Sohnes zu den altgewordenen Eltern[27] sowie die Folgen des Tötens[28], des Ehebruchs,[29] der Falschaussage[30] und des Begehrens[31].

Diese Parallelen sind jedoch eher sachlich-thematischer als terminologischer Art. Auch sonst sind Unterschiede nicht zu übersehen. Während der Dekalog unbedingt fordert, begnügt sich die Spruchweisheit häufig mit der Beschreibung der Tat und ihrer Folgen, um Einsicht in Lebensabläufe, dann auch rechtes Verhalten zu wecken.[32] Eine literarische Abhängigkeit zwischen dem Dekalog und weisheitlichen Worten ist darum unwahrscheinlich[33]; eher besteht ein Zusammenhang in der Überlieferung und der Intention.

Wird in der thematischen Gemeinsamkeit vielleicht ein gemeinsamer Ursprung des Prohibitivs („Du sollst") und weisheitlicher Lehre sichtbar, nämlich das Familien- oder Sippenethos?[34]

(6) Die Beziehungen zwischen dem Dekalog einerseits und der Prophetie wie der Weisheit andererseits führen auf die Frage, in welchem Lebensbereich der Dekalog seinen „Sitz" hatte. Für weite Teile der älteren Forschung stand seit den Arbeiten S. Mowinckels[35] und A. Alts[36] fest: Der Dekalog entstammt dem Kult. Bestimmend für dieses Urteil war zum einen die Überzeugung, daß das sog. apodiktische

[26] Vgl. oben A II und unten B X.

[27] Spr 19,26; 20,20; 28,24; 30,11.17.

[28] Spr 28,17.

[29] Spr 23,27; vgl. 2,16f.; 5; 6,24ff.; 7,5ff.

[30] Spr 14,25; 17,20; 14,5.25; 19,5.28; 21,28; 24,28; 25,18.

[31] Spr 10,2; vgl. 20,17; 21,6; 28,22; ferner 11,1; 16,8.11; außerdem 1,13.

[32] Vgl. Spr 5,1ff.; 6,20ff.; 7,1ff.; 24,28.

[33] Vgl. G. von Rad, Weisheit in Israel, ^{3}1985, 119f. (mit Anm. 21). 130. 237f.

[34] Vgl. E. Gerstenberger, Wesen und Herkunft, 100ff.; W. Richter, Recht und Ethos, 144ff.; anders H.-J. Hermisson, Studien zur israelitischen Spruchweisheit: WMANT 28, 1968, 73.

[35] S. Mowinckel, Le Décalogue, 1927.

[36] A. Alt, KS I, 278ff.

Recht „volksgebunden israelitisch und gottgebunden jahwistisch“[37], in der Umwelt singulär und im Rechtsvortrag vor der versammelten Gemeinde zuhause war, zum anderen die Anweisung Dtn 31, 9–13, das „Gesetz“ (Tora) beim Laubhüttenfest an jedem siebten Jahr zu verlesen. Altorientalische Parallelen zeigen jedoch, daß das apodiktische Recht keineswegs exklusiv israelitisch und kultisch gebunden sein muß.[38] Dtn 31, 9f. bietet – als wohl jüngerer (dtr) Zusatz[39] – keine tragfähige Begründung für die Auffassung, das apodiktische Recht sei von seinem Ursprung her Sakralrecht. Der Dekalog selbst enthält höchstens Andeutungen, daß er im kultischen Raum entstand und beheimatet war.[40] Bestimmungen für Opfer oder Feste enthält der Dekalog nicht. Allerdings hat der Dekalog später einen festen Platz auch im Gottesdienst erhalten:

„Höre, mein Volk, das ich dir's bezeuge!
Israel, würdest du auf mich hören!
Es soll unter dir kein anderer Gott sein,
keinen fremden Gott sollst du anbeten!
Ich bin Jahwe, dein Gott,
der dich aus Ägypten heraufgeführt hat.“[41]

In neuerer Zeit hat man den Dekalog, der ja zunächst männliche Erwachsene (2. Ps. masc. Sg.) anredet, als Ethos einer gesellschaftlich tragenden Schicht, der freien, grundbesitzenden Israeliten verstanden.[42] Allerdings gilt das Gebot der Ausschließlichkeit (und Bildlosigkeit) der Gottesbeziehung selbstverständlich auch für Frauen und Kinder, wie Jeremias Auseinandersetzung mit dem Kult der Himmelskönigin zeigt.[43] Mi 7, 6 bezeugt, daß die Ehrung der Eltern nicht nur vom Mann erwartet wird. Das Sabbatgebot und vielleicht auch das Ehebruchverbot sind so formuliert, daß die Frau mit angeredet sein kann.[44]

[37] A. Alt, KS I, 323.

[38] E. Gerstenberger, Wesen und Herkunft, 130ff.

[39] H. D. Preuß (s. o. Anm. 6), 162f.

[40] Vgl. die Wendung „vor dem Angesicht“ *(ʿl-pnj)* im ersten Gebot, den Begriff „Kultbild“ *(psl)* im zweiten Gebot und den Terminus „heiligen“ im Sabbatgebot.

[41] Ps 81, 9–11; vgl. 50, 7; ferner 15; 24, 3f. Siehe auch unten C.

[42] W. Richter, Recht und Ethos, 191f.; F. Crüsemann, Bewahrung der Freiheit, 28ff.

[43] Jer 7, 17ff.; 44, 15ff. 24ff. Vgl. dazu zuletzt A. Graupner, Auftrag und Geschick des Propheten Jeremia: BThSt 15, 1991, 144ff.

[44] Siehe unten B IV und B VII.

Zudem haben sich die sozialen Verhältnisse im Verlauf der Zeit stark verändert. Gerade die exilisch-nachexilische Epoche, in der der Dekalog seine endgültige Form gefunden zu haben scheint, bringt einen tiefen Einschnitt mit erheblichen Wandlungen.

Der Dekalog enthält, geordnet nach ihrem sachlichen Gewicht, entscheidende theologische und ethische Gebote und intendiert in seinen Formulierungen Allgemeingültigkeit, weist darum über seinen ursprünglich möglichen „Sitz im Leben" oder die ehemalige soziale Verwurzelung hinaus.

Synopse beider Dekalogfassungen

(fett = gemeinsamer Text – normal = Ex 20 – kursiv = Dtn 5)

Ich bin Jahwe, dein Gott,
der ich dich aus dem Lande Ägypten, aus dem Sklavenhause, herausgeführt habe.
Du sollst keine anderen Götter neben mir haben.
Du sollst dir kein Bild machen,
und zwar
keinerlei Gestalt,
die im Himmel oben oder auf Erden unten oder im Wasser unter der Erde ist.
Du sollst sie nicht anbeten und ihnen nicht dienen;
denn ich, Jahwe, dein Gott, bin ein eifernder Gott,
der heimsucht die Schuld von Vätern
an Nachkommen bis ins dritte und vierte Glied
an Söhnen und Enkeln und Urenkeln
bei denen, die mich hassen,
aber Treue übt an Tausenden
bei denen, die mich lieben und
meine
seine
Gebote halten.
Du sollst den Namen Jahwes, deines Gottes, nicht zu Nichtigem erheben;
denn Jahwe wird den nicht ungestraft lassen, der seinen Namen zu Nichtigem erhebt.
Gedenke an
Halte
den Sabbattag, daß du ihn heiligst,
wie Jahwe, dein Gott, dir befohlen hat.
Sechs Tage sollst du arbeiten und all deine Arbeit tun,
aber der siebte Tag ist ein Sabbat für Jahwe, deinen Gott.
Du sollst keinerlei Arbeit tun, du und dein Sohn und deine Tochter *und* **dein Sklave und deine Sklavin und**

dein Rind und dein Esel und all

dein Vieh und dein Fremdling, der in deinen Toren weilt;

denn in sechs Tagen machte Jahwe den Himmel und die Erde, das Meer und alles, was in ihnen ist, aber am siebten Tag ruhte er; darum hat Jahwe den Sabbattag gesegnet und ihn geheiligt.

damit dein Sklave und deine Sklavin ruhen können wie du. Und denke daran, daß du Sklave warst im Lande Ägypten und daß Jahwe, dein Gott, dich von dort herausgeführt hat mit starker Hand und ausgestrecktem Arm; darum hat Jahwe, dein Gott, dir befohlen, den Sabbattag zu halten.

Ehre deinen Vater und deine Mutter,

wie Jahwe, dein Gott dir geboten hat,

damit deine Tage lang sind

und damit es dir gut geht

auf dem Boden, den Jahwe, dein Gott, dir gibt.

Du sollst nicht töten.

Und **du sollst nicht ehebrechen.**

Und **du sollst nicht stehlen.**

Und **du sollst nicht gegen deinen Nächsten aussagen als**

Lügenzeuge.

nichtiger **Zeuge.**

Und **du sollst nicht begehren**

das Haus

die Frau

deines Nächsten.

Und **du sollst nicht**

begehren *(ḥmd)* die Frau

begehren (ʾwh) das Haus

deines Nächsten,

sein Feld

und seinen Knecht und seine Magd

und

sein Rind und seinen Esel und alles, was deinem Nächsten gehört.

B

DIE SOGENANNTE ERSTE, THEOLOGISCHE TAFEL

I. DAS ERSTE GEBOT

Die Ausschließlichkeit des Glaubens

Der als Gottesrede formulierte Einleitungsteil des Dekalogs faßt gleichsam drei Eigenarten oder Wesensmerkmale alttestamentlichen Glaubens zusammen: die Geschichtsbezogenheit, die Ausschließlichkeit und die Bildlosigkeit. Diese Charakteristika stehen nicht schlicht nebeneinander, sondern beziehen sich aufeinander oder bestimmen sich gar gegenseitig.

So wird man zwischen dem engen Bezug zur Geschichte, der die Erinnerung an die Rettung wie eine „Wesensbestimmung" Gottes erscheinen läßt[1], und der Ausschließlichkeit des Glaubens einen Zusammenhang erkennen dürfen; vielleicht blieb er zunächst unbewußt und wurde erst später empfunden. Indem von einem Verhalten zu anderen Göttern nur noch in höchst eingeschränktem Maß erzählt werden kann, wird jede Tat Gottes mehr oder weniger unmittelbar ein Verhalten zur Welt und zum Menschen:

> „Wo Gott als der einzige Gott keinerlei anderes Gegenüber hat als den Menschen und seine Welt, wo also all die Bewegtheit und Dramatik im Bereich des Göttlichen, Liebe und Kampf, Geburt und Tod, Aufstieg und Niedergang radikal fortfallen, muß dem einzigen Gegenüber Gottes, dem Menschen und der Geschichte des Menschen in seiner Welt, eine erhöhte Bedeutung zukommen."[2]

Dagegen bleibt die weitergehende Frage, ob und wieweit die Ausschließlichkeit des Glaubens aus geschichtlicher Erfahrung erwuchs, sie so voraussetzt oder erst in der Folge prägt, mit allgemein überzeugenden Gründen kaum eindeutig zu beantworten; die Anfänge der Überlieferung sind schwer zugänglich. Ist aber nicht der Versuch zu unternehmen, sich vom Späteren zu den Ursprüngen zurückzutasten?

Das erste Gebot bringt die – vorgegebene – Ausschließlichkeit des Glaubens zum Ausdruck. Darum soll zunächst vom Wortlaut von Ex 20,3 abgesehen und nach dem *Phänomen* gefragt werden: Wie alt ist die Ausschließlichkeit, und wie zeigt sie sich?

[1] Vgl. o. A II.

[2] C. Westermann, BK I/1, 1974, 95.

Zwar sucht die Geschichtswissenschaft für alle Phänomene nach Analogien, allerdings ist eine Vermittlung des ersten Gebots aus Israels Umwelt bisher nicht nachweisbar.[3]

Die Nachricht, daß die Pharaonentochter Mose an Sohnes Statt annahm (Ex 2,10), hat zu der Vorstellung geführt, daß „Mose in aller Weisheit der Ägypter unterrichtet wurde" (Apg 7,22; vgl. 1 Kön 5,10).

Durch S. Freud ist die Hypothese weithin bekannt geworden, Mose sei ein „überzeugter Anhänger der neuen Religion" des Pharaos Amenophis IV. Echnaton gewesen, deren monotheistische „Grundgedanken er sich zu eigen gemacht hatte".[4] Allerdings wurde der Aton-Kult, der die Einheit statt durch Zuordnung durch Ausschluß anderer Götter gewann, bald nach dem Tod des Pharaos, der ihn (um 1350 v. Chr.) durchgesetzt hatte, unterdrückt, und Mose lebte etwa ein Jahrhundert später. Zudem bestehen tiefe sachliche Unterschiede: Jahwe ist kein Licht- oder Sonnengott und wird auch nicht durch die Sonnenscheibe mit den von ihr ausgehenden, lebenspendenden Strahlen oder durch ein anderes Symbol dargestellt. Erst recht ist innerhalb des Jahweglaubens, zumal der vorstaatlichen Zeit, der König nicht der entscheidende oder gar einzige Mittler; schließlich bleibt die dunkle Seite des Lebens nicht ausgeklammert.

Der alte Orient kannte zwar verschiedenartige monotheistische Tendenzen, jedoch nicht das Verbot des Abfalls zu fremden Gottheiten; der Polytheismus mit dem Neben- und Nacheinander der Götter war weithin selbstverständlich. So weist der alte Orient für das erste Gebot keine echte Analogie und damit kein wirkliches Vorbild auf.

Allerdings ist die im ersten Gebot geforderte Ausschließlichkeit von einem Monotheismus zu unterscheiden.

[3] J. Wellhausen (Israelitische und jüdische Geschichte, [9]1958, 31, Anm. 1) konnte ironisch urteilen: Es „macht keinen großen Unterschied, ob der Monotheismus aus Ägypten, wo er nicht zu finden ist, oder, immerhin etwas vernünftiger, aus dem Himmel importiert wird".

[4] Der Mann Moses und die monotheistische Religion: Gesammelte Werke XVI, 1950, 118ff., bes. 127 = Studienausgabe IX, 1974, 471ff., bes. 478. Zu Echnaton vgl. E. Hornung, Der Eine und die Vielen, 1971, bes. 240ff.; ders., Monotheismus im pharaonischen Ägypten, in: O. Keel (Hrsg.), Monotheismus, 83–97; J. Assmann, Ägypten. Theologie und Frömmigkeit einer frühen Hochkultur, 1984, 23f. 232ff.; auch J. Bergman, Ägypten I: TRE I, 1977, 489f.; zur Forschungsgeschichte: R. Smend, Die Methoden der Moseforschung (1959): Zur ältesten Geschichte Israels, 1987, 83ff. Der Sonnenhymnus besingt Aton als den „einzigen Gott, außer dem es keinen gibt" (Religionsgeschichtliches Textbuch zum Alten Testament, hrsg. v. W. Beyerlin, [2]1985, 43ff.). Vgl. LÄ IV, 1982, 198–200.

Man *kann* definieren und damit unterscheiden:

Monotheismus ist „der Glaube an einen einzigen Gott, der ... den Glauben an die Existenz anderer Götter grundsätzlich ausschließt".

„*Monolatrie* (Verehrung eines Einzigen) bedeutet, daß nur einem Gott gedient wird, ohne daß damit die Existenz anderer Götter geleugnet würde."[5]

Geht Monotheismus über das ausschließliche Verhalten zu dem einen Gott hinaus, indem andere Götter verneint werden, so bezieht sich hier ein einzelner oder eine Gruppe – dauernd – nur auf einen Gott und weiß sich ihm verpflichtet, ohne das Sein – in anderen Gemeinschaften verehrter – anderer Götter zu bestreiten, aber auch ohne sie anzubeten.[6] Insbesondere spricht man von einem Stammes-, Volks-, National- oder Landesgott.

Gehört das erste Gebot dann nicht eher in den Bereich der „Monolatrie"? Wieweit können jedoch solche Abgrenzungen die Phänomene angemessen umschreiben?

(1) Schon J. Wellhausen[7] urteilte: „Der Monotheismus war dem alten Israel unbekannt"; Jahwe war „von Haus aus der Gott Israels und wurde dann sehr viel später der universale Gott". Ausdrücklich wandte sich B. Balscheit dem Thema „Alter und Aufkommen des Monotheismus in der israelitischen Religion" (1938) zu. Jedoch hat noch W. F. Albright[8] gefragt: „War Mose ein wahrer Monotheist?" und entschieden geantwortet:

„Bedeutet ... der Ausdruck ‚Monotheist': Einer, der die Existenz nur eines einzigen Gottes lehrt, welcher Schöpfer des Alls, Quelle der Gerechtigkeit ist, in Ägypten ebenso mächtig wie in der Wüste und in Palästina, der kein Ge-

[5] So im Anschluß an A. Bertholet (Wörterbuch der Religionen, ²1962, 369) B. Hartmann, Monotheismus in Mesopotamien?, in: O. Keel (Hrsg.), Monotheismus, 1980, 68 bzw. 72. „Monotheismus ist universaler Eingottglaube", Monolatrie „partikularistischer Eingottglaube" (76). Vgl. M. Rose, Ausschließlichkeitsanspruch, 9ff. A. Schenker (OBO 103, 193) hält nicht den Unterschied Sein – Nichtsein, sondern „eine *absolute Differenz* zwischen Gott einerseits und den anderen, irdischen wie überirdischen Wesen andererseits" für wesentlich.

[6] Darüber hinaus kann man auseinanderhalten:

Henotheismus meint die Einstellung auf den gerade verehrten Gott als den einzigen, d. h. die zeitlich (stimmungsmäßig kurzfristig oder auf eine besondere Situation) begrenzte Anbetung eines Gottes, dem die Anbetung anderer Götter vorausgeht oder folgt.

Henolatrie beschreibt die zeitlich unbeschränkte Verehrung eines bestimmten (persönlichen Schutz-)Gottes bei insgesamt polytheistischer Auffassung. – Ist aber die Abgrenzung von der Monolatrie eindeutig?

[7] J. Wellhausen (o. Anm. 3), 29.32.

[8] Von der Steinzeit zum Christentum, 1949, 271; vgl. zuletzt ders., Yahweh and the Gods of Canaan, 1968.

schlecht hat und keine Mythologie, der von menschlicher Gestalt ist, aber von Menschenaugen nicht gesehen werden kann und sich in keiner Gestalt darstellen läßt – dann war der Begründer des Jahwismus sicherlich Monotheist."

Mittlerweile wird jene Frage nach „Alter und Aufkommen des Monotheismus" neu und verschärft gestellt, veranlaßt nicht nur durch eine kritischere überlieferungsgeschichtliche Betrachtung des Alten Testaments, sondern auch durch archäologische Funde, die noch in der Königszeit auf polytheistische Züge – zumindest im Volksglauben – schließen lassen.[9] Die Wirklichkeit war anscheinend komplexer, als die biblischen Texte von sich aus zu erkennen geben.

Diese sog. Monotheismus-Debatte[10] weist mit Recht auf die Geschichte des Glaubens hin – auf einen Werdegang, der sich mit dem Gedanken der „Ent-wicklung" oder „Ent-faltung" nicht ausreichend erfassen läßt. Zugleich wird die Problemstellung jedoch nicht unerheblich verschoben, indem statt nach der Bekundung der Ausschließlichkeit vielmehr nach einem „Theismus" gesucht und dieser als Maßstab genommen wird.

Eine Einschränkung erfährt die Bestimmung „Monotheismus" nicht selten durch die Gegenüberstellung „praktisch" – „theoretisch"; sie sucht das Selbstverständnis alttestamentlichen Glaubens zu umreißen:

[9] Wesentliche Texte sind zusammengestellt bei K. A. D. Smelik, Historische Dokumente aus dem alten Israel, 1987, 137ff. (Lit.); dazu aus einer Vielzahl von Untersuchungen etwa: J. Day, Asherah in the Hebrew Bible and Northwest Semitic Literature: JBL 105, 1986, 385–408; verschiedene Beiträge in: Ancient Israelite Religion, FS F. M. Cross, 1987; S. M. Olyan, Asherah and the Cult of Yahweh in Israel: SBLMS 34, 1988.

[10] Nach B. Lang (Der einzige Gott, 53f. 56. 62) herrscht im Israel der Königszeit sogar „eine polytheistische Religion vor, die sich von den Religionen ihrer Umwelt nicht unterscheidet". Die Israeliten sollen „je ihren persönlichen Schutzgott", „auch Jahwe" und „Ressortgötter verehrt" haben, schließlich eine „Liebesgöttin, die ihre Statue im Heiligtum besitzt". Gibt es dafür tragfähige Belege? Selbst der „Kampf zwischen Jahwe und Baal hält sich noch ganz im Rahmen des Polytheismus". Allerdings räumt Lang (60) eine gewichtige Besonderheit ein: „Daß Jahwe zum Gegner Baals werden kann, muß auch in seinem *Wesen* begründet liegen." Jahwe fehlt „jede Einbindung in eine Götterfamilie ... Jahwe erscheint als Einzelgänger, der außerhalb der gewöhnlichen Bindungen steht". Vgl. zur Diskussion außer einer Reihe von Aufsätzen vor allem die drei Sammelbände: O. Keel (Hrsg.), Monotheismus; B. Lang (Hrsg.), Der einzige Gott; E. Haag (Hrsg.), Gott, der einzige (mit einem Forschungsüberblick von N. Lohfink, 9ff.); auch: E. Zenger/M.-Th. Wacker, Der eine Gott und die Göttin.

„Man kann zwar für eine lange Zeit der israelitischen Religionsgeschichte nicht von einem ‚Monotheismus' im strengen Sinne reden, weil die Existenz anderer Götter nicht bestritten wurde; wohl aber hat sich sehr bald ein praktischer Monotheismus in Israel herausgebildet, für den die Verehrung anderer Götter als illegitim gelten mußte."[11]

Ähnlich hebt W. Zimmerli[12] hervor: „Einen theoretischen Monotheismus kennt Israel nicht." Alttestamentlicher Glaube „kämpft nicht um ein gereinigtes Welt- oder Götterbild, sondern läßt das Phänomen fremder Götter zunächst stehen, nimmt diesen aber alle Macht und weigert ihnen in aller Schärfe den Anspruch auf Israel."

Gewiß werden auf solche Weise bestehende Unterschiede in der Geschichte des Glaubens an einen Gott angedeutet, jedoch bleibt die begriffliche Gegenüberstellung von „theoretischem" und „praktischem Monotheismus" unglücklich. Wo fällt es schwerer, eine Grenze zwischen Theorie und Praxis zu ziehen als bei der Gottesverehrung? Wie kann sie sich mit „Theorie" begnügen, und wo fängt „Praxis" an?

(2) Um die Zeit des babylonischen *Exils* (6. Jh.) finden sich in unterschiedlichen Literaturbereichen, so in der Priesterschrift, zumal bei dem Propheten Deuterojesaja und im deuteronomisch-deuteronomistischen Schrifttum monotheistische oder monotheistisch klingende Aussagen. Fragt man von diesen jüngeren Zeugnissen vorsichtig-tastend in die ältere Zeit zurück, gewinnt man zugleich einen Einblick in die *Vielfalt* der Ausdrucksmöglichkeiten für die Ausschließlichkeit des Glaubens.[13]

Der erste Satz der Bibel, der der *priesterschriftlichen* Schöpfungsgeschichte wie eine Überschrift oder deutende Themenangabe voransteht (Gen 1,1), klingt eindeutig monotheistisch und hat so seine Wirkung entfaltet; er ist nicht eigentlich ein Urteil, daß Gott existiert, sondern ein Bekenntnis zum Wirken des Schöpfers und damit zum Dasein Gottes: Der eine Gott schuf „am Anfang" „Himmel und Erde", d. h. das Weltganze. Demgemäß bilden weder das Chaos noch die Gestirne mythische, persönliche, aus sich tätige Mächte, und der Erde wird durch Gottes Wort die Fähigkeit zur Fruchtbarkeit erst zu-

[11] R. Rendtorff, Die Entstehung der israelitischen Religion als religionsgeschichtliches und theologisches Problem (1963): GesSt zum Alten Testament. TB 57, 1975, 119–136, bes. 133.

[12] Grundriß der alttestamentlichen Theologie, 1972, ^{4}1982, 34.

[13] Der folgende kurze Abriß nimmt Formulierungen auf aus: JBTh 2, 1987, 42ff.; FS R. Rendtorff, 1990, 437ff.; „Monotheismus": TRE 22; vgl. zur näheren Begründung auch: Alttestamentlicher Glaube in seiner Geschichte, ^{7}1990, bes. § 6b und § 11.

gesprochen.[14] Zwar fehlt eine ausdrückliche Feststellung wie „außer ihm ist keiner", jedoch bleibt für andere göttliche Kräfte in der Schöpfungsgeschichte kein Wirkraum oder Betätigungsfeld.[15]

Ausdrücklich wird innerhalb derselben Quellenschrift gegenüber Abraham und seinen Nachkommen die Forderung (Gen 17,1) erhoben:

„Wandle vor mir
und sei vollkommen (Luther: fromm)!"

In dieser – mit der sog. Selbstvorstellung „Ich bin ..." verbundenen – Formulierung, „vor" Gott zu wandeln und dadurch bzw. darin „untadelig, vollkommen"[16] zu sein, wirkt das erste Gebot nach[17]; der Zuwendung Gottes soll die ungeteilte Ganzheit der Zuwendung Abrahams zu Gott entsprechen. Darüber hinaus betont die Priesterschrift die Identität des einen Gottes im Wandel der Zeiten und Namen (Ex 6,2f.).

Allerdings kann im Fortgang der priesterschriftlichen Erzählung Gott selbst ankündigen (Ex 12,12): „An allen Göttern Ägyptens werde ich Strafgerichte vollstrecken." Diese Zukunftsansage bezeugt zwar, auch im Ausland, die Überlegenheit des einen Gottes, damit die Ohnmacht der anderen Götter. Wird aber deren Existenz bestritten?

Der Prophet *Deuterojesaja* betont mit eindeutigen, kaum überbietbaren Worten, welche die Existenz anderer Götter ausschließen, in der Situation des Exils, daß Jahwe „allein" Schöpfer und Erlöser (Jes 44,24) ist:

[14] Vgl. auch o. Abs. A II,1 zu Gen 9,6.

[15] Es treten nicht einmal (wie etwa Ps 103,20ff.) Schöpfungsmittler auf. Höchstens klingt in der Ankündigung „*Wir* wollen Menschen machen" (Gen 1,26) die Anrede an einen Kreis Gott zugehöriger, ihm untergeordneter Wesen, etwa himmlischer Heerscharen, nach (vgl. Gen 3,22; 11,7 J; Jes 6,8 u. a.). Da die Priesterschrift diese Vorstellung sonst nicht bezeugt, liegt es näher, an einen sog. Plural deliberationis, genauer an ein Selbstgespräch zur Kundgabe des bevorstehenden Tuns, zu denken. Besteht, wenn die Existenz anderer Götter nicht – ausdrücklich – geleugnet wird, in Gen 1 gleichsam ein „impliziter" Monotheismus?

[16] Vgl. Dtn 18,13; Ps 15,2; auch 1 Kön 8,61; 9,4; 11,4 u. a.

[17] „Das Wort ist gewiß eine Vorwegnahme des Dekalogs" (K. Elliger, Sinn und Ursprung der priesterlichen Geschichtserzählung [1952]: KS zum Alten Testament. TB 32, 1966, 144–198, bes. 197).

„Vor mir wurde kein Gott gebildet,
und nach mir wird keiner sein."
(Jes 43,10)

„Ich bin der Erste und ich der Letzte,
außer mir ist kein Gott."
(Jes 44,6; vgl. 41,4; 45,5f. 18; 46,9 u. a.)

Trotzdem setzt sich der Exilsprophet mit den Völkern bzw. ihren Göttern auseinander: „Tut kund, was hernach kommen wird, damit wir erkennen, daß ihr Götter seid"[18] und bestreitet ihr Zukunftswissen wie ihre Wirksamkeit (41,24.29): „Euer Tun ist nichts." So kann er zugleich erwarten, daß alle Welt den einen Gott anerkennt (45,14.23ff. u. a.).

Im *Deuteronomium* und deuteronomistischen Geschichtswerk steht der Ausschließlichkeitsanspruch des Glaubens, mannigfach variiert und nuanciert, im Mittelpunkt der Darstellung und wird zum Maßstab der Geschichte.[19] Dabei findet sich im Deuteronomium neben dem monotheistisch klingenden Bekenntnis, daß „Jahwe (allein) Gott ist im Himmel oben wie auf der Erde unten und keiner sonst"[20], vielfach die Warnung, „anderen Göttern" zu dienen.[21] Demnach läßt sich seine Intention kaum mit dem Begriff „Monotheismus", sondern eher mit dem Bekenntnis (Sch^{e}ma) wiedergeben, das die Existenz anderer Götter zumindest nicht ausdrücklich leugnet:

„Höre, Israel, Jahwe, unser Gott,
Jahwe ist *einer.*"[22]

[18] In der Form der Gerichtsrede Jes 41,22f. 26. Unterscheidet Jes 46,1f. zwischen den Göttern bzw. ihren Namen und „ihren Bildern"?

Schon G. von Rad (TheolAT I^{4}, 225) betont: Der Exilsprophet spricht den „auch der theologischen Reflexion bewußt gewordenen Monotheismus ... nicht als eine religionsphilosophische Wahrheit aus". H. Wildberger (Der Monotheismus Deuterojesajas, in: Jahwe und sein Volk. TB 66, 1979, 249–273, bes. 254) gesteht zu: Die monotheistischen Aussagen sind „dem soteriologisch-seelsorgerlichen Interesse untergeordnet", sind aber „ernst zu nehmen"; denn sie eröffnen „einen neuen Horizont". Vgl. auch H. Klein, Der Beweis der Einzigkeit Jahwes bei Deuterojesaja: VT 35, 1985, 267–273.

[19] Vgl. Dtn 13; Jos 23,6ff.; 1 Kön 11,2.4; 2 Kön 17,35f. u. v. a.; auf einen Monotheismus zielende Aussagen wie 2 Sam 7,22; 1 Kön 8,60; 2 Kön 5,15; 19,19 u. a.

[20] Dtn 4,39; vgl. 4,35; 32,39.

[21] Dtn 5,7; 6,14; 7,4.16; 12,2f.; 13,1ff. u. a.

[22] Dtn 6,4; vgl. „einer, einzig" Sach 14,9; Mal 2,10; Hi 31,15.

Das Bekenntnis ist in seiner Situation (im 7. Jh.?) nach verschiedenen Richtungen auslegbar. Spricht es die Eigenart oder Einzigkeit dieses Gottes gegenüber der kanaanäischen Religion mit dem Baalkult aus oder eher die Einheit Jahwes gegenüber der Vielheit der Jahwekultstätten (vgl. Dtn 12)? Beide Absichten können sich auch verbinden, wenn das Bekenntnis zur Einheit Jahwes zugleich die Vielfalt der Baalverehrung abwehrt. Erst in seiner gewichtigen Wirkungsgeschichte scheint es (im Anschluß an Dtn 4,35ff.) „monotheistisch" verstanden worden zu sein.[23] Bestimmt die Ausschließlichkeitsforderung das Verhältnis des Menschen zu Gott, so wird hier ein Satz „über" Gott selbst formuliert. Allerdings wird aus einer solchen Grenzaussage sogleich wieder die Folgerung für menschliches Verhalten gezogen (Dtn 6,5): Gott „mit ganzem Herzen (wohl: Denken, Sich-Entscheiden), mit ganzer Seele (wohl: Ausrichtung, Verlangen) und mit ganzer Kraft zu lieben"; in dieser ungeteilten Zuwendung spiegelt sich die Ausschließlichkeit des Glaubens wider.

Der Prophet *Jeremia* vergleicht (gegen Ende des 7. Jh. v. Chr.) in einem eindrucksvollen Bild (Jer 2,13) die lebenspendende Kraft des einen Gottes mit den Fähigkeiten der Götter, um nicht ihre Existenz, aber ihre Verläßlichkeit zu leugnen:

„Zweifaches Unrecht beging mein Volk:
Mich verließen sie,

[23] So zitiert Mk 12,28ff. das Bekenntnis Dtn 6,4f. in Verbindung mit und im Sinne von Dtn 4,35.

Nach der frühen Untersuchung von W. F. Bade (Der Monojahwismus des Deuteronomiums: ZAW 30, 1910, 81–90, bes. 89) will Dtn 6,4 "betonen, daß Jahwe eine *Einheit,* nicht eine *Mehrheit,* ist. Der ... Monotheismus einer späteren Zeit erst hat den Satz zu einem Losungswort gegen den Polytheismus gemacht". Vgl. zur Auslegung etwa E. Nielsen, FS W. Zimmerli, 1977, 288–301; M. Rose, Ausschließlichkeitsanspruch, 134ff.; M. Peter, BZ 24, 1980, 252–262; H. D. Preuß, Deuteronomium: EdF 164, 1982, 178 (Lit.); R. W. Moberly, "Yahweh is one": the translation of the Shema: J. A. Emerton (Hrsg.), Studies in the Pentateuch: VT.S 41, 1990, 209–215.

Daß "der Monotheismus bereits im Deuteronomium geboren" wird (G. Braulik, SBAB 2, 288; vgl. 290f.), bleibt angesichts ähnlicher Aussagen um die Exilszeit unsicher. Sie sind bei Deuterojesaja breiter bezeugt, in seiner Gesamtbotschaft stärker verankert und auch sicherer in die Exilszeit datierbar. Gehört der Abschnitt Dtn 4,27ff., da die Zerstreuung "unter die Völker" (Plural) vorausgesetzt ist, nicht eher in nachexilische Zeit? So liegt in Dtn 4 eher Einfluß Deuterojesajas vor. Vgl. auch D. Knapp, Deuteronomium 4: GTA 35, 1987, 104f.

den Quell lebendigen Wassers,
um sich Zisternen zu hauen,
rissige Zisternen, die das Wasser nicht halten."

„Sie sind keine Götter", d. h.: nicht eigentlich, nicht in Wahrheit Götter; denn sie „nützen nichts" (2,11). Wie Jeremia hier die Ausschließlichkeit des Glaubens nicht gesetzlich-fordernd, sondern feststellend, ja anschaulich und insofern trotz der Anklage lockend-werbend ausspricht, so kann sie schon der Prophet *Hosea* (im 8. Jh. v. Chr.) als Aussage und Zuspruch formulieren:

„Ich bin Jahwe, dein Gott,
vom Land Ägypten her.
Einen Gott neben mir kennst du nicht,
und einen Helfer außer mir gibt es nicht."
(Hos 13,4; vgl. 12,10; aufgenommen Jes 43,11)

Schon hier sind wesentliche Elemente der Einleitung des Dekalogs miteinander verbunden: die sog. Selbstvorstellungsformel „Ich bin Jahwe", erweitert um die Huldbezeugung „dein Gott", der geschichtliche Rückbezug als Orts- oder auch Zeitangabe „vom Land Ägypten her" und die Aussage der Ausschließlichkeit.[24] Da die sog. Selbstvorstellungsformel nicht typisch prophetisch ist, scheint der Prophet eher eine vorgegebene Redeform abgewandelt aufzunehmen. Jedenfalls legt er die Alleinverehrung von der Einsicht aus, daß dieser Gott der alleinige „Helfer" (vgl. Jes 43,11; 45,21) ist; so ergibt sich die Forderung aus der Zusage.

Die Absicht beider Prophetenworte ist nicht, die Einsicht in einen „Mono-Theismus" zu lehren und zu verbreiten, sondern auf den wahren, zuverlässigen und beständigen Grund des Vertrauens zu verweisen; allerdings braucht, was mit „nicht – sondern" unterschieden wurde, im späteren Weiterdenken des Glaubens keinen Gegensatz zu bilden.

[24] „Hos 13,4 ist (zusammen mit 12,10) das älteste datierbare Zeugnis im Alten Testament für die Verbindung von Selbstvorstellung Jahwes (Dekaloganfang) und erstem Gebot; ob diese Verbindung Hosea schon vorgegeben war, wie man meist annimmt [W. Zimmerli u. a.], oder aber von ihm geschaffen wurde [F.-L. Hossfeld, Der Dekalog, 264], ist nicht mehr nachweisbar" (J. Jeremias, ATD 24/1, 1983, 163).

Weiter geht das Urteil: „Dieses Wort wurde im 8. Jahrhundert gesprochen, ist aber nicht erst ein Theologumenon der früheren Schriftprophetie, sondern traditionsgeschichtlich gewiß sehr viel älter" (A. H. J. Gunneweg, Herrschaft Gottes und Herrschaft des Menschen [1981]: Sola Scriptura, 1983, 144).

Der Prophet *Jesaja*, der Gott „auf einem hohen und erhabenen Thron" sieht (6,1), bringt die Exklusivität im Rahmen seiner Gerichtsansage (Jes 2,17) bereits als Zukunftserwartung zur Geltung:

„Erhaben ist Jahwe *allein* an jenem Tag."[25]

Nach *Amos'* Botschaft[26] ahndet Jahwe auch Vergehen, von denen Israel nicht betroffen ist (2,1), und hat Macht über die Nachbarstaaten hinaus[27] bis an die Grenzen des Kosmos (9,2f.). In solcher Einsicht sprengt Jahwe die Schranken eines „Nationalgottes", zumal sich dieser „Volksgott" gegen sein eigenes Volk wendet.

Demnach gehen die ältesten sog. Schriftpropheten des 8. Jahrhunderts wie selbstverständlich von der Ausschließlichkeit des Glaubens aus, bezeugen sie in unterschiedlicher Sprache und beziehen sie in je eigener Weise auf ihre Wirklichkeit. Von den sog. Vorschriftpropheten, deren – schwer eindeutig abzugrenzende und zu datierende – Überlieferung nur in Erzählzusammenhängen erhalten ist, trat insbesondere Elija (im 9. Jh. v. Chr.) für die Ausschließlichkeit des Glaubens ein. Fordert Elija („Mein Gott ist Jahwe") in einer dramatischen, wunderhaften Szene zur Alternative zwischen Baal und Jahwe (1 Kön 18,21) auf, so klagt er nach einer anderen – gegenwärtigem Wirklichkeitsverständnis leichter zugänglichen – Erzählung bereits an, setzt damit voraus, daß der Angeredete um diese Eigenart des Glaubens, so um Jahwe als den allein zuständigen Nothelfer, wissen kann und sollte:

„Ist denn kein Gott in Israel,
daß du sendest, Baal Sebub (Sebul), den Gott von Ekron, zu befragen?"
(2 Kön 1,6.3; vgl. 1 Kön 19; auch 2 Kön 9)

Ist das Bekenntnis „Jahwe allein" erst einer Bewegung der Zeit Elijas zu verdanken?[28] Auch diese Epoche hat die Ausschließlichkeit kaum

[25] Die Aussage spricht schon früh (im 8. Jh. v. Chr.) alttestamentliche Zukunftserwartung zugespitzt aus. Sie setzt Amos' Einsichten (wie 8,2; 6,8; vgl. Hos 1,6.9 u. a.) voraus, formuliert die Gerichtsansage aber statt kritisch, die Tradition umkehrend, gleichsam „positiv" und – in weisheitlicher Tradition – allgemein (vgl. Jes 31,3 u. a.).

[26] In den Worten dieses ältesten Schriftpropheten macht kein Baal Jahwe „den Rang in Israel streitig ... Die Einzigkeit der Gottheit Jahwes in Israel und der Völkerwelt ist kein Gegenstand seiner Botschaft, sondern deren selbstverständliche Voraussetzung" (H. W. Wolff, BK XIV/2, ²1975, 122).

[27] Am 5,27; 6,14; 9,7; vgl. Jes 5,26ff.; 10,5f.; Jer 4,5ff. u. a.

[28] So B. Lang, in: Der einzige Gott, 58ff.; noch weiter geht H. Vorländer (ebd., 93ff.); vgl. auch F. Stolz, in: Monotheismus, 154ff. 174ff.

hervorgebracht; sie hat sich in der – zunehmenden – Auseinandersetzung mit dem Baalkult[29] eher bewährt und wurde dabei entfaltet.

Möglicherweise reicht schon der *jahwistische* Erzählstrang, der Jahwe als Schöpfer und Erhalter (Gen 2,4bff.; 8,22) bezeugt, welcher Unheil sendet, Heil gewährt und aus der Not befreit[30], weiter zurück.

Das *Bundesbuch*, das sicher vordeuteronomisch ist und in seinem Kern in die frühkönigliche oder gar vorstaatliche Zeit zurückgehen wird, enthält als Rechtssammlung wiederum ältere Rechtssätze. Unter ihnen hat sich eine anscheinend recht frühe, Tat und Folge verknüpfende Formulierung erhalten, die, um eindeutig zu bleiben, späterer (eingeklammerter) Ergänzungen bedurfte:

> „Wer (anderen) Göttern opfert (es sei denn Jahwe allein),
> wird gebannt."
> (Ex 22,19)

Hier liegt vermutlich die älteste – sogleich näher zu bedenkende – Fassung der Exklusivität des Glaubens in einem Rechtssatz vor.

Das *Deboralied*, das auf vor-jerusalemischer, ja vorstaatlicher Überlieferung (etwa des 11. Jh. v. Chr.) beruht, besingt „die Heilstaten Jahwes" (Ri 5,11; vgl. 11,24).

Geben schließlich die im *Exodusbuch* bewahrten, so verschiedenartigen *Überlieferungen* von Moses Berufung (Ex 3), vor allem von der Rettung am Meer (Ex 14f.) oder der Theophanie am Sinai (19,16ff.; 24,10f.) nicht auf ihre Weise die alleinige Zuwendung des Gottes Jahwe zu den Betroffenen[31] wieder? Für die Annahme einer nachträglichen tiefgreifenden „Zensur" jener für Israels Glauben grundlegenden Überlieferungen, welche „die Erinnerungen an die polytheistische

Demgegenüber korrigiert F.-L. Hossfeld (FS W. Breuning, 1985, 57ff.): In dieser Epoche vollzog sich der Übergang von der „integrierenden" zur „intoleranten" – bzw. von einer „unpolemischen" zu einer „polemischen" (so E. Zenger, in: Gott, der einzige, 50ff., bes. 53) – Monolatrie. Gibt es „Integration" jedoch ohne „Intoleranz"? Fremde Vorstellungen, selbst kanaanäische Überlieferungen vom Gott El (vgl. Gen 14,18ff.; Num 23,22 u. a.), konnten letztlich nur umgeformt und unter Abweisung des Unannehmbaren angeeignet werden.

[29] Vgl. noch Hos 2; 3,1; 4,12ff.; auch Num 25; Ri 6 u. a.

[30] Gen 6,7; 12,17; 16,11f.; 29,31ff.; Ex 3,8; 16,4 u. a.

[31] Vgl. auch Ex 5,1–3; 17,15f.; 18,12; Dtn 33,2; Ri 5,4f. u. a. Innerhalb der Darstellung des Exodusbuches kommt noch vor den Rechtssammlungen (Ex 20ff.) die Andersartigkeit des Jahweglaubens gegenüber der (ägyptischen) Umwelt in der Frage und Aussage Pharaos Ex 5,2 andeutend zum Ausdruck: „Wer ist Jahwe? ... Ich kenne Jahwe nicht."

Vergangenheit getilgt hat“[32], geben die Texte von sich aus keinen Anlaß.[33]

Nach diesem (kurzen) Gang durch die Glaubensgeschichte darf man wohl *vier* Phänomene, Aspekte oder gar Stadien unterscheiden:
a) das Zeugnis von der alleinigen Zuwendung des Gottes Jahwe zu einer Gruppe,
b) die Formulierung dieses Verhältnisses mit Gebotscharakter, sei es in einem Rechtssatz oder einer Forderung, schließlich zugespitzt in der allgemeinen Gestalt des Ersten Gebots,
c) das Bekenntnis zur Einheit Gottes: „Jahwe ist einer“ (Dtn 6,4),
d) die monotheistische – oder monotheistisch klingende – Aussage oder Zuspitzung des Bekenntnisses.

Diese Phänomene folgen allem Anschein nach aufeinander, bilden aber keine sich ablösenden „Entwicklungsstufen“. Die letzte führt die vorhergehenden weiter, ruht aber auf ihnen auf; so sind sie in ihr nicht aufgehoben, sondern behalten ihren Sinn und ihr Recht. Wäre ein „Monotheismus“ ohne sie nicht auch zu mißverständlich?

Gewiß wäre für weite Teile des Alten Testaments geeigneter und angemessener als „Monotheismus“ eine Bezeichnung wie „Monolatrie“; allerdings läßt sich, was vom Phänomen der Monolatrie nicht generell gilt, vom Jahweglauben sagen: Der „Mono-Jahwismus“ ist eine „Vorstufe des Monotheismus“, „weil der Exklusivitätsanspruch Jahwes zu ihm drängt“.[34]

[32] F. Stolz, in: Monotheismus, 167.

[33] Die Unvereinbarkeit dieses Verhältnisses mit anderen Kulten mag erst später empfunden worden sein: „Vielleicht setzt ... das erste Gebot die geschichtliche Erfahrung voraus, daß der Jahweglaube fremdem Kult ausgesetzt ist ... Sollte sich der Jahweglaube tatsächlich erst in der Begegnung mit dem kanaanäischen Pantheon vom Polytheismus abgegrenzt haben und damit der Differenz Einheit – Vielheit bewußt geworden sein, so ist jedenfalls die Zuwendung Gottes zum Menschen bzw. zu einer bestimmten Gruppe seit je einzig“ (W. H. Schmidt, Das erste Gebot, 13).

[34] So W. Holsten, Monolatrie: RGG^3 IV, 1960, 1107; vgl. 1112: Der Monotheismus war „im ersten Gebot angelegt“. – Nach G. van der Leeuw (Phänomenologie der Religion, ^{2}1956, 199) bezieht sich das Bekenntnis zunächst auf die Macht des erfahrenen Gottes: „Die Einzigkeit Gottes ist nicht eine Negation seiner Vielheit, sondern eine leidenschaftliche Affirmation seiner Gewaltigkeit.“ In diesem Sinn urteilt H.-P. Müller (in: Monotheismus, 100): „Begriffe wie Monolatrie, Henotheismus oder Monotheismus“ stellen „gegenüber der konkreten historischen Erscheinung schon immer ein Reduktionsmodell“ dar; „sie lenken zudem das Hauptaugenmerk auf die Vorstellungen und Überzeugungen, die ein religiöses Erfahren oder Verhalten allererst hervorruft, ohne sich doch jemals in ihnen zu erschöpfen. Auch die Vorstellung von der Einzigkeit Gottes ist nur eine ins kognitive Bewußtsein umgesetzte ‚leidenschaftliche

Dabei ist der Monotheismus eher – theoretische – Konsequenz als Fundament alttestamentlichen Glaubens.

(3) Jener *Rechtssatz:* „Wer Göttern opfert, wird gebannt" (Ex 22,19), der späterer Zeit nur mit den angedeuteten Erweiterungen verständlich oder eindeutig erscheint, macht auch deshalb einen alten Eindruck, weil mit dem Verb *zbḥ* „opfern" nicht nur wie später das Schlachtopfer, sondern allgemein jedes Opfer, „zusammenfassend der Opferkult"[35], bezeichnet wird. Mit seiner knappen Form, die eine klar umrissene Handlung mit einer harten Folge[36] verbindet, ähnelt der Satz den frühen Todesrechtssätzen.[37]

Auch ein dem Dekaloggebot formal vergleichbarer Prohibitiv, wird – vor allem wegen der ungewöhnlichen, ja einmaligen singularischen Formulierung *'el 'aḥer* „anderer Gott" – für die „älteste Formulierung des Fremdgötterverbots"[38] gehalten:

„Du sollst nicht niederfallen vor einem anderen Gott."
(Ex 34,14; abgewandelt aufgenommen Ps 81,10)

Allerdings begegnet dieses Gebot durch das einleitende „denn" nur in abhängiger Stellung, ist also stärker in den Kontext eingebunden, erfährt außerdem selbst nochmals eine Begründung. Sie verweist auf Jahwes über die Ausschließlichkeit wachenden *„Eifer"* – nicht gegenüber möglichen Nebenbuhlern, anderen Göttern, sondern gegenüber der Gruppe seiner Verehrer.[39]

Affirmation seiner Gewaltigkeit'; vor allen aussagbaren Überzeugungen steht die religiöse Lebenserfahrung und ein Verhalten, für die es sich bei der betreffenden Gottheit ‚um das Wesen schlechthin, die einzige Realität' handelt, ja um das ‚Einzige, das wirklich da ist, das etwas bedeutet' ".

[35] R. Rendtorff, Studien zur Geschichte des Opfers im alten Israel: WMANT 24, 1967, 38. Dieselbe „Opfer"-Handlung ist auch sonst in alten Überlieferungen (Gen 31,54; 46,1; Ex 18,12; auch 5,3 u. a.) bezeugt.

[36] Die Gemeinschaft ahndet die Übertretung. Zum Weihe-Akt des „Bannens", sei es durch Tötung oder Ausschluß aus der Gemeinschaft, vgl. C. Brekelmans, THAT I, 1971, 635–639; N. Lohfink, ThWAT III, 1982, 192–213.

[37] Vgl. Ex 21,12.15–17; o. Abs. A I.

[38] F.-E. Wilms, Das jahwistische Bundesbuch in Exodus 34: STANT 32, 1973, 157; vgl. G. Schmitt, Du sollst keinen Frieden schließen mit den Bewohnern des Landes: BWANT 91, 1970, 26; E. Otto, Das Mazzotfest in Gilgal: BWANT 107, 1975, 210; bes. J. Halbe, Privilegrecht, 119ff.; J. Scharbert, in: Gott, der einzige, 160–183; L. Schwienhorst-Schönberger, Bundesbuch, 316ff.

[39] Vgl. G. Sauer, THAT II, 1976, 647–650; E. Reuter, ThWAT VII, 1991, 51–62; C. Dohmen, ThZ 46, 1990, 289–304.

Untersagen jene beiden Formulierungen jeweils nur eine bestimmte – wohl öffentlich vollzogene, insofern leicht erkennbare – Handlung, sei es das Opfern am Altar oder die Proskynese, so scheint die pluralische Wendung (Ex 23, 13) bereits eine weitere, allgemeinere Bedeutung zu haben:

„Den Namen anderer Götter sollt ihr nicht aussprechen,
und er soll aus deinem Munde nicht gehört werden."

Sie verbietet den (kultischen) Anruf[40] der Namen anderer Götter und – in einer singularischen, vermutlich jüngeren und sachlich verschärfenden Erweiterung – das Aussprechen; die Namen fremder Götter sollen überhaupt nicht (also etwa auch nicht bei Fluch, Schwur oder anderen Gelegenheiten) in den Mund genommen werden.

Demgegenüber ist das erste Dekaloggebot, das durch das göttliche Ich geprägt ist, eindeutig „von allen Fassungen die allgemeinste und die am wenigsten spezifizierte"[41]; denn es verbietet jegliches Verhalten zu fremden Göttern, schließt also Opfern, Verehren oder Anrufen ihrer Namen, nicht nur öffentliche, sondern auch private, anderen nicht ohne weiteres einsichtige Handlungen, ein – versuchsweise wörtlich übersetzt:

„Es soll(en) für dich nicht andere Götter sein
vor mir" bzw. „mir gegenüber".

Schließt das Gebot zunächst andere Götter „vor" Gottes Angesicht, nämlich im Tempel[42], aus? Die Verbindung *ʿal-p^{e}ne* enthält verschie-

40 Vgl. Jos 23,7; auch Jes 26,13; dazu W. Schottroff, „Gedenken" im Alten Orient und im Alten Testament: WMANT 15, ^{2}1967, 248f.; THAT I, 1971, 507–518, bes. 513; etwas anders H. Eising, ThWAT II, 1977, 571–593: Es ist verboten, „den Namen anderer Götter zu preisen, d. h. sich zu ihnen zu bekennen" (584). – Vgl. noch Wendungen wie Ex 23,24; Lev 19,4; 26,1 u. a.

41 G. v. Rad, TheolAT I^{4}, 217. Man „versucht, den Fall der Fremdgottverehrung allgemein und umfassend zu formulieren" (H. Gese, Vom Sinai zum Zion, 67, Anm. 14). Vgl. VT.S 22, 1972, 204f. Auch nach F.-L. Hossfeld (Dekalog, 267) verzichtet Ex 20,3 „auf jede kultische Konkretion der Verehrung". Ist mit der Charakterisierung „Abstraktion zum inhaltsleersten ... Ausdruck des Gottesverhältnisses, zur Haben-Relation" (ebenda) die Tendenz aber angemessen beschrieben? Eher handelt es sich um einen möglichst inhaltsweiten Ausdruck.

N. Lohfink betont, daß der Dekalog – im Vergleich mit einer Wendung wie „anderen Göttern nachgehen" – im ersten Gebot „gerade nicht typisch dt/dtr spricht und daß es möglich ist, daß er der dt/dtr Sprache und Theologie vorausliegt" (FS W. Kornfeld, 1977, 108). Vgl. auch A III.

42 „Andere Götter" meint kaum nur Gottesbilder vor der Lade (R. Knierim, ZAW 77, 1965, 20ff., bes. 25).

dene Bedeutungsnuancen, wie „vor dem Angesicht, in der Gegenwart von" (Ex 33,19; 34,6 u. a.), „zum Nachteil von" (Dtn 21,16), „vor das Gesicht, gegen" (Gen 16,12; vgl. Neh 2,1), „ins Antlitz, offen" (Hi 1,11; Jes 65,3), umfaßt also „Gegenwart und Konfrontation zugleich"[43].

Auch die Formulierung „andere Götter" ist „sicher im weitesten Sinne des Wortes zu verstehen"[44] und meint – etwa über die kanaanäischen Baale hinaus – umfassend alle Götter.

Ihre Existenz wird als selbstverständlich hingenommen, so vorausgesetzt. „Insofern gehört das erste Gebot noch auf die Seite der Monolatrie."[45]

Nicht das Sein der Götter, vielmehr ihre Zuständigkeit für die, denen die Zuwendung „dein Gott" (Ex 20,2) gilt, sowie ihre Wirksamkeit werden bestritten.

(4) Die Wirklichkeit in Israel hat, wie schon das Alte Testament selbst vielfältig[46] bezeugt und mancherlei Inschriften[47] bestätigen, keineswegs immer der Ausschließlichkeit des Glaubens entsprochen.

[43] H. Simian-Yofre, ThWAT VI, 1988, 629–659, bes. 656; vgl. J. Reindl, Das Angesicht Gottes im Sprachgebrauch des Alten Testaments: EThSt 25, 1970, bes. 45f.; A.S. v.d. Woude, THAT II, 1976, 432–460, bes. 459. E. König, Hebräisches und aramäisches Wörterbuch zum Alten Testament, ^{5}1931, 367, und L. Köhler, ThR 1929, 174; KBL 767, übersetzen zuspitzend: „(mir) zum Trotz". Dagegen bleibt die Übersetzung „über mich hinaus" (M. Weippert, in: Kultur und Kulturkonflikt, 147 mit Anm. 15) eher blaß.

„Vielleicht ist die zwischen *örtlichem* ‚vor meinem Antlitz' und ‚in mein Angesicht' als *feindselige* Herausforderung *schillernde* Bedeutung gewollt" (so A. Schenker, OBO 103, 190).

Daß die Näherbestimmung „vor mir/mir gegenüber" eine „spätere, an sich überflüssige Erweiterung" (G. Fohrer, BZAW 115, 131; vgl. 136, Anm. 44) sei, läßt sich nicht erweisen, zumal im Kontext der Bezug (in der ersten Person) entfiele.

Die Übersetzung von Ex 20,3 als indikativische Aussage „Du *hast* keine anderen Götter neben mir" (H. Graf Reventlow, Gebot und Predigt im Dekalog, 26f.) ist unwahrscheinlich; vgl. Dtn 25,13f.; Ps 81,10; dazu E. Gerstenberger, Wesen und Herkunft, 66; bes. E. Zenger, ThRev 64, 1968, 193; auch L. Perlitt, Bundestheologie, 85, Anm. 2.

[44] G. v. Rad, TheolAT I^{4}, 221. – Der Ausdruck „andere Götter" kann schon früh in Hos 3,1 bezeugt sein, falls er dort nicht einen Zusatz darstellt, was aber schwer eindeutig zu entscheiden bleibt. Siehe o. A III, Anm. 24.

[45] H.-P. Müller, in: O. Keel (Hrsg.), Monotheismus, 137.

[46] Vgl. Num 25; Ri 6; 1 Kön 18f.; 2 Kön 1; 9; Hos 2; Jer 2; 44; Ez 8; Jes 65 u. v. a.

[47] Vgl. o. Anm. 9.

Vielleicht trug in ältester oder älterer Zeit auch nur ein (kleinerer) Kreis das Bekenntnis zu dem einen Gott[48], während ein (größerer) Teil der Bevölkerung es im praktischen Lebensvollzug weniger ernst nahm. Ist ein Gebot nicht überhaupt nur dort nötig, wo Verfehlungen möglich oder gar gegeben sind?

Jedenfalls ist die Bedeutung der Ausschließlichkeit des Glaubens nicht von vornherein gegeben; die Implikationen und Konsequenzen ergeben sich erst im Laufe der Geschichte, so daß sich angesichts wechselnder Situationen neue Aspekte, Aufgaben und Sinndeutungen erschließen. So gesehen, enthält das erste Gebot einen Impuls für die Gestaltung der Zukunft. Nur auf wenige Phänomene sei mit einigen Stichworten hingewiesen.

a) Die Ausschließlichkeit des Glaubens hat zunächst *mythenkritische* Bedeutung. Ein Großteil altorientalischer – ähnlich aus der griechisch-römischen Antike vertrauter – Mythen, wie Götterhochzeit, Göttergeburt oder Göttertod, entfällt zumindest in der Konsequenz; mythische Überlieferungen werden umgestaltet. Beispielsweise wird das Verhältnis Gott – Göttin auf die Beziehung Gott – Volk übertragen und von den Propheten[49] für den Schuldaufweis benutzt. Da Gott jedenfalls im vorliegenden Alten Testament nicht als männlich oder weiblich[50] verstanden werden kann, ist die Vorstellung einer göttlichen *Ehe* letztlich nur als Metapher verwendbar.

Die kritische Haltung äußert sich insbesondere gegenüber dem *Astralkult*. Dem Alten Testament gelten die Sterne nicht wie dem alten Orient als mythisch-göttliche, das menschliche Schicksal bestimmende Größen, sondern als weltliche Phänomene; sie sind zumal für die Schöpfungsgeschichte[51] schlicht „Lampen", die ihre Funktion erfüllen: die Erde zu beleuchten und die Zeiten zu unterscheiden.

Entsprechend kann die Kosmogonie nicht als Theogonie dargestellt werden. Können altorientalische Vorstellungen die Welt aus dem Urwasser hervorgehen lassen, aus dem erst die Götter entstehen, so kehrt das Alte Testament diese Folge um: „Am Anfang schuf Gott Himmel und Erde", d. h. das Weltganze.[52]

[48] Erinnert sei an das gewiß zugespitzte, Elija zugeschriebene Urteil „Ich allein bin übriggeblieben" (1 Kön 19,10.14), obwohl es voraussetzt, daß die Situation der Jahwegläubigen früher anders war.

[49] Hos 1; 3; Jer 3; Ez 16; 23 u. a.

[50] Dies schließt nicht aus, daß auf Gott auch weibliche Eigenschaften übertragen werden können; vgl. Dtn 32,18 u. a.

[51] Gen 1,14ff.; vgl. Jes 40,26; Ps 19,5; 74,16; 136,7ff. u. a.

[52] Gen 1,1; vgl. Ps 90,2; 102,26f. u. a.

Bei der Übernahme fremder, durch altorientalische Überlieferung vorgegebener Vorstellungen, Motive oder Attribute vollziehen sich für den alttestamentlichen Glauben charakteristische, durch die Ausschließlichkeit angestoßene Umwandlungen.

So spitzt sich die Frage, die vergleichend nach dem Unvergleichlichen sucht: „Wer gleicht Jahwe unter den Göttersöhnen?" (Ps 89,7) zu: „Wer ist Gott als *nur* Jahwe?" (18,32; vgl. 2 Sam 7,22; 1 Kön 8,23). Von dem „Höchsten", der „erhaben über alle Götter" (Ps 97,9) ist, wird bekannt (83,19): „Du *allein* bist der Höchste über die ganze Erde." Entsprechend wird von dem Gott „im Kreis der Heiligen" (89,6–8) ausgesagt (1 Sam 2,2): „Niemand ist heilig wie Jahwe."

Überhaupt dringt die im Rechtssatz (Ex 22,19) begegnende Partikel *„allein"* in Aussagen von und vor Gott ein: „Du allein bist Gott"[53], „Ich will kundtun deine Gerechtigkeit allein" (Ps 71,16) bis hin zum Schuldbekenntnis (Ps 51,6 gegenüber 2 Sam 12,13): „An dir allein habe ich gesündigt."

Schließlich erwächst aus der im alten Orient mißverständlichen Bildrede von Gott als Vater (vgl. Jer 2,27; Ps 2,7) die Einsicht: „Haben wir nicht alle *einen* Vater?" (Mal 2,10; vgl. Dtn 32,6), die auch der Berufung auf Abraham (Jes 63,16) gegenübergestellt werden kann.

b) Dämonen spielen – im Vergleich mit dem alten Orient oder dem Volksglauben späterer Zeit[54] – im Alten Testament insgesamt als Urheber von Krankheiten eher eine geringe Rolle[55]; soweit sie erwähnt werden, sind sie durchweg als Gottes Willen ausführende Boten ihm unterstellt.[56] So kann der Mensch ein Unglück oder unheilvolles Geschehen

[53] Ps 86,10; vgl. 72,18; 83,19; 136,4; 148,13; 2 Kön 19,15; Dtn 32,12; Jes 2,17; 44,24; Hi 9,8; Neh 9,6 u. a.

[54] Vgl. Mk 1,23ff. 34. 39; Mt 12,43ff. u. a.

[55] „Geschah in Israel aber ein Unheil, dann hatte man nicht den Weg zu einer anderen Gottheit frei. Auch konnte man es nicht auf irgendwelche mißgünstigen Dämonen zurückführen; denn Jahwe hat alles Dämonische in sich aufgesaugt, es gab keine Kausalität neben ihm ... So mußte man sich an den wenden, der schlug." Der Glaube an Jahwe hatte „mit seinem Ausschließlichkeitsanspruch die Dämonen weitgehend verdrängt" (L. Wächter, Der Tod im Alten Testament, 1967, 29. 41 im Anschluß an P. Volz, Das Dämonische in Jahwe, 1924, 9. 31). Etwas anders G. Wanke (Dämonen II: TRE VIII, 1981, 275–277), der aber auch betont: Der „Alleinigkeitsanspruch Jahwes hat die Ausbildung einer ausgeprägten Dämonologie verhindert"; die „Aspekte des Bedrohlichen und Unheimlichen wurden ... integriert", so daß „entsprechende Vorstellungen in alttestamentlichen Texten selten explizit bezeugt sind" (275).

[56] Vgl. Ex 12,23; Ri 9,23; 1 Sam 16,14; 2 Sam 24,13ff.; 1 Kön 22,19ff.; auch Am 9,3; Jon 2,1; Ps 104,26; dann Gen 32,23ff.; Ex 4,24ff. u. a. Selbst der Satan ist, obwohl Versucher oder „Widersacher", kein widergöttliches Prinzip, sondern wirkt nur in dem Rahmen oder Handlungsspielraum, den Gott ihm zuvor freigegeben hat (Hi 1f.).

nicht dem unberechenbaren Willen eines Dämons oder dem bösen Wirken einer Gottheit zuschreiben und von der Macht, die ihn verfolgt, zu einem Nothelfer, einer ihm wohlgesonnenen Gottheit, fliehen.

Vielmehr empfängt der Mensch *Gut und Böse* aus derselben Hand, begegnet in Zorn und Gnade demselben Gott:

„Das Gute nehmen wir von Gott,
und das Böse sollten wir nicht annehmen?"
„Jahwe hat es gegeben, Jahwe hat es genommen."
(Hi 2, 10; 1, 21)

Ein solcher Lobpreis, der den Gott anerkennt, der die Gaben des Lebens schenkt und zurückfordert, ist gleichsam die Anwendung des ersten Gebots auf das eigene Schicksal, auf die Polarität menschlicher Erfahrungen, wie vielfältig die Klagelieder des Psalters und selbst noch der skeptische „Prediger" (Koh 7, 14) bezeugen:

„Am Tage des Glücks sei guter Dinge,
und am Tage des Unglücks merke dir:
Auch diesen hat Gott gemacht – wie jenen."

Dieselbe Ausschließlichkeit prägt zunehmend auch das alttestamentliche Verständnis des *Todes.* Es ist nicht nur Gottes Aufgabe allein, Krankheit zu verhängen und zu heilen, sondern auch sterben und leben zu lassen.[57] So gilt der Tod nicht als neutrales Schicksal, erst recht nicht als eigenständige mythische Macht, sondern als Gottes Fügung (Ps 90 u. a.).

Mit dem Ausschließlichkeitsanspruch kommt ein Moment zur Geltung, das auf die Dauer jenes Verständnis vom Tod weit übergreift; denn Gott kann auch über die Sphäre des Todes verfügen: „Totenreich und Unterwelt liegen offen vor Jahwe."[58] Nach der Hoffnung später Zeit werden – zusammen mit den Völkern – selbst die Toten in den Kreis derer einbezogen, die Gottes Macht anerkennen:

„‚Nur vor ihm' werden niederfallen
alle, die in der Erde schlafen;
vor ihm beugen sich alle,
die zum Staub hinabfuhren."[59]

[57] 1 Sam 2, 6f.; 2 Kön 5, 7; Dtn 32, 39; Jes 45, 7; Ez 17, 24; vgl. Jer 1, 10 u. a. – Entsprechend sind Ahnenverehrung, Totendienst oder Totenbeschwörung verboten (vgl. 1 Sam 28); denn „*ganz* sollst du sein mit Jahwe, deinem Gott" (Dtn 18, 12f.).

[58] Spr 15, 11; vgl. Am 9, 2; Ps 139, 8; Hi 14, 13; 26, 5f.; auch Hos 13, 14; Jes 7, 11 u. a.

[59] Ps 22, 30; vgl. Jes 25, 8; 26, 19; Dan 12, 2; Ps 73, 23ff. u. a.

c) Für die Auslegung des Ausschließlichkeitsanspruchs des Jahweglaubens und dessen Anwendung auf verschiedene Lebensbereiche haben die *Propheten* anscheinend besonderes Gewicht erhalten, wie schon von Elija das Wort (1 Kön 19,10. 14) überliefert wird: „Geeifert habe ich für Jahwe." Die sog. Schriftpropheten, wie Amos, Jesaja oder Jeremia, verstehen die altorientalischen *Großmächte,* die im Namen ihrer Götter Kriege führen, als Werkzeuge des *einen* Gottes, der für sein vergleichsweise kleines, politisch unbedeutendes Volk die alleinige Zuflucht zu sein beansprucht.[60] Damit wird einerseits die fremde Macht als von Jahwe beauftragt in den eigenen Glauben einbezogen; andererseits treten die Propheten der bisher geltenden Überlieferung Israels, nach der Gott diesem Volk gnädig zugewandt ist, mit der Ankündigung entgegen, daß sich Gottes Herrschaft, sein „fremdes Werk" (Jes 28,21), im Leiden des Volkes erweisen wird. Diese Erkenntnis hilft später aus dem Rückblick, nämlich im Exil, den Niedergang statt als Sieg fremder Götter vielmehr als – selbst verschuldete – Strafe des eigenen Gottes zu verstehen. Trotz harter Verluste vermag so der Glaube an diesen einen Gott unter völlig veränderten Bedingungen durchzuhalten oder eine neue Gestalt zu gewinnen. Schon der Exilsprophet Deuterojesaja erhofft von den Völkern,

„daß sie erkennen vom Aufgang der Sonne
und von ihrem Untergang, daß keiner ist außer mir.
Ich bin Jahwe und keiner sonst".[61]

In dieser Hoffnung überschreitet das Alte Testament die Eingrenzung des Gottesverhältnisses auf das eine Volk.[62] Die altorientalisch vorgegebene Vorstellung vom „großen König über alle Götter" (Ps 95,3) wandelt sich, durch die Ausschließlichkeit des Bekenntnisses zu dem „einen, einzigen" Gott (Dtn 6,4) tief umgeprägt, zu der die Welt umgreifenden Erwartung:

„Jahwe wird König werden über die ganze Erde;
an jenem Tag wird Jahwe *einzig* sein
und sein Name einzig."[63]

So wird man insgesamt urteilen dürfen: Am Monotheismus als solchem hat sich Israel „nicht gemessen und geprüft, so wie es sich am

[60] Jes 30,1–3; 31,1–3; vgl. o. Anm. 26.
[61] Jes 45,6; vgl. 45,14. 22f.; auch 2,2–4; 19,21ff.; Ps 83,19 u. a.
[62] Vgl. auch Ps 100; 22,28; 1 Kön 8,43 u. a.
[63] Sach 14,9; vgl. Jes 2,17; 24,23; 60,19f.; Zeph 2,11 u. a.

ersten Gebot gemessen und geprüft hat"[64]. Die Leugnung der Existenz anderer Götter ist nicht eigentlich die Absicht des Alten Testaments; noch in der Spätzeit bekennt die Gemeinde:

> „Alle Völker wandeln jeweils im Namen ihres Gottes,
> wir aber wandeln im Namen Jahwes, unseres Gottes,
> auf immer und ewig."[65]

[64] G. v. Rad, TheolAT I⁴, 224.
[65] Mi 4,5; vgl. Jes 26,13; selbst noch 1 Kor 8,5f.

II. DAS ZWEITE GEBOT

Kein Gottesbild machen und verehren

Schließt das erste Gebot andere Götter für Israel aus, so wahrt das zweite die Form der Verehrung des einen Gottes. Obwohl im Dekalog eng mit der Ausschließlichkeitsforderung verbunden, spielt es mancherorts eine Außenseiterrolle.

Schon Augustin konnte dieses Gebot übergehen, weil er es – zumindest einseitig, wenn nicht irrtümlich – auf die Bilder fremder Götter bezog.[1] Da die Hinwendung zu anderen Göttern schon durch das erste Gebot ausgeschlossen wird, wirkt das zweite Gebot überflüssig.

Im Gefolge dieser Auffassung, die im Mittelalter weithin herrschend wurde, hat M. Luther das Bilderverbot in den Katechismen nicht übernommen[2]; es erschien ihm wohl zugleich als alttestamentliches Gesetz, das durch Christus, selbst Bild Gottes[3], aufgehoben ist.[4]

Ist ein Bilderverbot in der heutigen Zeit, in der der Mensch von einer Bilderflut verschiedener Medien umgeben ist, nicht erst recht abwegig? Wer wird die Kunst (einschließlich der religiösen Kunst), deren Betrachtung verborgene Dimensionen des Lebens und der Welt erschließen kann, missen wollen?

Das alttestamentliche Gebot bezieht sich nicht auf die Kunst überhaupt, auch nicht auf die Abbildung von Mensch und Tier, sondern auf die bildliche Darstellung Gottes, wie sie von Menschen verehrt wird. Das im Dekalog verwendete Wort für „Bild" *(psl)* bezeichnet im Alten Testament nie eine profane Darstellung, sondern stets ein Kultbild.[5] Das Gebot will also einem Mißverstehen Gottes wehren und läßt darum nach dem rechten Verständnis von Gott fragen.

[1] J. Meyer, Historischer Kommentar zu Luthers Kleinem Katechismus, 86. Vgl. B. Reicke, Die Zehn Worte in Geschichte und Gegenwart, 10f. 14.

[2] J. Meyer, Historischer Kommentar zu Luthers Kleinem Katechismus, 175f. Vgl. A. Peters, Kommentar zu Luthers Katechismen I, 137ff.; ferner W. von Loewenich, Bilder VI. Reformatorische und nachreformatorische Zeit: TRE 6, 546ff. (Lit.).

[3] 2 Kor 4,4; Kol 1,15; Hebr 1,3.

[4] Siehe o. A II 3e.

[5] Vgl. Chr. Dohmen, ThWAT VI, 692.

Darum ist es zu bedauern, daß Luther dieses Gebot in seinen Katechismen übergangen hat, statt nach seiner Eigenart zu fragen und seinen Geltungsbereich im christlichen Glauben abzustecken.

S. Freud, der den – mißglückten – Versuch unternahm, Moses „Monotheismus" aus Ägypten herzuleiten, gesteht die Eigenständigkeit alttestamentlichen Glaubens in einer Hinsicht zu:

„Unter den Vorschriften der Moses-Religion findet sich eine, die bedeutungsvoller ist, als man zunächst erkennt. Es ist das Verbot, sich ein Bild von Gott zu machen ... wenn man dies Verbot annahm, mußte es eine tiefgreifende Wirkung ausüben."

Damit hebt S. Freud die Besonderheit und Bedeutung des Bilderverbots mit Recht hervor, auch wenn er es als „Triumph der Geistigkeit über die Sinnlichkeit" kaum sachgemäß interpretiert.[6]

(1) Die Besonderheit des Gebots wird vor altorientalischem Hintergrund verständlich: Die Götter erscheinen sinnfällig, verkörpert in (plastischen) Bildern. Eine nicht darstellbare Gottheit war für Israels Nachbarn ungewöhnlich, ein bildloser Glaube befremdlich, ja anstoßerregend; denn Gott begegnete ja im Bild, dem man mit heiligen Handlungen diente. Galt in der Umwelt darum die Zerstörung von Gottesbildern als Frevel an der Gottheit, so kann das Alte Testament sogar dazu auffordern, Bilder zu vernichten.[7] Mit dem Verbot, ein Bild herzustellen und zu verehren, schließt das Alte Testament gerade das aus, was für andere Religionen durchweg das Verehrungswürdigste überhaupt, nämlich Gottes Gegenwart, bedeutet.

Das Bilderverbot zählt darum wie der Ausschließlichkeitsanspruch zu den Eigenarten alttestamentlichen Glaubens. Es unterscheidet Israel tiefgreifend von seiner Umgebung und schließt jede kultische Gemeinschaft mit anderen Völkern aus. Wie das erste, so trennt auch das zweite Gebot Israels Gott von anderen Göttern; es nimmt ihn aus der üblichen religiösen Welt heraus. Gerade der Gott, der die Seinen in der Geschichte führt (Ex 20,2), ist der gewohnten Wirklichkeit entzogen, nämlich nicht sichtbar präsent, dem Augenschein unzugänglich.

Von dieser Eigentümlichkeit des Jahweglaubens muß das Wesen des Verhältnisses von Gott und Mensch im Alten Testament betroffen sein. So liegt eine Begründung des zweiten Gebots am nächsten: Man darf Gott nicht im Bilde darstellen, weil der Mensch Gottes Bild ist. Gott schafft sich im Menschen ein Bild, doch soll sich der Mensch kein Bild

[6] Der Mann Moses und die monotheistische Religion: Gesammelte Werke 16, ^{2}1961, 220.

[7] Num 33,52; Dtn 7,5.25; 12,3.

von Gott machen.[8] Das Alte Testament kennt einen solchen Sachzusammenhang aber nicht, zieht jedenfalls an keiner Stelle eine Verbindungslinie zwischen beiden Aussagen. Von der Gottebenbildlichkeit des Menschen spricht das Alte Testament nur in wenigen, dazu viel späteren (priesterschriftlichen) Texten[9] und verwendet außerdem andere Begriffe für „Bild" als das zweite Gebot in seinen verschiedenen Fassungen. Seine Bedeutung muß also anders bestimmt werden, wenn sie sich überhaupt eindeutig angeben läßt; wahrscheinlich hat sie sich im Laufe der Zeit gewandelt.

(2) Das zweite Gebot ist in allen Gesetzessammlungen vertreten. Es wird im Dekalog mit dem ersten Gebot zusammengestellt (Ex 34,14. 17; Lev 19,4), kann aber auch anstelle des Fremdgötterverbots die Reihe eröffnen; so ist es dem Bundesbuch (im Prolog: Ex 20,23) wie den Fluchworten Dtn 27 – nachträglich – vorgeordnet (V 15).[10]

Das Bundesbuch (Ex 20,23) verbietet, silberne und goldene Götter herzustellen, der sog. kultische Dekalog (34,17) und das Heiligkeitsgesetz (Lev 19,4) aus Erz gegossene und schließlich der Fluchdodekalog (Dtn 27,15) außerdem aus Holz geschnitzte – wohl metallüberzogene – Bilder (vgl. Ri 17,3f.; Jes 44,10ff.) zu machen. Insgesamt sind damit die Arten aufgezählt, die in der kanaanäischen Umwelt verwendet wurden.

Die älteste noch greifbare – nachträglich stark erweiterte – Formulierung des Bilderverbots findet sich nach weit verbreiteter Überzeugung im Dekalog: „Du sollst dir kein Bild machen."[11] Der Ausdruck für „Bild" *(psl)* meint dabei zunächst das geschnitzte Holz- oder behauene Steinbild, später auch das Gußbild (Jes 40,19; 44,10). Wiederum wählt der Dekalog eine weitgefaßte Formulierung, die Einzelheiten abstreift, weil sie allgemeingültig sein will: Verboten ist jedes Kultbild, unabhängig von der Art seiner Herstellung.[12] Spätere fügen erläuternd hinzu: „keinerlei Gestalt" und bringen damit diese Intention ausdrücklich zur Geltung.[13]

[8] Vgl. etwa W. Vischer, in: Antwort, FS Karl Barth, 764–772.

[9] Gen 1,26f.; 5,1; 9,6. Vgl. o. A II.

[10] Zu Dtn 27,15 vgl. W. Schottroff, Fluchspruch, 222.57, Anm. 2.

[11] W. Zimmerli, Gottes Offenbarung, 236ff.; K.-H. Bernhardt, Gott und Bild, 87f. 113; J. J. Stamm, Der Dekalog, 42; H. Schüngel-Straumann, Der Dekalog, 85; W. H. Schmidt, VT.S 22, 1972, 207; F.-L. Hossfeld, Der Dekalog, 268f.; Chr. Dohmen, Bilderverbot, 269.

[12] W. Zimmerli, Gottes Offenbarung, 243; J. J. Stamm, Der Dekalog, 42f.

[13] Nach Chr. Dohmen (Bilderverbot, 213ff.) sucht der Zusatz, den Dekalog mit der späten Predigt Dtn 4,12ff. zu verknüpfen, die das Bilderverbot aus dem Gegensatz von „Gestalt" und „Wort" Gottes begründet. Doch könnte der Be-

(3) Wie die Ausschließlichkeit des Glaubens ist die Bildlosigkeit kaum von der Umwelt übernommen oder erst im Kulturland – in Abgrenzung vom kanaanäischen Kult – aufgekommen. Eine anikonische Verehrung Gottes ist zwar in der allgemeinen Religionsgeschichte nicht singulär, findet sich auch an den Rändern des Alten Orients, bei urartäischen, anatolischen, iranischen und altarabischen Völkern.[14] Ein bekanntes Beispiel für eine bildlose Gottesverehrung ist Zarathustra; doch ist eine Beeinflussung Israels erst in nachexilischer Zeit möglich. Israels unmittelbar räumliche Nachbarschaft kannte in der Frühzeit nichts Entsprechendes.

Wahrscheinlich reicht die Bildlosigkeit bis in frühe oder gar nomadische Zeit zurück. Es läßt sich nämlich keine Epoche ermitteln, in der Jahwe im Bild verehrt wurde.[15]

Weder der ältere Tempel von Silo (1 Sam 3) noch das Jerusalemer Heiligtum (1 Kön 8) hat – trotz allem Synkretismus (Ez 8) – jemals ein Jahwebild beheimatet. Im Allerheiligsten befand sich in vorexilischer Zeit außer den beiden Keruben, die entweder als Wächter fungierten oder als Gottesthron[16] gedacht waren, die Lade, die den unsichtbaren Gott gegenwärtig sein ließ; der Debir, das Allerheiligste des zweiten (nachexilischen) Tempels, war leer.

Auch die beiden goldenen Stierbilder, die Jerobeam I. in Bethel und Dan, im Süden und Norden seines Reiches, aufstellen ließ (1 Kön 12,28f.), sind – ähnlich der Lade – am ehesten als Postamente des unsichtbar gegenwärtigen Gottes zu verstehen.[17] Die Tiere sind ursprünglich kaum Darstellungen, sondern Träger der Gottheit. Darum bleiben sie von Elija und Amos noch unbeachtet. Später verfallen sie allerdings der Kritik. Anscheinend trat bei den Verehrern „die Repräsentanz an die Stelle des Repräsentierten“[18], wurden die Stiere als Bilder Jahwes aufgefaßt:

griff „Gestalt“ in Ex 20,4/Dtn 5,8 diese Gegenüberstellung auch mit angeregt haben.

[14] O. Keel, Jahwe-Visionen, 40f.

[15] P. Welten, TRE 6, 520; vgl. H. J. Boecker, Altes Testament, 214.

[16] Jahwe ist der, „der über den Keruben thront“ 1 Sam 4,4; 2 Sam 6,2 (= 1 Chr 13,6); 22,11; 2 Kön 19,15 (= Jes 37,16); Ps 18,11; 80,2; 99,1; Ez 9,3; 10,4. Vgl. O. Keel, Jahwe-Visionen, 15ff.; M. Metzger, Königsthron und Gottesthron: AOAT 15, 1985; B. Janowski, Keruben und Zion: Ernten, was man sät, FS K. Koch, 1991, 231–264.

[17] Vgl. M. Noth, BK IX/1, 1968, 282–284; J. Hahn, Das „Goldene Kalb“, 1981.

[18] H. Utzschneider, Hosea: OBO 31, 1980, 102.

„Wenn Ephraim redete – Schrecken,
erhaben war er in Israel.
Er wurde straffällig mit dem Baal
und kam um.
Und nun sündigen sie weiter:
sie machen sich ein Gußbild
aus ihrem Silber 'nach Art' von Götzenbildern –
Handwerkerarbeit das Ganze.
',Ihnen', sagen sie, ,opfert!''
Menschen küssen Kälber."[19]

So finden sich keine ausreichenden Anzeichen dafür, daß die Jahweverehrung „offiziell" einmal nicht bildlos war und erst im Laufe ihrer Geschichte diese einschneidende Wende vollzog; eine so tiefgreifende Änderung ist nirgends angedeutet und historisch auch nicht wahrscheinlich.

(4) Reicht auch das ausdrückliche Verbot der Bilder in nomadische Vergangenheit zurück?[20] Man hat das zweite Gebot aus der Wüstenzeit hergeleitet und mit der Bundeslade zusammenbringen wollen, die als bildloses Symbol die einzige rechtmäßige Stätte der Gottesgegenwart gewesen sei.[21] Tatsächlich ist bei der Wüstenwanderung von keinem Bild außer dem verworfenen Goldenen Kalb (Ex 32) und der Ehernen Schlange (Num 21,4ff.; 2 Kön 18,4) die Rede. Doch muß jene Annahme zu viele unsichere Voraussetzungen machen: Es ist umstritten, ob die Lade aus der Wüstenzeit stammt; erst recht bleibt fraglich, ob man das Bilderverbot demselben Traditionskreis bzw. derselben nomadischen Gruppe zuweisen kann, der die Lade gehört haben mag.

So wird man bei der zeitlichen Ansetzung des Bilderverbots Zurückhaltung wahren. Möglicherweise nahm die Bildlosigkeit erst später, im Gegenüber zum kanaanäischen Kult, Gebotscharakter an: Angesichts der Verlockung, das kanaanäische Vorbild nachzuahmen und nun auch Jahwe im Bild zu verehren, wandelt sich die bislang selbstverständliche Bildlosigkeit in ein ausdrückliches Verbot von Kultbildern.

[19] Hos 13,1–3; vgl. 8,4–6; 10,5f. u. a.; ferner Ex 32.

[20] Die Frage ist alt, reicht bis ins 19. Jahrhundert zurück. Vgl. R. Smend, Die Methoden der Moseforschung (1959): Zur ältesten Geschichte Israels, Ges.St. 2, 1987, 55.

[21] K.-H. Bernhardt, Gott und Bild, 141–151; aufgenommen von J. J. Stamm, Der Dekalog, 42 und H. Schüngel-Straumann, Der Dekalog, 88f.: „Das Bilderverbot dürfte seinen Ursprung in der Wüstenzeit haben, es ist darum als formuliertes Gebot älter als das Fremdgötterverbot."

Nach anderer Auffassung ist das Bilderverbot nicht unmittelbar aus der Bildlosigkeit erwachsen, sondern aus dem Ausschließlichkeitsanspruch.[22] „Aus der nomadischen Vergangenheit bringt Israel keine Jahwebild-Tradition mit ... Im Kontakt mit Kanaan werden kanaanäische Götterbilder ‚jahwesiert': Dieser Prozeß wird dann aber als Überfremdung abgelehnt. Der Ausschließlichkeitsanspruch Jahwes rebelliert und führt zum Bilderverbot."[23]

Nach Chr. Dohmen lassen sich noch die Stationen dieses Prozesses ermitteln.[24] Am Anfang steht die Einsicht Hoseas, daß jedes Bild ambivalent ist. Der Prophet kritisiert noch „nicht das Bild als Bild, sondern das Bild als Träger unterschiedlicher und für ihn nicht zu vereinbarender religiöser Ideen"[25]; denn der Stier ist in der Umwelt Symbol oder Darstellung Els und vor allem Baals. Eine ältere (jehowistische) Fassung von Ex 32 greift diese Kritik auf und qualifiziert die Verehrung der Stierbilder als Sünde.[26] Das Deuteronomium führt diese Linie mit dem Doppelverbot 16,21f., Ascheren und Mazzeben aufzustellen, fort. Das zweite Gebot selbst stammt erst aus frühexilischer Zeit und ist das Werk eines deuteronomistischen Verfassers.

Tatsächlich fällt auf, daß Hosea die Bilder vor allem vom ersten Gebot her kritisiert (8,4f.; 10,5f.; 13,1f.; vgl. 11,2).[27] Auch in der Erzählung vom Goldenen Kalb Ex 32 steht das erste Gebot im Vordergrund.

Konnte Hosea aber die Anklage erheben: „Sie machen sich ein Gußbild" (13,2), ohne daß es ein entsprechendes Verbot gab? Auch der Vorwurf „Menschen küssen Kälber" richtet sich kaum gegen die Uneindeutigkeit der Stierbilder, sondern gegen ihre Verehrung überhaupt. Die Annahme, der Prophet stütze sich auf die allgemein geteilte Einsicht, daß dem Jahweglauben Bilder fremd sind, reicht nicht aus; denn gerade die Unvereinbarkeit von Jahweverehrung und Bilderdienst ist ja zwischen Hosea und den Hörern umstritten. Die knappe, nicht eigentlich argumentierende Kritik des Propheten ist darum ohne ein Bilder*verbot*, das er als bekannt voraussetzen kann, nur schwer denkbar, wenn sie denn die Aufgabe hat, die radikale Unheilsansage für die Hörer „bejahbar" (H. W. Wolff), als *Strafe für Schuld* einsichtig zu machen.[28]

[22] O. Keel, Jahwe-Visionen, 43f.; F.-L. Hossfeld, Der Dekalog, 268ff.; TThZ 98, 1989, 86–92; J. Schreiner, Die Zehn Gebote, 66f.; vgl. auch A.H.J. Gunneweg, Henoch 6, 1984, 257ff., bes. 268f.

[23] F.-L. Hossfeld, Der Dekalog, 271.

[24] Bilderverbot, bes. 236ff.; vgl. M. Görg, Orthodoxes Forum 1, 1987, 176ff.

[25] Bilderverbot, 260.

[26] Bilderverbot, 66ff.; zusammengefaßt in: Religion gegen Kunst?, 17–19.

[27] Vgl. J. Jeremias, ATD 24/1: Wird in Hos 8 der Bruch des 1. Gebots als „die übergeordnete Kategorie genannt, unter der ... das Königtum (V. 4a) und der Staatskult (V. 5–6) zu betrachten sind" (107), so in 13,1f. „das Verbot der Bilderverehrung dem Verbot der Fremdgötterverehrung inhaltlich untergeordnet. Bilderglaube ist zu einer Spielart des Baalglaubens geworden" (162).

[28] A. Graupner, ThWAT VI, 301ff., bes. 303f.

Jedenfalls besteht Gemeinsamkeit in der Auffassung: Die – vielleicht soziokulturell, durch die Bedingungen (halb)nomadischer Lebensweise[29] – vorgegebene Bildlosigkeit der Gottesverehrung wird gewahrt.

(5) Bezieht sich das Verbot, ein Gottesbild herzustellen und zu verehren, überhaupt ausschließlich auf eine Darstellung Jahwes und nicht auf ein fremdes Gottesbild? Der Wortlaut läßt eine eindeutige Entscheidung nicht zu. Man hat sogar vermutet, daß sich das zweite Gebot ursprünglich nur gegen andere, etwa kanaanäische Idole gewendet habe und erst später auf ein Jahwebild umgedeutet worden sei.[30] Die Parallelfassung in Ex 20,23: „Ihr sollt nicht vor mir silberne Götter machen, und goldene Götter sollt ihr euch nicht machen" läßt nämlich – wie Lev 19,4; 26,1; Hos 11,2 u. a. – eher an Fremdgötter- als an Jahwebilder denken. Oder ist das Gebot doppelt ausgerichtet? Wenn es Bilder überhaupt im Jahwekult ausschließt, könnte es sich zugleich gegen die Einführung fremder Gottesbilder als Darstellungen Jahwes wehren. Die Wendung nach beiden Seiten entspringt also einem Sachzusammenhang: Da Israels Nachbarn ihre Götter in Bildern verehren, bedeutet die Herstellung jedes Bildes Übernahme fremder Vorbilder und damit ein Stück Anpassung an deren Gottesverständnis. Zugespitzt formuliert: Da Jahwe nicht im Bild darstellbar ist, ist jedes Gottesbild Darstellung einer fremden Gottheit. In diesem Sinne kämpfen Hosea, Jeremia (2,26–29) und noch Ezechiel (6,4; 8–11; 22,3f.) gegen die Baalisierung Jahwes.

(6) Die Möglichkeit, das Bilderverbot auf die Bilder fremder Götter zu beziehen, hat auch im Dekalog ihren Niederschlag gefunden: Erstes und zweites Gebot sind durch die – nachträgliche – Rahmung zu einem Gebotspaar zusammengeschlossen worden, wie folgende Gliederung veranschaulicht:

„Ich bin Jahwe, dein Gott ...
Du sollst keine anderen Götter neben mir haben.
Du sollst dir kein Bild machen, (und zwar) keinerlei Gestalt ...
Du sollst sie nicht anbeten und ihnen nicht dienen;
denn ich, Jahwe, dein Gott, bin ein eifernder Gott ..."

[29] O. Keel, Jahwe-Visionen, 39ff.; Chr. Dohmen, Bilderverbot, 237–239.

[30] Th. Obbink, ZAW 47, 1929, 264–274; aufgenommen von H. Graf Reventlow, Gebot und Predigt, 29ff. Diese Deutung findet sich bereits in der Septuaginta. Sie übersetzt in beiden Dekalogfassungen *psl* „Bild" nicht wie sonst mit *glyptos*, sondern mit *eidolon* „Götzenbild". Vgl. W. B. Tatum, JSJ 17, 1986, 177–195.

Das Verbot „Du sollst sie nicht anbeten und ihnen nicht dienen" Ex 20,5a greift hinter das zweite Gebot auf das erste zurück, da sich die Pluralsuffixe nicht auf den Singular „Bild" in V 4 beziehen können, sondern nur auf die „anderen Götter" in V 3. Der Anfang der Begründung V 5bα, die zur Verstärkung des Verbots dient, erinnert an die Huldformel, die den Dekalog eröffnet. Die Selbstprädikation Jahwes „Ich ... bin ein eifernder Gott" gehört sachlich in den Zusammenhang der Ausschließlichkeitsforderung.[31] Gottes Eifer läßt die Verehrung anderer Götter nicht zu.[32]

Offenbar haben spätere – wohl deuteronomistischen Kreisen nahestehende – Bearbeiter beide Gebote zu einer Einheit zusammengefaßt, weil sie ihrer Meinung nach eine ähnliche Aufgabe haben; das zweite führt das erste weiter: Mit den fremden Göttern sind auch die Bilder abgelehnt.

Diese – von W. Zimmerli[33] begründete – Einsicht ist in jüngerer Zeit von F.-L. Hossfeld für die Exodusfassung bestritten worden.[34] Da die Erläuterung „keinerlei Gestalt" in Ex 20,4 durch „und" angeschlossen ist, mithin als weiteres Objekt neben dem „Bild" aufzufassen sei, könne man die pluralen Personalpronomina in V 5 auch auf das zweite Gebot beziehen, das auf diese Weise gegenüber dem ersten Gebot verselbständigt werde. Dies spreche für ein höheres Alter der Deuteronomiumfassung.

Erstes und zweites Gebot bleiben jedoch durch die gemeinsame Begründung „ich, Jahwe, dein Gott, bin ein eifernder Gott", die sich auf die Huldformel zu Beginn des Dekalogs und die Ausschließlichkeitsforderung rückbezieht, verbunden. Konnte ein Rückbezug des Verbots der Anbetung und Verehrung auf „Bild" und „Gestalt" überhaupt empfunden werden? Das formelhaft gebrauchte Wortpaar „anbeten und dienen" – eine für dtr Kreise charakteristische Wendung – bezieht sich sonst nie auf Kultbilder, sondern stets auf Fremdgötter[35]; gelegentlich

[31] In der Vorstellung, daß Jahwe ein eifernder Gott ist, „drückt sich das typisch israelitische Gottesverständnis aus: Jahwe ist der einzige Gott für Israel". W. Berg, BZ 23, 1979, 210; vgl. E. Reuter, ThWAT VII/Lfg. 1–2, 1990, 51–62, bes. 58; anders H.D. Preuß, Verspottung, 26f.

[32] Vgl. Ex 34,14; Dtn 4,24; 6,14f.; 32,16.21; Jos 24,19 u. a. Greift die Erläuterung der Eiferheiligkeit Gottes Ex 20,5bβ.6 – trotz Abweichungen im Wortlaut – auf Ex 34,6f. zurück (Chr. Dohmen, ThZ 46, 1990, 289ff., bes. 298)? Der Schluß V 6b („die mich lieben und meine Gebote halten") verrät jedenfalls den Einfluß des Deuteronomiums (7,9; vgl. 6,5; 10,12; 11,1.13.22; 13,4; 19,9; 23,6; 30,6.16.20; Jos 22,5).

[33] Gottes Offenbarung, 234–248.

[34] Der Dekalog, 21ff.; Vom Sinai zum Horeb, 84–88; aufgenommen von J. Schreiner, Die Zehn Gebote, 63f.

[35] Dtn 8,19; 11,16; 17,3; 29,25; 30,17; Jos 23,16; Ri 2,19; 1 Kön 9,6.9;

werden sie als Gestirngottheiten konkretisiert[36] oder namentlich genannt[37]. Wahrscheinlich hat das zusätzliche „und" in der Exodusversion lediglich explikative Funktion („und zwar"), so daß zwischen den beiden dekalogischen Fassungen des Bilderverbots gar kein sachlicher Unterschied besteht.[38]

Ursprünglich dürfte sich das zweite Gebot auf Bilder Jahwes bezogen haben.[39] Andernfalls würde es nur das Verbot fremder Götter wiederholen. Später werden beide Gebote miteinander verbunden – kompositionell wie im Dekalog oder sogar in der Formulierung. Außer in der Dekalogfassung „Bild machen"[40] findet sich das Bilderverbot ja auch in einer Gestalt mit anderem Objekt: „(silberne, goldene, gegossene u. a.) Götter machen"[41]. Diese Fassung dürfte die jüngere sein, da in ihr erstes und zweites Gebot im Wortlaut eine Einheit eingegangen sind.[42]

Die erstes und zweites Gebot verklammernde Begründung enthält das Bekenntnis: „der heimsucht die Schuld von Vätern an Nachkommen bis ins dritte und vierte Glied ..., aber Treue (Gnade) übt an Tausenden" (vgl. Ex 34,7; Jer 32,18).

2 Kön 17,35; Jer 13,10; 16,11; 22,9; 25,6; 2 Chr 7,19.22; vgl. Ex 23,24; Jos 23,7; ferner 2 Kön 21,21.

36 Dtn 4,19.

37 1 Kön 16,31; 22,54 (Baal); 2 Kön 21,3; 2 Chr 33,3 (das Himmelsheer); vgl. 2 Kön 17,16.

38 A. Graupner, ZAW 99, 1987, 311–315; zum waw-explicativum vgl. GesK 154a[1b]. Auch hinter der leicht – ebenfalls nur durch ein „und" – voneinander abweichenden Art der Generationenzählung in Ex 20,5 bzw. Dtn 5,9 verbirgt sich kaum ein sachlicher Unterschied. Ob Ex 20,5 eine gegenüber Dtn 5,9 jüngere Zählweise der Generationen repräsentiert, die den Vater nicht miteinbezieht (F.-L. Hossfeld, Der Dekalog, 32), läßt sich aufgrund der Formulierung nicht entscheiden. Ex 20,5 spricht von den „Nachkommen bis ins dritte und vierte Glied". Dabei kann der Vater mitgerechnet sein oder auch nicht (A. Graupner, ZAW 99, 1987, 314f.). Daß beide Dekaloge wegen des textlichen Unterschieds auch sachlich voneinander abweichen müssen (F.-L. Hossfeld, Vom Sinai zum Horeb, 89ff.), ist eine petitio principii. Allenfalls kann man sagen, daß die Deuteronomiumfassung die Alternative entscheidet und Ex 20,5 auf ein Verständnis festlegt, demzufolge die Reihe der mit der Haftung für die Schuld der Väter bedrohten Generationen mit den Urenkeln endet.

39 J. J. Stamm, Der Dekalog, 43f.; F. Crüsemann, Bewahrung der Freiheit, 47.

40 Ex 20,4; Dtn 5,8; 27,15; vgl. Hos 13,2.

41 Ex 20,23; 34,17; Lev 19,4; vgl. Hos 8,4.

42 Anders K. Koch, Was ist Formgeschichte?, 59; T. N. D. Mettinger, The Veto of Images, 25.

Umgreifen die vier Generationen die erfahrbare Wirklichkeit, das, was einem Menschen maximal überschaubar ist? Die vier Generationen umschreiben kaum die sich über Jahrzehnte hinaus erstreckende Folge, sondern die Großfamilie, die in einem Haus gleichzeitig zusammenlebt.[43] Sie werden darum auch zugleich von einem geschichtlichen Ereignis getroffen, haben Schicksalsschläge gemeinsam zu tragen.

Dagegen überschreitet die zweite Bestimmung alle geschichtliche Vorstellung. 1000 Generationen reichen weit über die Zeit des Neuen Testaments, ja unsere Gegenwart hinaus.[44] Die Zeitspanne von 1000 Generationen erscheint angesichts menschlicher Erfahrung und der vom Menschen überblickbaren Zeit fast als eschatologische Hoffnung – als bildhaft ausgesprochenes Bekenntnis zu Gottes Gnade „auf ewig" (Ps 136,1).[45]

Als in späterer Zeit die fremden Götter für Israel bedeutungslos oder gar in ihrer Existenz geleugnet wurden, schob sich das immer strenger aufgefaßte Bilderverbot als Unterscheidungsmerkmal gegenüber der Umwelt in den Vordergrund.[46]

(7) Die ausschließliche Verehrung Jahwes war nicht immer und überall Wirklichkeit, sondern blieb Forderung an Israel – genauso verhielt es sich mit der Bildlosigkeit des Jahwekults. Mehrfach wird von der Herstellung einzelner Jahwebilder berichtet, wenn auch undeutlich bleibt, wie sie verstanden wurden. Zudem sind die entsprechenden Erzählungen[47] in ihrer vorliegenden Gestalt und im gegebenen Kontext nicht ohne polemischen Unterton; fraglich ist jedoch, wieweit er erst durch eine jüngere Bearbeitung in die Überlieferung eingetragen wird.

[43] Vgl. L. Rost, Die Schuld der Väter: Solange es „heute" heißt, FS R. Hermann, 1957, 229–233, bes. 232; W. Thiel, Die soziale Entwicklung Israels in vorstaatlicher Zeit, ²1985, 39f.; H. Ringgren, *'b*: ThWAT I, 1973, 13 (Lit.).

[44] Es ist dabei gleichgültig, ob man die Generation zu 20 oder 25 Jahren rechnet. Vgl. H. W. Wolff, Anthropologie des Alten Testaments, ⁴1984, 177f. – Nach H. Spieckermann, „Barmherzig und gnädig ist der Herr ...": ZAW 102, 1990, 7f.: „ist die göttliche Gnade auf die begrenzt, die ihre Jahweliebe in der Gesetzesobservanz erwiesen. Daß dies Tausende *('lpym)* sind, damit rechnet der hier schreibende deuteronomistische Theologe durchaus, nicht mehr jedoch damit, daß die Gottesgnade wie ein Vätersegen in tausend Geschlechtern weiterwirkt *('lp dwr,* Dtn 7,10)." Übersieht dieses Verständnis aber nicht den parallelen Aufbau der Aussagen in Ex 20,5b.6?

[45] Auch sonst bekennt das Alte Testament: Gottes Zorn ist kurz und vergeht, Gottes Gnade besteht, bleibt ewig (Ps 30,6; 103,9; Jer 3,12; Mi 7,18; Jes 54,7f.; 57,16 u. a.). Vgl. Gott II: TRE 13, 1984, 617.

[46] Vgl. Dtn 4 und dazu u. S. 74f.

[47] Bes. Ri 17f.; 1 Kön 12; Ex 32.

So scheint die Erzählung von dem Gottesdienst Michas und der Verlegung seines Heiligtums nach Dan (Ri 17–18) an ein zunächst privates, vom Stamm Dan übernommenes Jahwebild zu denken – zumindest in der gegenwärtigen Erzählform nicht ohne Ironie.[48]

Die Erzählung vom „Goldenen Kalb" (Ex 32) nimmt die polemische Proklamationsformel „Siehe, das sind deine Götter" (1 Kön 12,28), die die Herstellung der beiden Stierbilder als Vielgötterei deutet, auf (Ex 32,4.8), um beispielhaft die Übertretung des zweiten und ersten Gebots zugleich aufzuzeigen (vgl. Ex 32,31 mit 20,23). Denn in späterer Zeit konnte man vom „Machen" eines Bildes[49] sicher nicht mehr berichten, ohne eine Anspielung auf das Verbot, ein Bild zu „machen"[50], herauszuhören.

War Gideons Ephod (Ri 8,24ff.) ein Umhang für ein Gottesbild? Sonst diente ein Ephod der Orakeleinholung (1 Sam 23,6.9ff.; 30,7f.). Später gehörte ein solches Gewand (vgl. 1 Sam 2,18) zum hohenpriesterlichen Ornat (Ex 28; 39).

Die Teraphim – mögen sie Darstellung der Familiengötter (Gen 31,19.34f.), eine Kultmaske (1 Sam 19,13)[51] gewesen sein oder der Orakeleinholung gedient haben (Ez 21,26; Sach 10,2) – verfielen dem Bann (1 Sam 15,23; 2 Kön 23,24; vgl. Hos 3,4).

Die Masseben – aufgerichtete Steine, die im alten Orient und darüber hinaus weit verbreitet waren, auch im Jahwetempel von Arad gefunden wurden – konnten als Gedenksteine interpretiert werden (Gen 28,22 gegenüber 28,18)[52] oder erhielten symbolische Funktion (Ex 24,4; vgl. Jos 4). Später wurden sie verboten.[53]

Das – auf zwölf Stieren stehende – Eherne Meer (1 Kön 7,24ff.; Jer 27,19), möglicherweise einmal Abbildung des Urmeeres, wird zum Becken für kultische Waschungen (Ex 30,17ff.; 40,7.11 P).

Die eherne Schlange, Nehuschtan, ursprünglich vielleicht Darstellung einer chthonischen Heils- oder Lebensgöttin, wird zu einem auf Jahwes Befehl errichteten und ihm unterstellten Heilssymbol (Num 21,8f.; vgl. Joh 3,14f.), dann bei Hiskijas Reform (2 Kön 18,4) zerschlagen.

Schließlich ist an die bei Ausgrabungen gefundenen kleinen Statuetten, Tonfiguren oder auch Zeichnungen – für privaten Gebrauch – zu erinnern. Wieweit konnten sie auch als Jahwedarstellungen verstanden werden?[54]

[48] Zu Ri 17f. vgl. bes. H. M. Niemann, Die Daniten: FRLANT 135, 1985, 61–147.

[49] Ri 17,4; 1 Kön 12,28; Ex 32,1.4.20.

[50] Ex 20,5; 34,17; Dtn 27,15; Hos 8,4.6; 13,2 u. a.

[51] Vgl. Ri 17,5; 18,14.

[52] Vgl. 35,20; 2 Sam 18,18.

[53] Dtn 16,22; vgl. 7,5; 12,3; Lev 26,1; Hos 3,4; 10,1f.; 2 Kön 18,4; 23,14; auch Ex 34,13 u. a.

[54] „Alles, was man bis heute als Jahwebild interpretiert hat, ist typisch ka-

In der Haltung gegenüber einigen Kultgegenständen (wie der Ehernen Schlange, den Teraphim und den Masseben) zeichnet sich deutlich ein Wandel ab. Sie wurden später strenger beurteilt – nämlich den Bildern zugeordnet. Es bedurfte anscheinend einer tieferen Einsicht, um die mit jenen Symbolen oder Idolen für das Gottesverständnis drohende Gefahr zu bemerken. In diesem Sinne sah Hosea wohl schärfer als Elija oder Amos. Er erkannte Darstellungen, die zuvor nicht als Repräsentation oder Vergegenwärtigung Gottes aufgefaßt wurden, als – dem Jahweglauben nicht entsprechende – Symbole oder Bilder.[55]

(8) Da das Bilderverbot in Israels unmittelbarer Umwelt ohne rechte Analogie ist und daher unableitbar bleibt, entzieht es sich im Grunde der Erklärung. Man wird die mannigfachen Auslegungen, die es empfangen hat, als unbefriedigend empfinden, aber man kann letztlich nicht sicher angeben, welche Intention es ursprünglich hat.

Der Marburger Philosoph H. Cohen interpretiert: „Der Gegensatz zwischen dem einzigen Gott und den Göttern beschränkt sich nun aber nicht auf den Unterschied in der Anzahl: er prägt sich auch aus in dem Unterschied zwischen einer unsichtbaren Idee und einem wahrnehmbaren Bilde. Und der unmittelbare Anteil der Vernunft an dem Begriffe des einzigen Gottes bewährt sich in diesem Gegensatz gegen das Bild." „Das Bild muß ein Abbild sein. Von Gott aber kann es kein Abbild geben; er ist schlechthin nur Urbild für den Geist, für die Vernunftliebe, aber nicht ein Gegenstand für die Nachbildung."[56]

In gröberer Weise hat man vielfach die Meinung vertreten, das zweite Gebot hebe das Gottesverhältnis auf eine höhere Stufe, die geistige Verehrung Gottes ersetze die sinnliche.[57] Aber diese Unterscheidung geistig – leiblich ist nicht alttestamentlich; „Geist" wird in der Regel nicht aus dem Gegensatz zu „Fleisch", sondern als die im „Fleisch" wirkende Kraft verstanden. Auch wird das Bilderverbot zunächst nicht damit begründet, daß Gott unsichtbar bleibt oder es gefährlich ist, ihn zu schauen.

---

naanäischer Machart. Wenn solche Figurinen in einem israelitischen Stratum gefunden werden, können sie höchstens kraft einer interpretatio israelitica zu Jahwebildern geworden sein, ... da es anscheinend keine genuin jahwistische Ikonographie gab". O. Keel, Jahwe-Visionen, 43. Eine umfangreiche Zusammenstellung archäologischen Materials bieten P. Welten und K. Galling, BRL², 99–111. 111–119 sowie S. Schroer, In Israel gab es Bilder. Vgl. demnächst auch O. Keel/Chr. Ühlinger, Göttinnen, Götter und Gottessymbole: QD 134, 1991.

55 Hos 3,4; 8,4–6; 10,5f.; 11,2; 13,2 u. a.

56 Religion der Vernunft aus den Quellen des Judentums, ²1929, 61.63.

57 G. Beer, Exodus, HAT I/3, 1939, 100; P. Volz, Mose und sein Werk, ²1932, 37.40.

Am ehesten könnte das zweite Gebot verhindern wollen, daß sich der Mensch im Bild der Gottheit bemächtigt und „magisch“ über sie verfügt.[58] Er zwingt sie im Bild herbei und kann sie dann beherrschen, weil er sie greifbar vor sich hat; er kann ihr mit Schmuck und Nahrung Gutes oder durch die Verweigerung von Opfern und Strafen Böses antun. Doch wird diese Auffassung dem Selbstverständnis des Bilderkults nicht gerecht. Vielleicht wurden Bild und Gottheit einmal als Einheit angesehen, aber im alten Orient der alttestamentlichen Zeit ist beides längst nicht mehr als identisch gedacht. Die Verehrung gilt nicht dem Bild, sondern der Gottheit im Bilde. Da es die Gottheit nicht einfängt, ist sie in ihm auch nicht dinghaft faßbar. Das Bild wahrt eigentlich die Unverfügbarkeit der Gottheit; denn sie transzendiert ihr Bild. Zwar kommt ihr zugute, was ihrem Bild geschieht, und dem, der sich am Bild vergreift, droht tödliche Strafe, aber mit der Zerstörung des Bildes geht die Gottheit nicht selbst zugrunde.

Nach der sog. memphitischen Theologie schuf der ägyptische Gott Ptah zunächst die Götter, dann ihren Leib, d. h. ihr körperliches Bild: „Und so traten die Götter ein in ihren Leib – aus allerlei Holz, allerlei Mineral, allerlei Ton und allerlei anderen Dingen.“ Nach anderen Zeugnissen bleibt die Differenz zwischen Gott und Bild sogar dauernd bestehen: „Der Gott dieses Landes ist die Sonne am Horizont, ihre Bilder aber sind auf der Erde.“[59] Eine assyrische Inschrift meldet die Zerstörung von Stadt und Tempeln und fährt fort: „Die Götter und Göttinnen, welche darin wohnen, stiegen empor zum Himmel.“[60]

„Nach der systematischen Theologie des [ägyptischen] Neuen Reiches ... ist die Gottheit im Himmel, ... ihr Leib ruht im unterweltlichen Jenseits, und auf Erden unter den Menschen künden die Bilder der Gottheit von ihrer Gegenwart. Auch diese Bilder können als ‚Leib‘ der Götter gelten, in den sie ‚eintreten‘ ... Für gewöhnlich hatte das Kultbild an der Unsichtbarkeit der Gottheit Anteil; im dunklen Allerheiligsten aufgestellt, war es nur dem diensttuenden Priester des Tempels zugänglich, der täglich das Ritual an ihm und vor ihm zelebrierte. An den großen Festen wurde das tragbare Gottesbild auf den Schultern der Priester in die Öffentlichkeit hinausgetragen ... auch bei diesen Prozessionen aber blieb es, nach den Darstellungen zu urteilen, unsichtbar im verhüllten Schrein. Gott zu schauen, blieb selbst im Bild eine besondere Gnade, die nur dem diensttuenden Priester zuteil wird, wenn er den Schrein des Götterbildes geöffnet hat.“[61]

[58] W. Zimmerli, Gottes Offenbarung, 242–246; J. J. Stamm, Der Dekalog, 46; H. Schüngel-Straumann, Der Dekalog, 90–92; H. D. Preuß, Verspottung, 19f.

[59] S. Morenz, Ägyptische Religion, 1960, 158ff.

[60] K.-H. Bernhardt, Gott und Bild, 49.

[61] B. Hornung, Der Eine und die Vielen, 1971, 125.

So muß Bilderverehrung nicht eine Bemächtigung Gottes durch den Menschen bedeuten, wie sie in Zauber und Magie geschieht. Was das Bild bietet, ist vielmehr die macht- und heilvolle Gegenwart der Gottheit. Darum braucht es auch keine Nachbildung der jenseitigen Gottheit im strengen Sinne zu sein; entscheidend ist, daß es die Gottheit verkörpert, also offenbart. Nicht das Aussehen, sondern die Macht des Bildes ist grundlegend. Weil aber das Erscheinen der Gottheit im Bild zur ständigen Anwesenheit wird, besteht die Gefahr, das Bild nicht mehr als Ort zu verstehen, an dem Gott wohnt, sondern als Gott selbst. Das wird die Auffassung mancher Kultteilnehmer gewesen sein. Vielleicht liegt hier das Recht (wohl späterer) alttestamentlicher Polemik, die – für religionsgeschichtliche Betrachtungsweise unsachlich – Gott und Bild durchweg als Einheit ansieht. „Ein Handwerksmann hat es gemacht – es ist kein Gott."[62]

Eine gleichsam aufgeklärte Epoche meint, mit dem Bild die Gottheit selbst zu treffen (Jes 41,6f.; 44,14ff.), und eine Zeit, die die Göttlichkeit des Bildes bezweifelt, weiß zu spotten, daß die ohnmächtige Gottheit den Frevler ungeschoren lasse.

Birgt das Bild – anders als die Sprache[63] – nicht auch die Gefahr, Gott festzulegen, auf ein bestimmtes Verständnis zu fixieren? Setzt nicht das Bild an die Stelle der persönlichen Begegnung von Gott und Mensch eine „ganz anders geartete", statische „Manifestation des Göttlichen"?[64] Vermag ein Bild der „Individualität Gottes, wie sie sich in der Zeit offenbart", gerecht zu werden?[65] Welches Bild könnte sagen: „Ich bin mit dir" oder die spannungsvolle Einheit von Ferne und Nähe, Erhabenheit und Zugewandtheit Gottes zum Ausdruck bringen (Jes 57,15)? So hat man das zweite Gebot auch als Schutz der Freiheit Gottes,[66] seiner Personalität,[67] der „Dynamik seiner Selbstmitteilung"[68] oder der Dialektik seiner Offenbarung[69] verstanden. Sind diese – einfühlsamen – Deutungen des zweiten Gebots, die wesentliche Gotteserfahrungen alttestamentlichen Glaubens im zweiten Gebot

[62] Hos 8,6; 13,2; vgl. Jes 2,8.20; Jer 2,28; 10 u. a.

[63] Siehe u. Abs. 11.

[64] P. Welten, TRE 6, 520.

[65] F.-L. Hossfeld, TThZ 98, 1989, 93.

[66] H.-J. Hermisson, ZThK 82, 1985, 136: „in dem Verbot, sich der Gegenwart Jahwes durch das Bild zu versichern, kommt in Israel Gottes Freiheit zur Sprache."

[67] H. Gese, Vom Sinai zum Zion, 53f.

[68] F.-L. Hossfeld, TThZ 98, 1989, 93.

[69] A. H. J. Gunneweg, Henoch 4, 1984, 268f.

gleichsam wiederentdecken, bereits in Israel bewußt gewesen? Entsprechende Aussagen finden sich nicht.

(9) Ist die Intention des Bilderverbots zunächst nur schwer eindeutig zu umreißen, so tritt sie später in den Erläuterungen des zweiten Gebots und in der Einleitung des Deuteronomiums um so klarer hervor. Die nähere Bestimmung im Dekalog (Ex 20,4): „Abbild von etwas, was im Himmel oben, auf der Erde unten oder im Wasser unter der Erde ist"[70] zählt auf, welchen Bereichen das Bild nicht entnommen werden darf, und dehnt damit das Bilderverbot ausdrücklich auf alle Weltteile aus; denn die Dreiteilung umschreibt die Ganzheit der Welt. Während die Nachbarreligionen Himmels-, Erd- oder Unterweltsgötter mit je eigenen Darstellungen kennen, erklärt das Alte Testament: Nicht nur die Erde, auch der Himmel bietet für Gott nichts Vergleichbares, weil ihm im Vorhandenen nichts entspricht. Damit wird entfaltet, was im Bilderverbot angelegt ist: die Unterscheidung zwischen Gott und Welt. Reicht nichts Weltliches aus, Gott zu vergegenwärtigen, so ergibt sich das Paradox, daß der Gott des Alten Testaments zwar nicht unsichtbar, aber auch nicht vorstellbar ist.[71]

Diese Auffassung ist in jüngerer Zeit für Ex 20,4 bestritten worden[72]: Die Ergänzung dient nicht der Erläuterung, sondern ist wegen des zusätzlichen „und" zwischen „Bild" und „Gestalt" eine eigenständige Teilaussage, die das zweite Gebot in Aufnahme von Dtn 4,16–18 zu einem Verbot jedweder bildlichen Darstellung im Kult ausweitet.[73] In der Parallelfassung Dtn 5,8, in der das Substantiv „Gestalt" als Apposition zum Gebotsobjekt „Bild" fungiert, bilden die Relativsätze lediglich eine inhaltlich entbehrliche Angleichung an Ex 20,4.

Diese Deutung stellt jedoch vor ein dreifaches Problem[74]:

a) Warum wurden zwar die Relativsätze in Dtn 5 nachgetragen, nicht aber die

[70] Wörtlich: „keinerlei Gestalt (Abbild), die (das) im Himmel oben, auf der Erde unten oder im Wasser unter der Erde ist." Die Übersetzung zeigt, daß die Relativsätze nur unvollkommen anschließen. Sie dürften darum eine zweite Stufe der Erweiterung darstellen. Vgl. W. Zimmerli, Gottes Offenbarung, 235 mit Anm. 3.

[71] W. H. Schmidt, VT.S 22, 1972, 207; TRE 13, 613; F. Crüsemann, Bewahrung der Freiheit, 49; T. N. D. Mettinger, The Veto of Images, 26f.; H. J. Boecker, Altes Testament, 214. Vgl. auch G. von Rad, Ges.St. I, 317: „Ist" im Bilderverbot „nicht etwas Entscheidendes enthalten, nämlich ein fundamentales Wissen, daß Gott der Welt theologisch transzendent ist"?

[72] Chr. Dohmen, Bilderverbot, 210–230.

[73] Ähnlich urteilte zuvor schon P. Welten, TRE 6, 520f., allerdings für beide Fassungen des Dekalogs.

[74] A. Graupner, ZAW 99, 1987, 312–314.

Kopula? Die Annahme, die wachsende Kanonizität der Deuteronomiumversion habe zwar Zusätze erlaubt, aber keine inhaltlichen Veränderungen[75], ist angesichts der massiven inhaltlichen Abweichungen zwischen beiden Dekalogen im Sabbatgebot und im zehnten Gebot wenig wahrscheinlich.

b) Obwohl beide Fassungen bis auf eine winzige Kleinigkeit identisch sind, müßte der Leser mit dem Begriff „Gestalt" Unterschiedliches verbinden, nämlich in Ex 20 an Kultbilder, in Dtn 5 an „beigestellte Kultobjekte" denken. Ist der Leser damit nicht überfordert?

c) Hält man die Ergänzung des zweiten Gebots für eine eigenständige Teilaussage, muß man Ex 20,5 – entgegen üblichem Sprachgebrauch[76] – auf „Bild" und „Gestalt" beziehen. Dann können aber mit dem Begriff „Gestalt" ebenfalls nur Kultbilder gemeint sein, da man „sie nicht anbeten und ihnen nicht dienen" darf. Eine Ausweitung des Bilderverbots auf „beigestellte Kultobjekte" wie Masseben und ähnliche Symbole ist ohne Nennung dieser Gegenstände nicht verständlich (vgl. Lev 26,1).

Das umstrittene „und" der Exodusfassung hat doch wohl nur explikativen Sinn, so daß in dieser Hinsicht kein Unterschied zwischen Ex 20 und Dtn 5 besteht. Diese Erklärung bietet jedenfalls zwei Vorzüge. Zum einem kommt sie mit dem geringsten Aufwand an Annahmen aus. Zum anderen erlaubt sie es, in den Relativsätzen Dtn 5,8 mehr zu sehen als eine unvollkommene und inhaltlich entbehrliche Anpassung an Ex 20,4.

Die Predigt Dtn 4,12ff. greift den Gedanken, daß Gott nicht innerweltlich darstellbar ist, auf und formuliert ihn breit aus[77]; ausdrücklich wird davor gewarnt, ein männliches, weibliches oder tierisches Abbild herzustellen (V 16–18) und sich durch die Gestirnverehrung verführen zu lassen (V 19). Hier lehnt das Bilderverbot eindeutig eine Darstellung Jahwes ab; dennoch bleibt es mit der Abwehr des Fremdgötterkults verbunden (V 19). Das erste und zweite Gebot interpretieren sich gegenseitig: Die Gottheiten der anderen Völker sind weltlich-vorstellbar; denn sie bilden irdische Wesen ab oder sind mit den Gestirnen gleichgesetzt. Indem für den Gott Israels Analogien in der Welt fehlen, bleibt er unvorstellbar; denn Vorstellungen reichen ja nur so weit, wie es Vergleichbares gibt. Diese Interpretation des Bilderverbots zieht aber nicht grundsätzlich eine Grenze zwischen Gott und der Sinnenwelt, begründet die vorgenommene Unterscheidung auch nicht von der Schöpfung her – Geschaffenes kann den Schöpfer nicht abbilden –, sondern mit der Sinaitradition; bei der Offenbarung bleibt Geheimnisvolles:

[75] Vgl. auch F.-L. Hossfeld, Vom Sinai zum Horeb, 86.

[76] Siehe o. Abs. 6.

[77] Zur komplizierten literarischen Schichtung des Kapitels vgl. die ausführliche Analyse von D. Knapp, Deuteronomium 4: GTA 35, 1987.

„Jahwe redete zu euch mitten aus dem Feuer heraus. Den Schall von Worten hörtet ihr wohl, aber eine Gestalt saht ihr nicht – außer dem Schall (d. h. der Stimme, die ihr hörtet)" (Dtn 4,12; vgl. 5,23f.).

Sogar bei seiner Erscheinung wurde Gott selbst nicht sichtbar, sondern nur hörbar. Damit gibt diese Erläuterung nicht nur dem Gehör einen Vorrang im Gottesverständnis vor dem Gesicht, sondern reißt innerhalb der Sinne geradezu einen Gegensatz zwischen Hören und Sehen, Wort und Bild auf, obwohl unmittelbar vorher noch von Begleiterscheinungen der Theophanie in der Natur die Rede ist. Mögen diese Auswirkungen von Jahwes Erscheinen wahrnehmbar sein, Gott selbst bleibt „gestaltlos", nicht abbildbar; er kommt den Menschen nur durch die Stimme nahe. Das Sehen gewährt (trotz Ex 24,11) einen zu engen Kontakt. Die Unvorstellbarkeit Gottes, damit die Unterscheidung zwischen Gott und Welt, ist hier zum Kriterium des Glaubens und zum Prüfstein für die Gegenüberstellung zwischen Israel und den Völkern geworden. Die Gottesbegegnung soll nicht zur Gottesvorstellung führen.

(10) Ähnliche Intentionen, eine Vorstellbarkeit Gottes auszuschließen, werden auch sonst spürbar. Selbst in mythisch geprägten Erzählungen, nach denen Gott direkt in irdisches Geschehen eingreift, bleibt er bei seinem Wirken menschlichen Blicken entzogen.[78] Lots Frau, die das Verbot, nach Gottes Strafgericht zurückzuschauen, mißachtet, erstarrt zur Salzsäule (Gen 19,17.26). Was hier unausgesprochen bleibt, wird andernorts als Grundsatz formuliert: „Niemand schaut mich und bleibt am Leben" (Ex 33,20).[79] Nicht nur Mose (Ex 3,6) und Elija (1 Kön 19,13), selbst die Seraphen (Jes 6,2) verhüllen vor Gott ihr Angesicht. Erzählungen, die von Gottes Offenbarung zu berichten wissen: „er ließ sich sehen bzw. erschien", schweigen über das Wie, die Art und Weise der Erscheinung, halten aber sein Wort fest.[80] Das Alte Testament kann die Wendung „Gottes Angesicht schauen" übernehmen, ohne die Sache – die Anwesenheit eines Gottesbildes im Heiligtum – vorauszusetzen, benutzt den Ausdruck also nur im übertragenen Sinn; zudem wird das Aktiv „Gott schauen" in das Passiv „vor Gott erscheinen" umgedeutet.[81] Ähnlich können Propheten in ihren Visionen Gott „sehen", ohne seine Gestalt zu beschreiben.[82] Jeweils macht sich eine

[78] Gen 2,21; 15,12; Ex 12,22f.; vgl. 2 Kön 4,4.33.
[79] Vgl. 19,21; Ri 6,22f.; 13,22; Jes 6,5; Jer 30,21 u. a.
[80] Gen 12,7 J; 17,1 P; vgl. 35,1 E u. a.
[81] Ex 23,15ff.; 34,20ff.; Jes 1,12; Ps 42,3 u. a.
[82] 1 Kön 22,19; Am 9,1; Jes 6,1.

Zurückhaltung gegenüber dem Sehen bzw. Darstellen bemerkbar, die das Hören nicht trifft. Andeutungen finden sich nur Ez 1,22ff. mit einem Vergleichswort, das auf die Inadäquatheit der Ausdrucksweise hinweist: „wie das Aussehen eines Menschen", und Dan 7,9ff. mit der knappen Schilderung des „Hochbetagten". Nach anderen Theophanieberichten wird Gott im Bereich des Sichtbaren oder überhaupt Wahrnehmbaren durch ein Engelwesen vertreten, das wie Gott auftreten, handeln oder sprechen kann.[83] Nach Ex 33,12ff. ist der ferne Gott nur in seinem „Angesicht", nach dem Deuteronomium[84] und deuteronomistischen Geschichtswerk[85] in seinem „Namen", nach der Priesterschrift[86] in seiner „Herrlichkeit" gegenwärtig. So wird auf wechselnde Weise zwischen Gott in seiner Heiligkeit und seiner Anwesenheit auf Erden, zwischen Gottes Für-sich-Sein und seiner Zuwendung zum Menschen, zwischen Gottes Freiheit und seiner Offenbarung, zwischen Gott und den menschlichen Erfahrungen von Gott unterschieden und beides zugleich ausgesagt. Gott wirkt in der Geschichte, geht aber nicht völlig in sie ein oder gar in ihr auf. Allerdings kann von der Zukunft erhofft werden, daß Gott unmittelbar („von Angesicht zu Angesicht" Ez 20,35; „Auge in Auge" Jes 52,8) begegnet: „die Herrlichkeit Jahwes sich offenbare und alles Fleisch es sehe" (Jes 40,5; vgl. 52,10).

(11) Sprachliche Bilder fallen nicht unter das Verbot. Das Alte Testament gestattet dem Hören, was es dem Sehen verbietet. Wenn Propheten und Psalmendichter die schroffsten Vergleiche verwenden – „Ich bin wie Eiter, wie Fäulnis, wie ein Löwe" läßt Hosea Gott sagen[87] –, so wird dem Wort zugestanden, was der Plastik verweigert wird. Solche Sprachbilder, die auch nicht unkritisch verwendet werden, beschreiben keine Eigenschaften oder Zustände, sondern vergegenwärtigen ein Geschehen, künden den in menschliches Geschick eingreifenden, drohenden und verheißenden Gott an.[88] So öffnet sich die Sprache stärker, als es das Bild könnte, für die Zukunft Gottes.

[83] Gen 16; 21; 31; Ex 3; Ri 2; 6; 13 u. a.

[84] Dtn 12,5.11.21 u. a.

[85] 1 Kön 8,16.29 u. a.

[86] Ex 16,10; Lev 9,4ff.; 23; Num 14,10ff. u. a.

[87] Hos 5,12.14; vgl. Klgl 3,10; Jes 7,20 u. a.

[88] Vgl. J. Heller, An der Quelle des Lebens, 129ff., bes. 147: „Im Rahmen des dynamischen hebräischen Denkens bestand also kaum eine Möglichkeit, die Anthropo- und Chrematomorphismen anders als bildliche Ausdrücke für Gottes Handeln aufzufassen." Erst innerhalb der griechischen Sprach- und Vorstellungswelt drohte ihnen das Mißverständnis als Identifikationen Gottes,

Das sprachliche Bild ist weit weniger als das plastische in der Gefahr, das Verständnis Gottes einzuengen, unangemessen festzulegen; denn die Metapher hält den Gleichnischarakter menschlicher Anschauungen von Gott ausdrücklich bewußt, wahrt so Gottes Freiheit gegenüber menschlichen Vorstellungen:

„*Wie* sich ein Vater über Kinder erbarmt,
so erbarmt sich der Herr über die, die ihn fürchten."
(Ps 103,13)

Weit eher als jedes Bild vermag die Sprache jene spannungsvolle Einheit von Ferne und Nähe, Erhabenheit und Zuwendung Gottes auszudrücken, von der das Alte Testament vielfältig Zeugnis gibt:

„So spricht der Hohe und Erhabene ...:
In der Höhe und in Heiligkeit wohne ich
und (bin) bei den Zerschlagenen und Demütigen,
um den Geist der Demütigen ...
und das Herz der Geschlagenen zu beleben."[89]

weshalb die Septuaginta insbesondere bei der Übernahme der Chrematomorphismen zurückhaltend bleibt.

[89] Jes 57,15; vgl. 66,1f.; Ps 113,5f. u. a.

III. DAS DRITTE (ZWEITE) GEBOT

Gottes Namen nicht mißbrauchen

(1) Schließt das erste Gebot das Verhältnis zu anderen Göttern aus und wehrt das zweite Gebot eine Verehrung Gottes im Bild ab, so möchte das dritte Gebot Gottes Namen gegen Mißbrauch schützen. Der Name gewährt, was das zweite Gebot für das Bild ausdrücklich verneint: Zugang zu Gott.[1]

Schon nach dem älteren, jahwistischen Erzählstrang beginnt die Verehrung Gottes mit der Anrufung seines Namens:

> „Damals begann man, den Namen Jahwes anzurufen."
> (Gen 4,26)

Die Wendung Gottes „Namen anrufen" *(qr' b^{e}šm jhwh)* begegnet geradezu als geprägter Ausdruck für die (kultische) Verehrung Gottes.[2] Wer Jahwes Namen anruft, bekennt sich zu Gott[3], bittet um sein helfendes Eingreifen[4] oder rühmt ihn[5]; in seinem Namen ist Gott im Heiligtum gegenwärtig.

Diesen – gewiß älteren – Zusammenhang (vgl. Ex 20,24) betonen vor allem das Deuteronomium und die Verfasser des Deuteronomistischen Geschichtswerks (Dtn bzw. Jos – 2 Kön), so daß man sogar von einer dtn/dtr Namenstheologie gesprochen hat. Das eine Heiligtum ist der Ort, den Jahwe erwählt hat, „um dort seinen Namen hinzulegen"[6] bzw. „dort wohnen zu lassen"[7]. Damit wird wohl die ältere Vorstellung, nach der Gott selbst im Heiligtum wohnt

[1] Der Name „nimmt theologisch die Stelle ein, an der sich in anderen Kulten das Kultbild befindet" (G. von Rad, TheolAT I^4, 196).

[2] Vgl. Gen 12,8; 13,4; 21,33; 26,25; Jer 10,25; Ps 79,6. Vgl. A. S. van der Woude, THAT II, 951 f.; ohne Präposition begegnet die Wendung Dtn 32,3; Ps 99,6; Klgl 3,55. Eine ganz ähnliche Wendung lautet *hzkjr b^{e}šm jhwh* Jes 48,1; Am 6,10; Ps 20,8. Vgl. W. Schottroff, THAT I, 513.

[3] Jer 10,25; Joel 3,5; Zeph 3,9; Ps 79,6.

[4] 1 Kön 18,24; 2 Kön 5,11; Sach 13,9; Ps 99,6; 116,4; Klgl 3,55.

[5] Dtn 32,3; Jes 12,4; Ps 80,19; 105,1 (1 Chr 16,8); 116,13–17.

[6] Dtn 12,5.21; 14,24; 1 Kön 9,3; 2 Kön 21,7; vgl. 2 Chr 6,20.

[7] Dtn 12,11; 14,23; 16,2.11; 26,2; vgl. Neh 1,9.

(1 Kön 8,12f.; Jes 8,18), bewußt eingeschränkt.[8] Auch die dtr Redaktoren des Jeremiabuches greifen den Gedanken auf (Jer 7,12), verschärfen ihn aber: Der Tempel ist nur mehr der Ort, „über dem mein (Gottes) Name genannt ist" (7,10.11.14).

Die – gegenüber dem Jahwisten jüngere – Priesterschrift bedenkt den Zusammenhang zwischen Namen und Anrede Gottes durch den Gang der Erzählung. Erst nachdem Gott sich mit seinem Namen bekannt gemacht hat (Ex 6,2f.), können die Israeliten ihn anrufen (14,10). Zuvor bleibt dem Volk nur die Möglichkeit der ungerichteten Klage und des Zetergeschreis (2,23).[9]

So ist der Name die offenbare, Israel zugewandte Seite Gottes. Dabei verrät er – keineswegs selbstverständlich – etwas über das Wesen Gottes: „Ich werde sein, der ich sein werde" (Ex 3,14 E; vgl. Hos 1,9). Diese Deutung des Gottesnamens im Alten Testament nimmt die Zusage „Ich werde mit dir sein" (Ex 3,12 E) auf und möchte kaum Gottes Aseität, Einzigkeit oder Selbigkeit herausstellen. „Sein" meint kein absolutes „Für-sich-sein", sondern eher „da, gegenwärtig, wirksam sein" oder gar „sich als Helfer erweisen". So sagt Gott in seinem Namen sein machtvolles, hilfreiches Eintreten für Israel zu (vgl. 6,7 P; ferner 33,19; 34,6). Gott stellt sich so vor, wie er verstanden werden will: von seinen Taten her. Die Wirklichkeit Gottes ist – schon seinem Namen nach – seine Wirksamkeit.[10] Dem entspricht die Selbstvorstellung Jahwes, die, um die Zusage von Gottes Huld („dein Gott") erweitert und um den Hinweis auf die Herausführung aus Ägypten ergänzt, den Dekalog eröffnet.[11]

So verwundert es nicht, daß der Dekalog an dritter Stelle ein Gebot enthält, das den Gottesnamen vor Mißbrauch bewahren möchte.

(2) Das dritte Gebot gehört jedoch nicht seit je mit dem ersten und zweiten Gebot zusammen: Es verläßt die Ichrede, die den Ausschließlichkeitsanspruch und das Bilderverbot prägt, und redet von Gott in dritter Person.

Dieser Wechsel läßt sich kaum sachlich erklären, etwa mit dem Hinweis, daß nun neben dem Gottesverhältnis auch das Verhältnis zum

[8] Vgl. 1 Kön 8,29; Dtn 26,15; 4,36.

[9] Vgl. W. H. Schmidt, BK II/1, 1988, 96–98; Alttestamentlicher Glaube, 81. Die Ankündigung Ex 2,25 „Gott sah die Israeliten an und ‚tat sich kund'" zielt – im Zusammenhang der Priesterschrift – unmittelbar auf die Namenskundgabe 6,2f.: „Ich bin Jahwe." Vgl. BK II/1, 1988, 79.

[10] Vgl. BK II/1, 1988, 169–179.

[11] Siehe oben A II 3e.

Nächsten in den Blick kommt.[12] Wurde das dritte Gebot erst für den Dekalog geschaffen? Tatsächlich begegnet die Wendung „den Namen Jahwes zu Nichtigem *(šw')* erheben" kein zweites Mal im Alten Testament.[13]

Läßt sich der Verfasser des Gebots noch ermitteln? H. Schüngel-Straumann denkt an den Elohisten, da ihm gewöhnlich die Erklärung des Gottesnamens in Ex 3,14 zugeschrieben wird.[14] Doch ist eine elohistische Herkunft des Dekalogs aus verschiedenen Gründen nicht wahrscheinlich.[15]

Dagegen liest F.-L. Hossfeld das Gebot vor dem Hintergrund der dtn/dtr Namenstheologie und führt es samt Begründung auf einen dtr Redaktor zurück. Die Verknüpfung von Prohibitiv und Begründung durch „denn" *(ki)* begegnet zwar häufiger im Deuteronomium, ist aber ebensowenig spezifisch wie der Wechsel von der Anrede des Verbots zur unpersönlichen Ausdrucksweise der Begründung. Vor allem fehlen terminologische Berührungen mit der geprägten Ausdrucksweise der dtn/dtr Namenstheologie.[16] Lediglich die Apposition *'lhjk* „dein Gott" könnte – wie im ersten und zweiten Gebot – Zusatz dtr Kreise sein.[17]

(3) Das dritte Gebot ist, obwohl verwandte Reihen keine wörtliche Parallele aufweisen[18], nicht ohne sachliche Vorläufer. Sie helfen zu verstehen, worauf sich die singuläre Formulierung bezieht.

(a) Zu vergleichen ist vor allem das Verbot des Meineids.[19]

[12] F. Crüsemann, Bewahrung der Freiheit, 50; R. Brandscheidt, Der Dekalog, 117.

[13] Eine ähnliche Formulierung findet sich nur in Ps 16,4: „Und ich will ihre Namen (die Namen fremder Götter) nicht auf meine Lippen erheben." Diese Stelle macht deutlich, daß mit dem Erheben des Namens sein Aussprechen gemeint ist. Ps 139,20 scheidet dagegen als Parallele aus. Die – von J. Wellhausen und R. Kittel vorgeschlagene und in neuerer Zeit von H. Schüngel-Straumann (Der Dekalog, 97f.) vertretene – Konjektur von *ʿrjk* „deine Städte" in *šmjk* „deinen Namen" liegt graphisch nicht nahe. Wahrscheinlich ist hier *ʿljk* „wider dich/über dich" zu lesen. Vgl. H.-J. Kraus, BK XV/2, ⁵1978, 1092. In Ex 28,12 ist *nś'* „tragen" wörtlich gemeint.

[14] ThZ 38, 1982, 65–78.

[15] Siehe o. A III Anm. 4.

[16] Vgl. B. Lang, ThQ 164, 1984, 60; T. Veijola, ZAW 103, 1991, 3f.

[17] Vgl. E. Nielsen, Die Zehn Gebote, 79; H. Schüngel-Straumann, Der Dekalog, 93, Anm. 214; E. Jucci, BeO 20, 1978, 246.

[18] Der Rechtssatz Lev 24,16 „Wer den Namen Jahwes lästert, muß sterben" hat etwas anderen Sinn und stellt überlieferungsgeschichtlich wohl eine Erweiterung des Verbots des Gottesfluches dar (vgl. Ex 22,27; Lev 24,15; 1 Kön 21,10).

[19] Vgl. Jer 7,9; ferner Lev 5,22.24; Sach 5,3f.; 8,17; Mal 3,5, außerdem

„Und ihr sollt bei meinem Namen nicht falsch schwören.
So entweihst du den Namen deines Gottes."
(Lev 19,12)

Da sich der Eid unter Anrufung des Gottesnamens vollzieht,[20] stellt der falsche Schwur eine Entweihung dieses Namens dar.

Deutlich tritt der Zusammenhang zwischen Meineidverbot und drittem Gebot in Ps 24,4 hervor. Eine Bedingung für den Zutritt zum Heiligtum erfüllt,

„wer mein Leben nicht zu nichtigem Zweck aufbietet
und nicht trügerisch schwört".

Dabei entspricht die *näpäš*, das „Leben" – die „Person", „Seele" oder das „Selbst" – Gottes, seinem Namen; denn beide Begriffe können in den Schwurformeln wechseln.[21]

Die Wahrhaftigkeit vor allem des assertorischen oder Reinigungseids, den der Beklagte leistete, um sich von einem Vorwurf zu befreien (Ex 22,7.10; Lev 5,21–26), und der dezisorische, das Verfahren entscheidende Funktion hatte[22], wird menschlicher Nachprüfung in der Regel entzogen gewesen sein, stand also dem Mißbrauch in besonderer Weise offen.

(b) Außerdem scheint das dritte Gebot den Mißbrauch einer bestimmten Art des Fluches *('alah)* im Blick zu haben[23], die als „Rechts-

A. Jepsen, ZAW 79, 1967, 291f.; B. Lang, ThQ 161, 1981, 97–105; T. Veijola, ZAW 103, 1991, 1–17.

[20] Dtn 6,13; 10,20; 1 Sam 20,42; Jes 48,1; Jer 44,26; vgl. Gen 21,23; 1 Sam 30,15; Jes 65,16; Jer 12,16; ferner Jos 23,7.

[21] Vgl. etwa Jer 51,14; Am 6,8 mit Jer 44,26. T. Veijola (ZAW 103, 1991, 4ff.) weist außerdem auf eine ägyptische Inschrift aus der Zeit der 19. Dynastie hin, die die Ausdeutung des dritten Gebots auf das Verbot des Meineids unterstützt. Im Bittgebet eines gewissen Neferᶜabu heißt es:
„Ich bin der Mann, der falsch geschworen hat
bei Ptah, dem Herrn der Maat.
Er hat mich mit Finsternis geschlagen.
...
Hütet euch vor Ptah, dem Herrn der Maat,
denn er läßt niemandes Frevel (ungestraft).
Fürchtet euch, den Namen des Ptah
zu Unrecht auszusprechen,
denn wer ihn zu Unrecht ausspricht, der wird zuschanden."

[22] Vgl. F. Horst, Gottes Recht, 294f.; H. J. Boecker, Recht und Gesetz, 27.

[23] Vgl. H. Ch. Brichto, The Problem of "Curse", 40ff., bes. 59ff.; J. Scharbert, ThWAT I, 281.284.

behelf zur Sicherung von Eid" (Gen 24,41), „Vertrag (Gen 26,28; Ez 17,19), ... als Ordal-F[luch] (Num 5,21 ff. ...) wie als Rechtsrache gegen unbekannte Diebe, Meineidige und Mitwisser (Ri 17,2; Lev 5,1; Sach 5,3; Spr 29,24)" diente[24] und ebenfalls unter Anrufung Gottes bzw. seines Namens geschah.[25] So klagt Hosea die Bevölkerung des Nordreichs an:

„Fluchen und Betrügen
und Töten und Stehlen und Ehebrechen sind eingerissen,
und Bluttat reiht sich an Bluttat." (4,2)[26]

Die Verben „stehlen" *(gnb)* und „ehebrechen" *(n'p)*, erst recht der im Alten Testament eher seltene[27] Terminus „töten" *(rṣḥ)* erinnern an den Dekalog. Darum liegt es nahe, auch für den Doppelausdruck „Fluchen und Betrügen", den Vorwurf des unberechtigten Fluchs[28], eine Entsprechung im Zehnwort zu suchen. Da der Prophet den Mißbrauch des Fluches als Rechtsbehelf *('alah)* an anderer Stelle ausdrücklich als „nichtig, trügerisch, heuchlerisch" *(šw')* kennzeichnet (10,4), liegt das dritte Gebot nahe.

(4) Der Vergleich mit den Sachparallelen zeigt zweierlei[29]:

(a) Ein älteres Gebot, das dem Schutz des Nächsten vor falschem Schwur bzw. ungerechtfertigtem Fluch diente, wurde in einer neuen Formulierung theologisch zugespitzt. Aus einem ursprünglich ethischen Gebot entstand ein im engeren Sinne theologisches, das nicht mehr in die zweite, sondern in die erste Tafel des Dekalogs gehört. Dabei ist jedoch der Schutz des Mitmenschen nicht aufgegeben worden.

(b) Wiederum ist der Wortlaut des Gebots bewußt weit gefaßt worden, umschließt über Meineid und ungerechtfertigten Fluch hinaus gewiß noch andere Bereiche, in denen der Gottesname mißbraucht werden konnte[30], letztlich alle Versuche, ihn als Mittel menschlicher

[24] F. Horst, RGG³ V, 1651.

[25] Vgl. Num 5, 21 ff.; 1 Kön 8,31 f. = 2 Chr 6,22; Ez 17,19 und J. Scharbert, ThWAT I, 283.

[26] Vgl. auch Ez 17,13.16.18.19; Ps 10,7; 59,13; ferner Hi 31,29f.; auch Jer 4,2; 5,2.

[27] Siehe u. B VI.

[28] Vgl. T. Veijola, ZAW 103, 1991, 13 mit Anm. 60.

[29] Zum Folgenden vgl. W. H. Schmidt, VT.S 22, 1972, 205.

[30] Vgl. H. Schüngel-Straumann, Der Dekalog, 96f.; W. Zimmerli, Grundriß, 107f.; H.-J. Hermisson, ZThK 82, 1985, 136ff.; A. Meinhold, KuI 2, 1987, 159–161.

Selbstdurchsetzung zum Schaden des Nächsten zu gebrauchen.[31] Konkret mag man dabei an den Schutz vor Zauber und Magie[32] oder sog. falscher Prophetie[33] denken. Auch möglicher Mißbrauch im Rahmen des Kultus kommt in Frage.[34]

Soweit die Ausdeutung des Gebots auf Zauber und Magie in der Vermutung gründet, daß *šw'* ursprünglich „durch Zauber gewirktes Unheil" bezeichnet[35], muß zugestanden werden: Eindeutige Belege für diese Auffassung finden sich nicht.[36] Trotzdem bleibt das Gebot auch auf solche – in Israel verbotene[37] – Praktiken beziehbar; denn der Gottesname kann auch in Zauber und Magie eine Rolle spielen.[38]

(5) Das Verbot, Gottes Namen zu mißbrauchen, ergeht mit Begründung: „Jahwe wird den nicht ungestraft lassen, der seinen Namen zu nichtigem Zweck erhebt" (Ex 20,7b). Der Nachsatz schärft das Gebot ein, da er dessen Wortlaut wiederholt, und zeigt noch einmal, daß es nicht zufällig oder gar willkürlich in die erste Tafel eingereiht wurde. Auch das Verbot fremder Götter und das Bilderverbot sind – im Unterschied zu den Geboten der zweiten Tafel – mit einer (gemeinsamen) Begründung versehen (20,5b; vgl. V 11).

31 Vgl. F. Crüsemann, Bewahrung der Freiheit, 51f.

32 E. Nielsen, Die Zehn Gebote, 80; G. von Rad, ATD 8, ²1968, 42; A. Phillips, Ancient Israel's Criminal Law, 53–63, bes. 54; M. Noth, ATD 5, ⁵1973, 122; E. Jucci, BeO 20, 1978, 245ff.; Sch. Ben-Chorin, Die Tafeln des Bundes, 68; E. Otto, ZAW 98, 1986, 165.

33 Die Gesichte falscher Propheten können ausdrücklich als „trügerisch" *(šw')* bezeichnet werden (Ez 12,24; 13,6.8.9.23; 21,34; 22,28; Sach 10,2; Thr 2,14).

34 Vgl. H. Gese, ZThK 64, 1967, 133f. = Vom Sinai zum Zion, 75f.; F.-L. Hossfeld, Der Dekalog, 247. Kaum beweisbar dürfte dagegen die Auffassung W. E. Staples' sein, das dritte Gebot wende sich speziell gegen einen synkretistischen Kult, in dem der Jahwename kanaanäischen Fruchtbarkeitsgottheiten beigelegt wurde (JBL 58, 1939, 325–329). Die Wendung „den Namen erheben" bedeutet nicht „benennen" und *šw'* nicht „idol", „Götze".

35 S. Mowinckel, Psalmenstudien I, 1921, 50–57. Mowinckel hat seine Deutung später allerdings zurückgenommen (The Psalms in Israel's Worship II, 1962, 350). Zur Etymologie des Begriffs *šw'* vgl. zuletzt M. Görg, BN 16, 1981, 16f. Ihm zufolge handelt es sich um ein ägyptisches Lehnwort mit der Grundbedeutung „Leere".

36 Vgl. J.F.A. Sawyer, THAT II, 882f.

37 Ex 22,17; Dtn 18,10f.; 1 Sam 15,23; vgl. Jer 27,9; Mal 3,5.

38 Vgl. TUAT II/1–2. Angesichts der Verbote magischer Praktiken (s. Anm. 37) fällt es schwer, das Urteil nachzuvollziehen, daß die Magie „ein unleugbarer Bestandteil der Religion Israels (war)" (R. Albertz, Magie II: TRE 21, 1991, 691f.).

Die Wendung „er wird nicht ungestraft lassen" Ex 20,7b erinnert an 34,7. Ist die Begründung des dritten Gebots darum erst später zugesetzt worden?[39] Ähnliche Formulierungen finden sich bereits in der älteren Weisheit:

„Wer den Armen verspottet, verhöhnt dessen Schöpfer;
und wer sich über ‚sein' Unglück freut,
wird nicht ungestraft bleiben."
(Spr 17,5)

„Ein falscher Zeuge bleibt nicht ungestraft,
und wer Lügen ausspricht, wird nicht gerettet."
(19,5; vgl. 19,9; 6,29; 11,21; 16,5; 28,20)

Außerdem sind formale Gründe, die gegen die literarische Ursprünglichkeit des Nachsatzes sprechen, nicht erkennbar.[40] Allenfalls kann man überlegen, ob die Begründung wie beim ersten und zweiten Gebot überlieferungsgeschichtlich jünger ist. Die Frage ist im Rahmen des Alten Testaments kaum zu entscheiden, da wörtliche Parallelen zum dritten Gebot in älteren Reihen fehlen.[41]

20,7b ist keine Straffolgebestimmung, wie sie das kasuistische Recht oder etwa die Todesrechtssätze kennen. Erstens bleibt die Art der Sanktion offen, und zweitens ist es kein irdisches Gericht, sondern Gott selbst, der im Falle der Übertretung des Gebots strafend eingreift. So schärft die Begründung des Gebots ein: Wer Jahwes Namen mißbraucht, bietet Gott selbst als Richter gegen sich auf.[42]

(6) In späterer Zeit faßte man das dritte Gebot schärfer auf, letztlich so streng, daß man den Gebrauch des Gottesnamens überhaupt zu meiden suchte. Deshalb kann „Himmel" zur Bezeichnung Gottes werden (Dan 4,23 u. a.), oder der Eigenname wird durch den Titel „Herr" (*Adonaj*, griechisch: *Kyrios*) bzw. durch den Begriff „der Name" (Lev 24,11 u. a.) ersetzt. Einmal begegnet sogar die eigentümliche Wendung „der andere Ort" (Est 4,14) anstelle des Gottesnamens.[43]

In manchen Büchern – Ester, Qohelet und Hohemlied – oder den Reden Hiobs findet sich der Gottesname nicht ein Mal; im sog.

[39] Vgl. H. Schmidt, FS H. Gunkel, 79; E. Nielsen, Die Zehn Gebote, 79f.; M. Noth, ATD 5, [5]1973, 122; H. Schüngel-Straumann, Der Dekalog, 93; A. Lemaire, AOAT 212, 275 u. a.

[40] Vgl. F.-L. Hossfeld, Der Dekalog, 244.

[41] Das Gebet Nefer[c]abus (s. o. Anm. 20) spricht eher für die Einheit von Gebot und Begründung. Die Warnung, sich vor Ptah zu hüten bzw. seinen Namen zu mißbrauchen, ist ebenfalls mit einer Begründung verbunden.

[42] Vgl. 1 Kön 8,31; Sach 5,3; Mal 3,5; Ps 59,13.

[43] Vgl. E. Jenni, THAT I, 707.114.

elohistischen Psalter (Ps 42–83) wurde er konsequent durch „Gott" *(Elohim)* ausgetauscht.

Dieses Verständnis geht über die Intention des Gebots hinaus. Sie wirkt eher in der Erwartung nach, daß Gottes Name in der Heilszeit geheiligt werden wird; denn die Heiligung des Namens ist gleichsam die Erfüllung der positiven Fassung des Gebots.

„Denn wenn er (Jakob), 'das Werk meiner Hände in seiner Mitte sieht,
werden sie meinen Namen heiligen
und den Heiligen Jakobs heilig halten
und den Gott Israels scheuen."
(Jes 29,23; vgl. Lev 22,32)

Führt von dieser Erwartung aus nicht ein Weg zu der Bitte des Vaterunsers: „Dein Name werde geheiligt" (Mt 6,9)?[44]

[44] O. Kaiser, ATD 18, ^{2}1973, 221; vgl. H. Wildberger, BK X/3, 1983, 1145f.; U. Luz, EKK I/1, 1985, 343f.

IV. DAS VIERTE (DRITTE) GEBOT

„Den Sabbat heiligen"

(1) Der regelmäßige, alle sechs Tage wiederkehrende Wechsel von Arbeit und Ruhe scheint das Leben in Israel seit früher Zeit geprägt zu haben. Bereits der sog. kultische Dekalog und das Bundesbuch gebieten in nahezu gleichlautender Formulierung:

> „Sechs Tage sollst du arbeiten (dein Werk tun),
> aber am siebten Tag sollst du aufhören/ruhen."[1]

Allerdings findet sich nirgends eine historisch verwertbare Angabe über Entstehung und Herkunft dieser sozialen Regelung. So hat man nach außerisraelitischen Vorbildern gesucht.[2]

a) Babylonische Kalender kennen zwar den 7., 14., 21. und 28. Tag des Monats als unheilsträchtige Tage, an denen dem König, dem Priester, dem Seher und dem Arzt bestimmte Verrichtungen untersagt sind. Die Zahl dieser Tage wechselt jedoch im Laufe der Geschichte. So wird zuweilen auch der 19. Tag genannt. Außerdem scheint man nicht immer jedem Monat solche Tabu-Tage zugeschrieben zu haben. Vor allem sind sie nicht durch völlige und für jedermann geltende Arbeitsruhe geprägt.[3]

b) Aus Mesopotamien und Ugarit sind Zahlensprüche belegt, die einen Geschehensablauf oder eine Handlung jeweils sechs Tage währen lassen, um am siebten Tag als dem Höhepunkt und der Wende (ähnlich Jos 6) das Ganze zu beenden.[4] Die Siebenzahl will in solchen Fällen wohl nur eine kleine runde Frist umschreiben, kaum das einmalige Er-

[1] Ex 34,21; 23,12. Beide Gebote stammen kaum erst von dtr Hand (Chr. Levin, Der Sturz der Königin Atalja, 41), sondern reichen in frühe Zeit zurück. Dabei dürfte Ex 34,21 noch einmal älter als Ex 23,12 sein. Vgl. L. Schwienhorst-Schönberger, Bundesbuch, 390 mit Anm. 3.

[2] Vgl. die Übersichten bei J. J. Stamm, Der Dekalog, 47ff.; J. Botterweck, ThQ 134, 1954, 134ff. 448ff.; H.-J. Kraus, Gottesdienst in Israel, 100ff.; N.-E. Andreasen, Sabbath, 1ff.; G. Robinson, Origin, 11ff.; J. Briends, DBS 10, 1985, 1135ff.

[3] G. Robinson, Origin, 208ff.

[4] Vgl. N. Negretti, Il Settimo giorno, 1973.

eignis genau festlegen. Jedenfalls erklärt sich die regelmäßige Wiederkehr der Woche durch solche Zahlensprüche nicht.

c) Fast überall in der Welt sind bestimmte Tage für gewisse Arbeiten wie auch Tage ohne Arbeit bekannt. So gibt es etwa bei den Römern feste Markttage als Ruhetage.[5] Da sie aber nicht im Siebenerrhythmus stattfinden, auch in Israels unmittelbarer Umwelt nicht belegt sind, scheiden sie als Ursprung des Sabbats aus.

d) Fragwürdig ist schließlich die Ableitung der das ganze Jahr durchlaufenden Woche von der siebentägigen Festwoche des Mazzen- oder Laubhüttenfestes.[6] Diese Deutung muß hinsichtlich Ursprung, Gestalt und Gehalt der Feste zu viele unsichere Annahmen machen; umstritten ist vor allem, ob ihre siebentägige Dauer in Israel überhaupt in alte Zeit zurückgeht.

So liegt trotz mannigfacher Untersuchungen die Herkunft der Woche mit dem abschließenden Ruhetag bisher im Dunkeln. Sollte er einen Vorläufer gehabt haben, den Israel übernahm oder abwandelte, ist er noch nicht sicher ermittelt. Es gibt keinen wirklich triftigen Grund für die Annahme, dieser Ruhetag sei zusammen mit dem Jahwenamen von anderen Stämmen, den Kenitern oder Midianitern, entlehnt.[7] Auch aus der nomadischen Umwelt sind keine einschlägigen Zeugnisse erhalten. Allerdings dehnt das Gebot Ex 34,21 die Ruhe ausdrücklich auf die Hauptarbeitszeit des Bauern, Saat und Ernte, aus:

„(auch) beim Pflügen und bei der Ernte sollst du ruhen.“

Wird es damit „in das Leben des fest angesessenen Kulturlandbewohners eingeführt“[8], reicht also in nomadische Zeit zurück? An-

[5] E. Jenni, Begründung, 12f.

[6] Die „Wochenfolge (ist) von dem anläßlich der beiden Hauptfeste im Frühjahr und Herbst fixierten Urmodell der Festwochen abhängig“. H.-J. Kraus, Gottesdienst in Israel, 102–104. Die „Entwicklung des Mazzotfestes in Kanaan – und zwar sowohl hinsichtlich seiner Begründung wie auch seines Verlaufes – hat ... in Israel die neue Zeiteinheit der Woche hervorgebracht“. E. Haag, Vom Sabbat zum Sonntag, 18–23, bes. 22.

[7] So B. D. Eerdmans, FS K. Marti, 79ff.; aufgenommen von L. Koehler, ThR 1, 1929, 181; K. Budde, JThs 30, 1929, 1ff.; H. H. Rowley, Men of God, 114f. Die Annahme stützt sich einerseits auf das Verbot des Feueranzündens (Ex 35,3) bzw. des (Feuer-)Holzsammelns (Num 15,32), andererseits auf die Annahme, daß der Name Kains, des Stammvaters der Keniter, „Schmied“ bedeutet. Ex 35,3 und Num 15,32 begegnen jedoch erst in späteren, priesterschriftlichen Schichten. Ob „Kain“ mit „Schmied“ zu übersetzen ist, bleibt unsicher (vgl. C. Westermann, BK I/1, [3]1983, 394).

[8] M. Noth, ATD 5, [6]1978, 217.

scheinend ist die regelmäßige Wiederkehr von sechs Tagen Arbeit und einem Tag Ruhe eben eine israelitische Eigenart. Man hat sogar vermutet, Israel habe diesen Wechsel der Natur abgelauscht.[9]

(2) Die Arbeitsruhe ist Kennzeichen des Sabbats. So erläutert der Dekalog das Gebot, an den Sabbat zu denken (Ex 20, 8) bzw. ihn zu halten (Dtn 5, 12), durch das Verbot jeglicher Arbeit (20, 10b bzw. 5, 14b) und bestimmt den siebten Tag der Woche ausdrücklich als „einen Sabbat für Jahwe“ (20, 9. 10a bzw. 5, 13. 14a).[10]

Dabei scheint das dekalogische Sabbatgebot in Ex 20, 9//Dtn 5, 13 Ex 34, 21 aufzunehmen, in Ex 20, 10b//Dtn 5, 14b dagegen Ex 23, 12.[11]

Warum bedarf es aber einer solch ausführlichen Erläuterung? Verbindet der Dekalog mit dem Sabbat und der Arbeitsruhe zwei Institutionen, die ursprünglich nichts miteinander zu tun hatten? So hat man die Struktur des vierten Gebots als Hinweis gewertet, daß der Sabbat erst mit dem Dekalog seinen uns gewohnten Inhalt erhielt[12], dagegen in älterer Zeit der Vollmondtag war.[13]

Tatsächlich wird der Sabbat bei den vorexilischen Propheten mehrmals neben dem Neumond genannt.[14] Außerdem scheint das Nomen *šbt* auf akkadisch *šap/battu*, die Bezeichnung des Vollmondtages, zurückzugehen.[15]

[9] Die Woche läßt sich allerdings nicht vom Mondumlauf ableiten. Da er mit 29½ Tagen erheblich von 28 Tagen abweicht, müßte die Woche ständig korrigiert werden, so daß die Abfolge von sechs Arbeitstagen und einem Ruhetag zerstört würde.

[10] Die alte Streitfrage, ob *zkr* (Chr. Levin, VT 35, 1985, 172 f.) oder *šmr* (F.-L. Hossfeld, Der Dekalog, 42) die ältere Formulierung ist, läßt sich kaum entscheiden. „Gedenken“ entspricht dem Sprachgebrauch der Priesterschrift, „halten“ ist für dtr Kreise typisch.

[11] F.-L. Hossfeld, Der Dekalog, 248. Die Beziehung zu Ex 34, 21 sehen auch Chr. Levin, VT 35, 1985, 95; E. Haag, Vom Sabbat zum Sonntag, 47.

[12] F.-L. Hossfeld, Der Dekalog, 38 mit Anm. 73. 251 f.; Vom Sinai zum Horeb, 92–97; Chr. Levin, Der Sturz der Königin Atalja, 39–42; VT 35, 1985, 172 f.; vgl. auch R. Bartelmus, BN 41, 1988, 51 f.

[13] J. Meinhold, Sabbat und Woche, 1905; ZAW 29, 1909, 81 ff.; A. Lemaire, RB 80, 1973, 161 ff.; G. Robinson, Origin, 1975; K. Koch, Reclams Bibellexikon, ⁴1987, 431 f.; J. Briends, DBS 10, 1985, 1132 ff.; T. Veijola, FS O. Kaiser, 246 ff. Vgl. auch N.H. Snaith, The Jewish New Year Festival, 81 f., der den Sabbat mit dem Neumond gleichsetzt.

[14] Hos 2, 13; Am 8, 5; Jes 1, 13; vgl. 2 Kön 4, 23.

[15] G. Robinson, Origin, 6–11; vgl. J. Briends, DBS 10, 1985, 1133 ff.

Vermutlich besteht kein Zusammenhang zwischen dem Nomen *šbt* und der Wurzel *šbt* „mit etwas zu Ende kommen, aufhören“. Man hat zwar versucht, das Substantiv vom Verbum abzuleiten[16] oder umgekehrt das Verbum auf das Nomen zurückzuführen,[17] doch bleiben dabei zwei Besonderheiten des Substantivs unerklärt: die Verdoppelung des mittleren Radikals – das Verb *šbt* begegnet nie im Intensivstamm – sowie des Schlußradikals, wenn ein Suffix hinzutritt.

Die Vermutung, der Sabbat sei ursprünglich der Vollmondtag gewesen, ist jedoch wenig wahrscheinlich.

a) Anders als der babylonische šap/battu war in Israel schon in vorexilischer Zeit der Sabbat, ob nun Vollmondtag oder nicht, ein Ruhetag.[18] Nach Am 8,5 war der Handel verboten.[19] Die überraschte Frage des Ehemanns der Schunemiterin

„Warum gehst du gerade heute zu ihm (Elija), wo weder Neumond noch Sabbat ist“ (2 Kön 4,23)

verrät, daß man am Sabbat Gelegenheit hatte, den Gottesmann aufzusuchen – weil eben die Arbeit ruhte.[20]

[16] E. Kutsch, RGG^3 V, 1259; J. Botterweck, ThQ 134, 1954, 451.456f.; vgl. zuletzt E. Haag, Vom Sabbat zum Sonntag, 41f.

[17] R. North, Bibl 36, 1955, 182ff.; vgl. N.-E. Andreasen, Sabbath, 107.

[18] Dies gesteht auch J. Meinhold (Sabbat und Woche, 8) zu.

[19] Wer den Sabbat in vorexilischer Zeit nicht als Ruhetag versteht, muß jedenfalls für den Handel eine Ausnahme bzw. Einschränkung machen. Auch T. Veijola läßt Am 8,5a als Beleg für den Wochensabbat gelten, scheidet den Halbvers jedoch zusammen mit V 6b aus und datiert ihn in das Jahrhundert nach Nehemia (FS O. Kaiser, 252–255). Die Gründe für die Ausscheidung der beiden Halbverse sind jedoch wenig überzeugend. Allerdings kann man fragen, ob das Gerichtswort 8,4–7 – nach 2,6ff. – auf den Propheten oder einen Schülerkreis zurückgeht. Der Text stammt jedoch kaum erst aus exilischer oder gar nachexilischer Zeit. Vgl. H. W. Wolff, BK XIV/2, ^{2}1975, 372ff.; J. Jeremias, in: Text, Methode und Grammatik, FS W. Richter, 1991, 205–220, bes. 218f.; H. Gese, Am 8,4–8. Der kosmische Frevel händlerischer Habgier: Prophet und Prophetenbuch, FS O. Kaiser, BZAW 185, 1989, 59–72.

[20] Nach T. Veijola belegt 2 Kön 4,23, daß es üblich war, „gerade am Neumond oder Sabbat das Orakel bei einem Gottesmann einzuholen, weil man offenbar glaubte, daß die Gottheit zur Zeit dieser Mondphasen besonders nahe und aufmerksam war“ (FS O. Kaiser, 250), und verweist zur Begründung auf Jes 47,13: „Es sollen doch auftreten und dir helfen, ... die Sternengucker, die Neumond für Neumond kundtun, ‘was über dich kommen wird’.“ Dieser Text nennt jedoch den Sabbat gerade nicht! Vgl. auch K. Grünwaldt, Exil, 125 mit Anm. 20. Daß Reisen bereits in früher Zeit unter das Arbeitsverbot fiel, muß man nicht annehmen.

Muß man nicht auch zwischen Etymologie[21] und Verwendung eines Wortes unterscheiden? Es ist schwer vorstellbar, daß man in vorexilischer Zeit einen Sabbat als Ruhetag beging, ohne dabei an das gleichlautende Verbum *šbt* zu denken, das das Gebot der Arbeitsruhe am siebten Tag prägt, wie auch umgekehrt, daß ein regelmäßiger Tag des „Ruhens“ *(šbt)* eingehalten wurde, ohne daß das Wort „Sabbat“ assoziiert wurde. Bereits der Prophet Hosea spielt mit dem Gleichklang beider Wörter:

„Ich will ein Ende machen *(šbt)* mit all ihrer Freude,
ihren Festen, Neumonden und Sabbaten
und ihren Festversammlungen.“ (2,13)

Außerdem würde in älterer Zeit ein Name für den wöchentlich wiederkehrenden Ruhetag fehlen, während für den Vollmondtag gleich zwei Bezeichnungen zur Verfügung standen, *šabbat* und *kæsæ'*[22].

b) Die Zusammenstellung mit dem Neumondtag sagt über den Inhalt des Sabbats insofern wenig aus, als sie sich auch in Texten aus exilischer und nachexilischer Zeit[23] findet; in ihr war der Sabbat mit Sicherheit wöchentlicher Ruhetag. Wahrscheinlich ist das Nebeneinander von Neumond und Sabbat durch bestimmte Gemeinsamkeiten veranlaßt. Auch am Neumond ruht die Arbeit:

„Höret dies ...,
die ihr sagt:
Wann ist der Neumond vorüber,
daß wir Getreide verkaufen können,
und der Sabbat,
daß wir Korn anbieten können“.
(Am 8,5)

Weil beide Tage im Unterschied zu den Jahresfesten in kürzeren Abständen wiederkehren, können sie nebeneinander gestellt werden.

[21] Auch bei einem etymologischen Zusammenhang zwischen akkadisch *šap/battu* und hebräisch *šabbat* bleibt die Verdoppelung des mittleren Konsonanten schwer erklärbar. Ist die Gemination durch den Wegfall des auslautenden zweiten *t* oder durch den kurzen Vokal in der ersten Silbe bedingt (J. Barth, Die Nominalbildung in den semitischen Sprachen, 1894, 24; vgl. auch BL 476 No. 2)?

[22] Spr 7,20; Ps 81,4. Vgl. E. Haag, Vom Sabbat zum Sonntag, 39.

[23] Ez 45,17; 46,1.3; Jes 66,23. „Sollte bei dieser ... gleichen Aufzählung ... *šabbat* bei Hosea den Vollmond, bei Ezechiel den Sabbat meinen?“ E. Kutsch, BZAW 168, 1986, 72. Vgl. auch 1 Chr 23,31; 2 Chr 2,3; 8,13; 31,3; Neh 10,34; ferner Jud 8,6; Kol 2,16. Dieses Phänomen läßt sich „als Einfluß der Tradition“ (T. Veijola, FS O. Kaiser, 245f.) kaum hinreichend erklären.

c) Texte aus exilischer oder frühnachexilischer Zeit wie Jer 17, 19 ff.[24] lassen nicht erkennen, daß der Sabbat als Tag allgemeiner Arbeitsruhe als Neuerung empfunden wurde:

„Hütet euch und tragt keine Last am Sabbattag durch die Tore Jerusalems und tragt keine Last am Sabbattag aus euren Häusern und tut keine Arbeit, sondern heiligt den Sabbattag, wie ich euren Vätern geboten habe.“ (V 21 f.)

Nach Lev 23, 15 f. beträgt der Zeitraum zwischen der Darbringung der Erstgabe der Schnitternte und der Darbringung der Erstlinge der Weizenernte „sieben volle Sabbate“ oder 50 Tage. Sollte diese Bestimmung aus vorexilischer Zeit stammen, wäre sogar ein Beleg gegeben, daß der Sabbat bereits in dieser Zeit mit der Woche verbunden war.[25]

(3) Das vierte Gebot möchte dem Sabbat kaum einen neuen Inhalt geben; vielmehr deutet es ihn theologisch, nämlich als einen Ruhetag „für Jahwe“, der zu „heiligen“ ist.[26] Der Sabbat gilt nun – wie die Feste[27] – als eine Zeit, die auf Gott bezogen und ihm gewidmet ist, weil sie ihm gehört. Damit wird die Einhaltung der Arbeitsruhe zu einem Bekenntnis. Außerdem eröffnet die allgemeine Formulierung „Denke an“ bzw. „Halte den Sabbat“ die Möglichkeit, den Ruhetag gottesdienstlich zu begehen, so zu „heiligen“.

Diese Ausweitung des älteren Arbeitsruhegebots ist kaum völlig neu, sondern nimmt die vorexilische Entwicklung im Verständnis des Sabbats auf.

Ursprünglich war der Sabbat keine kultische Einrichtung. Das Gebot, am siebten Tag die Arbeit zu unterbrechen, richtet sich nicht auf die Beachtung von kultischen Zeiten an bestimmten Orten, sondern gilt auch außerhalb des Wallfahrtsbezirks für den Alltag. Die Ruhe am siebten Tag bedarf weder eines Priesters, noch ist ein Altar nötig.

[24] J. Briend (Le sabbat en Jr 17, 19–27: FS M. Delcor, AOAT 215, 1985, 23–25) und T. Veijola (FS O. Kaiser, 255–258) datieren den Text wegen seiner Berührungen mit Neh 13, 15–22 in das späte 5. oder frühe 4. Jahrhundert. Jer 17 setzt jedoch mit V 25–27 exilische, allenfalls noch frühnachexilische Verhältnisse voraus: „Das normale Alltagsleben existiert nicht mehr, Königshof und königliche Beamte sind nicht mehr am Ort, die Stadt ist nicht mehr in der hergebrachten Weise bewohnt“, „der regelmäßige Opferkult (ist) zum Erliegen gekommen“. W. Thiel, Die deuteronomistische Redaktion von Jeremia 1–25: WMANT 41, 1973, 205. Fällt darum die umgekehrte Annahme, daß Neh 13, 15–22 von Jer 17, 19–27 abhängig ist, nicht leichter?

[25] E. Kutsch, BZAW 168, 1986, 71–77.

[26] Vgl. W.H. Schmidt, VT.S 22, 1972, 209.

[27] Lev 23, 6. 28. 34. 40; vgl. im Blick auf die Opfer 23, 25 ff.

Schon früh scheint man den Sabbat jedoch mit einem Kult verbunden zu haben. Bereits Hosea stellt (in der 2. Hälfte des 8. Jahrhunderts) den Sabbat mit den Festen und Festversammlungen zusammen.[28] Nach der Zerstörung Jerusalems klagt man:

„Er ...
zerstörte seinen Festort.
Vergessen ließ Jahwe in Zion
Festtag und Sabbat".[29]

Diese Verbindung von Sabbat und Kult nimmt der Dekalog auf und verankert sie im Gebot, gibt jedoch im Blick auf die Situation im Exil – dem älteren Verständnis des Sabbats den Vorrang. Dem Wortlaut des Gebots nach: Die Einhaltung der Arbeitsruhe ist nötig, eine gottesdienstliche Begehung bleibt möglich. Darum können in nachexilischer Zeit (wieder) Opfer für den Sabbat vorgeschrieben werden.[30]

Auffälligerweise fehlt in der Aufzählung der von der Arbeitsruhe Betroffenen (Ex 20,10/Dtn 5,14) die Frau. Wird sie *„nicht als Arbeitskraft im Dienst der Familie betrachtet"*?[31] Daß jede israelitische Familie *„groß und reich genug"* war, „um die Frau und Mutter von der Eingliederung in den Arbeitsprozeß zu dispensieren"[32], wird man kaum annehmen dürfen. Wird die Frau nicht genannt, weil sie – trotz maskuliner Verbformen und Suffixe – angeredet ist?[33] Diese Annahme könnte erklären, warum am Beginn des Gebots ein Infinitivus absolutus den Imperativ vertritt: Diese Form ist hinsichtlich des Genus nicht festgelegt.

Entsprechend der Ruhe an jedem siebten Tag kannte Israel zumindest als Forderung eine Ruhe in jedem siebten Jahr (Ex 23,10f.; vgl. Neh 10,32). Auch

[28] Hos 2,13; vgl. Jes 1,13; ferner die Erwähnung einer Sabbathalle am Tempel 2 Kön 16,18.

[29] Klgl 2,6. „Der Sabbat ... ist für die vorexilische Zeit als gottesdienstlich begangener Festtag bezeugt ... Die Zerstörung des Heiligtums hat diese Art der Sabbatfeier beendet." So H. J. Boecker, ZBK 21, 1985, 47.

[30] Ez 46,4f.; Num 28,9f.; Neh 10,32; vgl. die Aufnahme des Sabbats in den Festkalender Lev 23,3. Arbeitsruhe und festliche Begehung des Sabbats schließen sich also nicht aus, vielmehr ermöglicht das eine das andere. Darum leuchtet die Gegenüberstellung K. Grünwaldts (Exil, 130) nicht ein: „Wer schon in vorexilischer Zeit den Sabbat mit dem Ruhetag am siebten Tag gleichsetzt, muß diese Diskrepanz erklären": „hier der ... Ruhetag für Mensch und Tier, dort das ausgelassene freudige Opferfest".

[31] A. Schenker, OBO 103, 1991, 196.

[32] Ebenda.

[33] Vgl. G. Braulik, FS G. Sauer, 1992, 23f. mit Anm. 26.

für diese Einrichtung des Sabbatjahrs ist weder aus der Nomadenzeit noch aus dem Kulturland eine wirkliche Parallele, aus der man Israels Übung herleiten könnte, bekannt. Nach sechs Jahren Säen und Ernten soll das gesamte Ackerland im siebten Jahr unbestellt und sich selbst überlassen bleiben. Dabei ist zunächst kaum an eine Steigerung der menschlichen Nutzung – eine Brache zur Erholung des Ackers – oder an ihren Ausschluß – Verzicht auf Gewinn – gedacht. Wie aber die Arbeitsruhe als heiliger Tag „für Jahwe“ gedeutet wird, so wird auch das Erlaßjahr (Lev 25,2.4) als Proklamation verstanden, „das Obereigentum Gottes an dem Grund und Boden anzuerkennen, den er den Stämmen aus freiem Willen zu Lehen gab“[34].

In Lev 25 ist mit dem Sabbatjahr das Jobeljahr (Luther: Halljahr) verbunden, das jeweils nach sieben Jahrwochen, in jedem 49. bzw. 50. Jahr, ausgerufen werden soll. In ihm sollen verkaufter Haus- und Grundbesitz erstattet und der Schuldsklave freigelassen werden.[35]

(4) Wie das zweite Gebot ursprünglich keinen Grund für das Verbot einer Abbildung Gottes angibt, so ergeht auch die Forderung nach einer Arbeitsunterbrechung zunächst ohne Begründung. Darum darf man wohl auch nicht nach einem Motiv suchen, wenn man nicht spätere Überlegungen eintragen will. Vielleicht darf man die Arbeitsenthaltung nicht einmal von vornherein als Ausschluß dieses Tages von jeder menschlichen Nutznießung verstehen. Die aus der Religionsgeschichte vertrauten vielfältigen Tabus haben nicht in der Ablehnung eines Utilitätsstrebens ihren Grund; sie gelten als solche und bleiben darum in veränderter Situation erhalten. „‚Du sollst‘ – was man soll, ist eine zweite Frage; warum man soll, ist gar keine Frage.“[36]

Wie im Falle des Bilderverbots[37] bietet erst der Dekalog eine Begründung. Sie fällt allerdings in beiden Fassungen verschieden aus.

Das Deuteronomium (5,14f.), das dem gesamten Gottesvolk die „Ruhe“ erhalten oder wiedergewinnen möchte, sieht im Sabbat eine soziale Maßnahme. Der Ruhetag steht allem, was zur Familie gehört, auch dem Sklaven oder gar den Haustieren, zu: „Denke daran, daß du Sklave warst im Lande Ägypten!“ Wie die Jahresfeste historisch verankert werden, so wird hier der Sabbat auf den Exodus, die Befreiung von der Sklavenschaft, bezogen. Entsprechend soll das Sabbatjahr den Armen und Schuldnern des Volkes zugute kommen (Ex 23,10ff.; Dtn 15).

[34] A. Alt, KS I, 151.
[35] Vgl. ältere Regelungen Ex 21,2; Dtn 15; Jer 32; 34; Rut 4.
[36] G.v.d. Leeuw, Phänomenologie der Religion, ^{2}1956, 34f.
[37] Siehe o. B II.

Die andere Begründung des Sabbatgebots (Ex 20, 11; 31, 17) nimmt die Aussage von Gottes Ruhe nach der Schöpfung auf: „denn in sechs Tagen hat Jahwe den Himmel und die Erde, das Meer und alles, was in ihnen ist, gemacht, aber am siebten Tage geruht".[38] Schon die Schöpfungsgeschichte, nach der Gott den siebten Tag segnet (Gen 2, 2f. P), sucht ja die Sabbatheiligung zu motivieren. Gewiß, der Name „Sabbat" fällt nicht, erst recht fehlt eine Anordnung für diesen Tag. Von einer göttlichen „Schöpfungsordnung" des Wechsels von Arbeit und Ruhe kann also keine Rede sein. Die Ruhe bleibt vielmehr wie die Schöpfung allein Gottes Tat, die höchstens vorbildhaft vorwegnimmt, was der Mensch später (vgl. Ex 16; 31, 12ff.) nachvollzieht.

Wie kommt es zu dieser im Alten Testament ungewöhnlichen „Begründung" des Sabbats durch die Schöpfung statt wie bisher durch die Geschichte? Die Änderung wird aus der Zeit verständlich, in der die Priesterschrift entstand: Das Exil hat den uralten Verheißungen auf Landbesitz, dem Tempel und dem Davidsbund ein Ende gesetzt, so daß auf ein Geschichtsereignis kein Gebot mehr bezogen werden kann. Darum wird nicht mehr auf ein partikulares Einzelgeschehen, sondern auf die Weltgeschichte am Anfang zurückgegriffen.

Paßt die Begründung Ex 20, 11 mit ihrem Rückgriff auf Gen 2, 2f. nicht besser zum Charakter des Ruhetags als eines „Sabbats für Jahwe" als die soziale Motivierung Dtn 5, 14bβ. 15?[39] Ex 20, 11 könnte trotzdem die jüngere Begründung sein, da sie bereits die Grundschicht der Priesterschrift (P^G) voraussetzt.[40] Jedoch hat kaum eine Begründung die andere verdrängt.[41] Das abschließende „darum" *(ʿl kn)* Ex 20, 11b stellt kaum eine Anleihe an Dtn 5, 15b

[38] Trotz gewisser Abweichungen dürfte Ex 20, 11 unmittelbar-literarisch von Gen 2, 2f. abhängig sein, da die Gemeinsamkeiten überwiegen. Vgl. J. J. Stamm, Der Dekalog, 9; W. H. Schmidt, VT.S 22, 1972, 201, Anm. 1; F.-L. Hossfeld, Der Dekalog, 49–53 u. a.; anders H. Schüngel-Straumann, Der Dekalog, 78; N.-E. Andreasen, Sabbath, 198.

[39] Vgl. J. Meinhold, Sabbat und Woche, 41: Die „echtdeuteronomische (sic) Begründung ... paßt schlecht genug zu dem Gebot selbst, das den Sabbat doch als ‚Tag des Herrn' ... bezeichnet".

[40] K. Koch, Formgeschichte, 58; H. J. Boecker, Altes Testament, 209. Stammt Dtn 15, 14bβ. 15 noch aus exilischer, Ex 20, 11 dagegen erst aus nachexilischer Zeit? Nach K. Grünwaldt ist auch „für die Fassung des Sabbatgebotes im Dtn ... diese (sc die nachexilische) Zeit ernsthaft in Erwägung zu ziehen" (Exil, 132).

[41] H. Schüngel-Straumann, Der Dekalog, 78 mit Anm. 156; F.-L. Hossfeld, Der Dekalog, 39f.; aufgenommen von E. Haag, Vom Sabbat zum Sonntag, 43ff.

dar. Die Präposition erklärt sich textintern. Sie ist nach der Aussage, daß Jahwe am siebten Tag ruhte, notwendig, um Ex 20,11b/Gen 2,3 in die Begründung einzufügen.[42] Eher zeigt die Variabilität beider Begründungen, daß sie dem Gebot erst nachträglich beigegeben wurden, also in beiden Fällen sekundär sind.

(5) Das Exil brachte für das Verständnis des Sabbats eine entscheidende Wende: Da den Deportierten der Opferkult in der Fremde unmöglich war, gewannen die Bräuche des Jahweglaubens, die auch fern vom Tempel geübt werden konnten, erhöhte Bedeutung.[43] So wurde die Sabbatheiligung in den Rang eines Bekenntnismerkmals erhoben. Wie die Beschneidung (Gen 17,10–13 P), so erscheint auch der Sabbat als „ewiger Bund“, d. h. Gottes stets gültige Zusage und Verpflichtung, und als „Zeichen“, das die Zusammengehörigkeit von Gott und Volk erkennen läßt und zugleich vergewissert (Ex 31,13–17; Ez 20,12.20). Dieser zunehmenden Bedeutung des Sabbatgebotes entspricht im weiteren Verlauf der Geschichte eine Verschärfung der Forderung. Schon nach dem bitteren Zitat von Am 8,5 schließt die Arbeitsunterbrechung auch den Handel in sich; erst ein in priesterschriftlichen Schichten bezeugtes Gebot verbietet das Feueranzünden (Ex 35,3) und Holzsammeln (Num 15,32).

Die Spätzeit wacht über der immer genaueren und strengeren Durchführung der Sabbatruhe.[44] Dagegen schärft die christliche Gemeinde ein:

[42] Vgl. A. Graupner, ZAW 99, 1987, 316. Daß die Exodusfassung in der Begründung die Apposition „dein Gott“ nicht wiederholt, erklärt sich aus dem Wechsel vom anredenden Gebotsstil zum unpersönlich berichtenden Stil der Vorlage Gen 2,2f. Zum Überschuß der Deuteronomiumfassung im Kern des Gebots („wie Jahwe, dein Gott, dir befohlen hat“ 5,12b) und in der Aufzählung der von der Arbeitsruhe Betroffenen („Rind und Esel“ 5,14b) vgl. o. A III 3.

[43] Nach N. Lohfink (SBAB 8, 1990, 193–209, bes. 202f.) wird das Sabbatgebot in Dtn 5 durch die Komposition sogar zum „Hauptgebot“ erhoben. Die Bearbeiter betonen das Sabbatgebot als Mitte des Dekalogs, indem sie das sechste bis zehnte Gebot durch „und“ zu einem „Block“ verbinden und damit ein Gegengewicht zur umfangreichen Einheit von erstem und zweitem Gebot schaffen. Ist diese „Zentralstellung“ des Sabbatgebots aber sinnfällig?

[44] Ex 31,14f.; Lev 23,3; Num 15,32ff.; Jer 17,21ff.; Jes 56,2.6; 58,13f.; Neh 13,15ff. Das „Sabbatgebot wurde immer mehr zu einem Zentralgebot des Gesetzes ... Um der Sabbatheiligung willen ließ man sich z. B. am Anfang der Makkabäerkriege ohne Gegenwehr von Feinden niedermachen (1. Makk. 2,32ff.). Nach j Ber. 3c,13f. (Billerbeck I, 905) wiegt das Sabbatgebot so schwer wie alle anderen Gebote zusammen“. W. Schrage, Ethik des Neuen Testaments: GNT 4, 1982, 40. So kann in pharisäischen Kreisen die Erwartung herrschen: „Wenn Israel zwei Sabbate hielte, wie es sich gebührt, so würde es sofort erlöst“ (bSchab 118 bBar).

„Der Sabbat ist um des Menschen willen da,
nicht aber der Mensch um des Sabbats willen“
(Mk 2, 27)

und bringt damit die soziale Begründung des Sabbatgebots (Dtn 5, 14bβ. 15; Ex 20, 10) zur Geltung.[45]

Die Kirche überträgt das Sabbatgebot im Laufe der Zeit auf den Sonntag.[46]

[45] „Die Feststellung, der Sabbat sei um des Menschen willen da, greift auf den sozialen Sinn des at Sabbatgebotes zurück“; der „Grundsatz (ist) nicht spezifisch christlich ...; er wird schon im AT geübt“. W. Schmithals, ÖTK 2/1, 1979, 185. 188. Vgl. J. Gnilka, EKK II/1, 1978, 122 ff. Allerdings weiß auch eine liberalere Strömung im pharisäischen Judentum: Wenn es um die Rettung eines Menschenlebens geht, gilt: „Euch ist der Sabbat übergeben, und nicht seid ihr dem Sabbat übergeben“ (Mekh Ex 31, 13 109b; Billerbeck II 5).

[46] Vgl. etwa W. Nagel, Geschichte des christlichen Gottesdienstes, ^{2}1970, 231 ff.

DIE SOGENANNTE ZWEITE, ETHISCHE TAFEL

Ihrer Absicht nach will auch die sog. zweite, ethische Tafel der Zehn Gebote[1] nicht, jedenfalls nicht ausdrücklich, nicht unmittelbar und nicht eigentlich, Werte wahren oder Normen vorschreiben, sondern ist ebenfalls schlicht auf Schutz bedacht – nämlich auf den Schutz des „Nächsten"[2].

Er soll etwa in bezug auf sein Leben, seine Freiheit, seine Ehe sowie sein Eigentum fremdem Zugriff entzogen werden. Diese Zielsetzung tritt auffällig gerade bei den Geboten hervor, bei denen das landläufige Verständnis von der ursprünglichen Wortbedeutung abweicht.

In der sog. ersten, der im engeren Sinn „theologischen" Tafel erscheint die Reihenfolge und damit auch die Rangordnung der Gebote – von der Ausschließlichkeitsforderung über das Verbot von Gottesbildern und des Mißbrauchs des Gottesnamens bis zum Ruhegebot – sachlich berechtigt und überzeugend.

In dieser Hinsicht ist die sog. zweite Tafel weniger einsichtig. Gewisse Überschneidungen zwischen den beiden Verboten des Diebstahls und Ehebruchs einerseits, dem Verbot des „Begehrens" andererseits wirken störend.[3] Außerdem möchten wir – nach heutigem Empfinden – zumindest am Anfang der sog. zweiten Tafel eine Umstellung vornehmen; zweifellos würden wir das Verbot des Totschlags allen übrigen ethischen Grundsätzen vorordnen.

[1] Es sei daran erinnert, daß die inhaltliche Aufteilung der Zehn Gebote auf zwei Tafeln durch das Alte Testament höchstens ansatzweise, zumindest nicht eindeutig vorgegeben und insofern ein Stück willkürlich ist. Die auf die Reihenfolge der Gebote bezogenen, oben angeführten Überlegungen sind von dieser Einschränkung nicht betroffen.

[2] Vgl. u. Abs. B IX.

[3] Vgl. o. Abs. A III 3 sowie u. Abs. B VIII u. B X.

V. DAS FÜNFTE (VIERTE) GEBOT

„Die Eltern ehren"

(1) Innerhalb des Dekalogs wird dieses Gebot in mehrfacher Weise hervorgehoben: Es ist dem Tötungsverbot vorgeordnet und enthält durch die beigegebene Verheißung – als letztes – eine eigene Begründung.

Sowohl durch die mit dem Sabbatgebot gemeinsame positive Fassung als auch durch die Motivierung, die sich anschließend in der sog. zweiten Tafel nicht mehr findet, wird das fünfte Gebot an die sog. erste Tafel angeschlossen.

Soll es beide Tafeln miteinander verbinden, gleichsam eine Mittelstellung im Übergang von den theologischen zu den zwischenmenschlichen Geboten einnehmen? Erscheint die Elternehrung so als die wichtigste ethische Forderung?

Um diese Bewertung zu verstehen, braucht man nicht in den Eltern – mit *M. Luther* im Großen Katechismus – Stellvertreter Gottes auf Erden zu sehen; man muß jedoch wissen, daß sich der Dekalog wie bei allen anderen Geboten[1] so auch in diesem Fall an Erwachsene wendet, gleichsam an die Vollbürger der Gemeinde.

So besteht bei diesem Gebot wohl der einschneidendste Unterschied zwischen M. Luthers – ihm durch antike und mittelalterliche Tradition allerdings vorgegebene, insofern naheliegende – Deutung und der alttestamentlichen Intention. Indem er als Adressaten seiner Katechismen neben dem Prediger den „Hausvater" – „daß er zum wenigsten die Wochen einmal seine Kinder und Gesinde umfrage" – im Sinn hat und darüber hinaus elterliche Funktionen auf die Obrigkeit überträgt – „Also daß alle, die man Herrn heißet, an der Eltern Statt sind und von ihn Kraft und Macht zu regieren nehmen müssen"[2] –, bekommt das

[1] Vgl. o. Abs. A II 4a.

[2] BSLK 554 bzw. 596. Im Anschluß an K. Barth (KD III/4, 269–320, bes. 271–283) nimmt H. Kremers (EvTh 21, 1961, 145ff.) diese Deutung auf und fragt, ob „unsere Verheißung nicht Abschluß und Begründung der ersten Gebotsreihe des Dekalogs, d. h. der ersten Tafel sein" (155) könne. Dann stünden die *„Eltern ... im Dekalog als Stellvertreter Gottes und nicht als Nächste"* (156), und *„die Eltern ehren bedeutet, daß man sie sich als Stellvertreter Gottes, als*

Gebot zu stark oder gar zu einseitig die Aufgabe, den Gehorsam einzuschärfen. Im Grunde isoliert M. Luther es weithin von allen folgenden ethischen Geboten, wenn er sie mit Recht als Schutzgebote versteht,[3] diese Zielsetzung beim Gebot der Elternehrung jedoch vernachlässigt oder weit überbietet.

(2) Demgegenüber will das Dekaloggebot nicht Kinder zum Gehorsam gegenüber ihren Eltern ermahnen, sondern die alt werdenden oder gewordenen Eltern – bildlich gesprochen: die sich bereits auf das Altenteil zurückgezogen haben – schützen.

> „Das Elterngebot ... wendet sich nicht an Kinder, die der patria potestas unterstehen, sondern an Erwachsene, die selbst die patria potestas ausüben und ihren alt werdenden Eltern die schuldige Ehre erweisen sollen.“[4]

Die jetzt die Geschäfte führen, haben denen, die gleichsam nicht mehr voll im Lebensprozeß stehen, „das Gnadenbrot zu gönnen“[5].

Prediger, Lehrer und Priester gewichtig sein läßt“ (161). – Auch H. van Oyen (Ethik, 115) spricht, gewiß überzogen, vom Vater als „Stellvertreter Jahwes im Kreise der Seinen“.

[3] J. Meyer, Historischer Kommentar, 223.227; A. Peters, Kommentar zu Luthers Katechismen I, 187ff.

[4] M. Noth, ATD 5, ^{6}1978, 133. Das Gebot richtet sich an „den erwachsenen Israeliten, genauer noch an den freien israelitischen Mann“ (J. Becker, IKaZ 8, 1979, 291).

Vgl. Spr 23,22: „Verachte nicht deine *alte* Mutter!“; auch noch Sir 3,12: „Mein Sohn, wenn dein Vater *alt* ist, nimm dich seiner an!“

L. Köhler (ThR 1, 1929, 182) denkt eher an den – gleichsam in einer Übergangszeit lebenden – „erwachsenen Mann“, der, „auch wenn er sich verheiratet, noch in der Hausgemeinschaft der Eltern bleibt“. Ähnlich benennt H. Graf Reventlow (Gebot und Predigt, 66) als Adressaten den „noch in der Hausgemeinschaft mit seinen Eltern lebenden und deren Botmäßigkeit unterworfenen Sohn, auch wenn dieser schon ... erwachsen ist“.

War „auch in Israel die *patria potestas* nicht“ so wirkungsvoll, „daß sie ex opere operato funktioniert hätte“ (H. v. Oyen, Ethik, 116; vgl. Dtn 21,18ff.)?

[5] H. Groß, Kairos 14, 1972, 223; auch J. J. Stamm, ThR 27, 1961, 295.

Schon W. Caspari (Die Bedeutungen der Wortsippe *kbd* im Hebräischen, 1908, 34) äußert: „Es handelt sich um Eltern, welche es brauchen können, daß der Sohn den ihm zur Verfügung stehenden Nachdruck für sie geltend macht, daß er zu ihren Gunsten eintritt, was man dann auf Notstände des Alters, der Armut und Krankheit, des Krieges beziehen mag. ‚Schütze Vater und Mutter‘, muß die Tendenz des vierten Gebots einst gewesen sein.“

G. Beer (HAT I/3, 1939, 102) urteilt noch genauer: „Die bejahrten Eltern,

Konkret ergibt sich nach eingehender Untersuchung akkadischer familienrechtlicher Urkunden und Weisheitstexte durch R. Albertz, daß das dem hebräischen *kbd* „ehren" entsprechende akkadische Verb *(kabatu)* „die angemessene Altersversorgung und würdige Behandlung der alten Eltern durch ihre erwachsenen Kinder" bezeichnet; so bestätigt sich die Auffassung, „daß das Elterngebot sich an die erwachsenen Kinder richtet und ihr Verhalten gegenüber ihren alt gewordenen Eltern regeln will".[6]

Das fünfte Gebot zeigt unmittelbar, dem Wortlaut nach, nur geringe Nachwirkungen im Alten Testament (vgl. Mal 1,6); recht weitgestreut und umfangreich sind dagegen thematisch und wohl auch überlieferungsgeschichtlich verwandte Texte. Legt nicht schon dieser Tatbestand die Vermutung nahe, daß die gleiche Absicht ursprünglich auf sprachlich andere Weise zum Ausdruck kam?

In der alten Reihe der Todesrechtssätze findet sich wiederum eine entsprechende negative Fassung; sie wäre sachlich unnötig, wenn das positive, im Anwendungsbereich weiter greifende Gebot bereits (allgemein) bekannt wäre. Hier liegt vermutlich das älteste im Alten Testament selbst bewahrte Zeugnis vor:

> „Wer seinem Vater oder seiner Mutter flucht[7],
> muß getötet werden."[8]

Eine ähnliche, vielleicht schon ein wenig stärker verallgemeinerte Wendung enthält der Fluch über den, der die Eltern „geringschätzig / verächtlich behandelt".[9]

Demnach bestätigen thematisch verwandte Texte zunächst: Das fünfte Gebot möchte nicht Autorität aufrichten, sondern eher begrenzen, Verantwortung gegenüber Schwächeren einprägen. Es dient dem Schutz des Nächsten eines jeden Menschen; persönlich gesprochen:

die über 60 Jahre alten, deren Arbeitskraft und Lebenswert gering geworden ist (Lev 27,7), soll der Israelit nicht rauh behandeln, ihnen das Gnadenbrot gönnen, sie nicht zur Auswanderung aus dem Haus oder zum Freitod drängen, oder sie gar selbst töten."

[6] ZAW 90, 1978, 374. O. Loretz (BN 8, 1979, 14–17) hat den Belegen weitere hinzugefügt.

[7] Das Verb *qll*, wörtlich übersetzt: „leicht (d. h. gering/fügig, verächtlich) erklären/machen" (vgl. HAL 1031), umreißt das Gegenteil des Dekaloggebots *kbd* „schwer machen, ehren".

[8] Ex 21,17; leicht verändert aufgenommen Lev 20,9; vgl. Spr 20,20; 30,11; Ez 22,7; auch Jer 20,14f.

[9] Dtn 27,16; vgl. auch Mi 7,6; Spr 23,22; 30,17.

Diejenigen, von denen wir abhängig waren, sollen durch uns keinen Schaden erleiden, wenn sie von uns abhängig sind.

Sodann legen jene Sachparallelen wieder die Folgerung nahe, daß die positive Fassung überlieferungsgeschichtlich später und zugleich allgemeiner ist. Sie schließt den Fluch, die verächtliche Behandlung oder gar Schläge, Mißhandlung[10] aus.

Gewiß läßt ein Verbot – etwa den Eltern nicht zu „fluchen" – nur eine bestimmte Handlung nicht zu, gibt insofern alles andere Handeln frei, allerdings auch sachlich negatives oder inhaltlich neutrales. Dagegen schließt das Gebot – die Eltern zu „ehren" – verschiedenartige, letztlich alle negativen (in gewissen Situationen auch neutrale) Handlungen aus. Ist jenes konkrete Verbot eindeutig, da es nur eine einzige Tat verneint und über alles andere Tun nichts aussagt, so übergreift das Gebot verschiedene Verhaltensweisen, in denen sich Mißachtung äußern kann, und auch Gleichgültigkeit, soweit sie eine Benachteiligung zur Folge haben kann.

Dabei wehrt das Gebot nicht nur unsoziales Verhalten ab, sondern ist auch auf positives Handeln, wie die Fürsorge für die alten Eltern (vgl. Sir 3,12f.; auch Mk 7,12), ausdeutbar.

Allerdings läßt das Gebot zumindest weithin offen, worin das Handeln konkret zu bestehen, wie das „Ehren" zu geschehen hat, und ist darum stärker Anstoß, Anregung zu eigenem Überlegen und Tun.

So steht die Fassung, die Eltern zu „ehren" – bzw. zu „fürchten", ihnen „ehrfürchtig" zu begegnen (Lev 19,3) –, am Ende eines langen ethischen Nachdenkens. Wie bei anderen Geboten so ist auch hier die Tendenz spürbar, die Forderung so zu *verallgemeinern,* daß sie nicht nur auf wenige spezielle, sondern auf möglichst viele Lebenssituationen anwendbar ist.[11]

Selbst die stärker patriarchalischen Verhältnisse damaliger Situation haben nicht uneingeschränkt auf die Gestaltung des fünften Gebots eingewirkt: Die Ehrung gebührt keineswegs nur dem Vater, sondern beiden Elternteilen. Schon die alten Rechtssätze schließen das Schlagen oder Verfluchen von Vater *und* Mutter aus (Ex 21,15.17 u.a.), und die

[10] Ex 21,15; Spr 19,26; 28,24.

[11] Vgl. VT.S 22, 1972, 209f. Durch die „Umstilisierung" ist nach H.J. Boecker (Recht und Gesetz, 183) „ein weiterer Bedeutungsinhalt gegeben". Auch F.-L. Hossfeld spricht dem Dekaloggebot als „zusammenfassende Interpretation der alten Todesrechtssätze" (Der Dekalog, 254; vgl. 70f.) eine „Tendenz zur abstrahierenden Allgemeinheit" (253) zu.

Weisheit warnt vor Nichtachtung beider.[12] In einer Parallelfassung (Lev 19,3) ist die Mutter sogar vorgeordnet.

(3) Daß die Forderung, die Eltern zu „ehren", Mißhandlung und Mißachtung ausschließen will, läßt sich dem Alten Testament entnehmen. Dagegen ist die naheliegende Vermutung, daß auch die Versorgung mit Nahrung und Kleidung – zuletzt ein ehrenvolles Begräbnis – hinzugehört, direkt nur aus Zeugnissen der altorientalischen Umwelt, zumindest für die ältere Zeit aus dem Alten Testament eher nur indirekt zu belegen.[13]

Wahrscheinlich begreift *kbd* „ehren", in dessen Grundbedeutung „schwer, gewichtig machen / sein lassen" eine Einheit von Innen und Außen anklingt, in der damaligen Situation mehr oder weniger selbstverständlich den Unterhalt der Eltern ein. Insofern darf man aus dem Gebot – modern gesprochen – eine Warnung vor Überlegungen zur „Brauchbarkeit" oder „Nützlichkeit" des (alten) Menschen sehen.[14]

Jedoch ist das Gebot in seiner Intention kaum auf die Versorgung beschränkt, sondern umfassender gemeint: den Eltern „Schwere, Bedeutung" beilegen, ihre „Würde" anerkennen, sie respektieren.[15]

Der Prophet Jeremia, der als Folge seines Auftrags Einsamkeit und Leid zu tragen hat, kann in seinen sog. Konfessionen ein „Wehe" über sich selbst aussprechen. Im Anruf an die Mutter, die ihm das Leben gab (vgl. Gen 3,20 „Mutter aller Lebenden"), verwünscht er die eigene

[12] Spr 19,26; 28,24; 30,17; vgl. Sir 3,1ff.

[13] Vgl. Gen 47,12; Rut 4,15; Sir 3,12; dazu o. Anm. 8; bes. R. Albertz; O. Loretz; auch F. Crüsemann (Bewahrung der Freiheit, 59ff.); J. Becker. – Vor dem Hintergrund damaliger Sozial- und Rechtsverhältnisse hat die Anrede des Gebots an die Söhne ihren Sinn. Hatte insbesondere „der älteste Sohn die Versorgung der Mutter und der unverheirateten weiblichen Familienmitglieder zu übernehmen" (H. J. Boecker, Recht und Gesetz, 103)?

[14] Eine Praxis, in Notzeiten „unnütze Esser loszuwerden" (F. Crüsemann, Bewahrung der Freiheit, 60), ist im Alten Testament nicht bezeugt. Oder hat man das weisheitliche Urteil von Spr 19,26 – Wer „die Mutter verjagt", ist ein schändlicher Sohn – entsprechend zu deuten?

[15] Vgl. THAT I, ^{3}1978, 797; ThWAT IV, 1984, 19. – Der Wortlaut legt eine zu enge Deutung nicht nahe: „Die positive Formulierung ... ist eher das Ergebnis einer Entspezifizierung. ‚Ehren' hat dabei die umfassende Bedeutung der Anerkennung elterlicher Würde, die im übrigen dem normalen und vorherrschenden alttestamentlichen Begriffsinhalt entspricht. Die biblische Fassung des Elterngebots zielt also nicht [eher: nicht allein] auf den erwähnten speziellen und auf das Materielle begrenzten Sinn; das Gebot ist vielmehr von uneingeschränkter Offenheit" (J. Becker, IKaZ 8, 1979, 296). Vgl. auch R. Albertz (ZAW 90, 1978, 374): „darüber hinaus einen respektvollen Umgang".

Geburt (Jer 15, 10): „Weh' mir, Mutter, daß du mich geboren!“ In der vorliegenden literarischen Gestalt laufen die Konfessionen aus in kaum mehr überbietbaren Worten, die jenes „Wehe“ zumindest thematisch aufnehmen und auslegen; sie setzen die persönliche Ich-Rede, allerdings ohne das ein wenig tröstliche „Du“, fort:

„Verflucht der Tag, an dem ich geboren,
der Tag, an dem meine Mutter mich gebar,
sei ohne Segen!
Verflucht der Mann, der meinem Vater verkündete:
‚Ein Kind, ein Knabe ist dir geboren‘,
ihn so hoch erfreute!“[16]

Selbst in dieser Grenzsituation vermeidet Jeremia – jenen Rechtssätzen (Ex 21, 17; Lev 20, 9) entsprechend – ein Fluchwort über die Eltern, überträgt es vielmehr auf den Geburtstag und den Boten. Erweist er Mutter und Vater, die er ausdrücklich nennt, damit nicht, wenn auch nur indirekt und versteckt, die ihnen bleibend schuldige Ehre?

Zwar nicht nachweisbar, jedoch wahrscheinlich bleibt, daß bei der geforderten Ehrung der Eltern eine gewisse *religiöse* Bedeutung mitschwingt. Darauf deuten die Vorordnung des Elterngebots vor alle ethischen Gebote – gleichsam im Übergang von der sog. ersten zur zweiten Tafel – sowie die nur diesem sozialen Gebot mitgegebene Segensverheißung (vgl. Sir 3, 6–9), die es mit der sog. ersten Tafel verbindet. Schließlich scheint die Parallelfassung Lev 19, 3f. (vgl. auch 19, 32; Mal 1, 6) das Gebot der Ehrfurcht vor den Eltern zu den Grundgeboten zu rechnen.

Die Eltern sind zuständig für die Weitergabe des wohl seit Generationen gesammelten Schatzes an Lebenserfahrung, die Gefahren zu meiden sucht, damit des weisheitlichen Erbes:

„Als ich ein Sohn war bei meinem Vater,
zart und einzig vor meiner Mutter,
unterwies er mich und sprach zu mir:
‚... Bewahre meine Gebote, so wirst du leben!‘“
(Spr 4, 3f.)

Ähnlich kann der Vater die Aufgabe erhalten, etwa bei der Passafeier die Glaubensüberlieferung auf Befragung weiterzureichen.[17] Sollen

[16] Jer 20, 14; wohl abgewandelt aufgenommen in Hiob 3, 3f. Vgl. auch thematisch ähnliche Aussagen über Mose (Num 11, 14f.), Elija (1 Kön 19, 4) und Jona (4, 8).

[17] Vgl. Ex 12, 26f.; Dtn 4, 9f.; 6, 7ff.; 20ff. u. a. „Auch die Schulung in den

sich die Erwachsenen an das erinnern, was ihnen (als Kindern) zuteil wurde?[18]

Wurden die Eltern, die das Leben gaben, zugleich als Zeichen göttlichen Segens empfunden? Jedenfalls vermag der Vater vor seinem Tod Segen zu verleihen (Gen 27; 48f.). Wie ist es möglich, dem Segensspender (vgl. Sir 3,9) mit Fluch zu begegnen!

Allerdings weiß das Alte Testament auch darum, daß die Eltern Schuld hinterlassen können.[19]

Übrigens wird der Titel „Vater" zugleich im übertragenen Sinne, etwa für den Vorsteher einer Prophetengruppe (2 Kön 2,12; 6,21) gebraucht, wie der Weisheitslehrer den Schüler vermutlich als „Sohn" anreden kann (vgl. Spr 2,1 u. a.).

(4) Die Motivation des Gebots unterscheidet sich in den beiden Dekalogfassungen. Über die Formulierung aus Ex 20,12 („damit du lange lebst") hinaus enthält Dtn 5,16 einen zweiten Segenswunsch („und es dir gut geht").

Gemäß der Regel 'die kürzere Lesart ist eher die ältere' ist auch hier die Ursprünglichkeit der Exodusfassung wahrscheinlich.

Nach F.-L. Hossfeld[20] hat ein priesterlicher Redaktor „den zweiten Finalsatz des Elterngebots als Anspielung auf das Thema der priesterschriftlichen Kundschaftererzählung", die Güte des Landes, „verstehen müssen". Dies sei ihm „zuwider" gewesen, so daß er eine gewollte Auslassung vorgenommen habe.

Weder die Gabe noch die Güte des Landes werden von der Bedingung des rechten Handelns abhängig gemacht. Allein ob der *einzelne* in den Genuß des dem Volk gegebenen Landes kommt, hängt von seinem Verhalten ab.[21]

Fragen des Glaubens ... ist die Sache des Vaters und der alten Leute" (L. Köhler, Der hebräische Mensch, 1953, 66). Jener Brauch, „Nachkommenbelehrung" (W. Fuß, Die deuteronomistische Pentateuchredaktion in Exodus 3–17: BZAW 126, 1972, 227.274) oder „Katechese" genannt, ist erst in jüngeren Texten bezeugt; vgl. H.-J. Fabry, KatBl 107, 1982, 754–760 (Lit.).

[18] Darf man davon ausgehen, daß die altgewordenen Großeltern, die nichts mehr zum Broterwerb beitragen können, in diesem Sinn in der (religiösen) Erziehung eine Aufgabe übernehmen (vgl. H.W. Wolff, Anthropologie, 181)?

[19] Vgl. Hos 12,3; Jer 2,5 u. a.; auch das Sprichwort Ez 18,2; Jer 31,29; dazu N. Kilpp, Eine frühe Interpretation der Katastrophe von 587: ZAW 97, 1985, 210–220.

[20] Der Dekalog, 67.

[21] Vgl. A. Graupner, ZAW 99, 1987, 318.

Während die Formulierung des ersten Segenswunsches schon in älteren Texten belegt ist (Spr 28, 16 u. a.), ist nur die zweite Formel typisch für das Deuteronomium (5, 29 u. a.). Zudem hat das Deuteronomium beide Teile sonst in umgekehrter Reihenfolge (4, 40 u. a.). Schließlich findet sich im Deuteronomium die Rede vom „Langmachen der Tage“ gewöhnlich mit einem anderen Begriff für „Land“. Dies spricht eher dafür, daß das Deuteronomium eine ältere Verheißung in eigenem Stil ergänzt hat.

Warum wird der Segenshinweis gerade mit dem Elterngebot verknüpft? Vermutlich liegt der Grund in einer besonders hervorgehobenen, etwa der oben genannten religiösen, Bedeutung der Eltern.

Formal wird die Verbindung dadurch erleichtert, daß in dem Gebot die strenge Verbotsform durch die positive Formulierung aufgehoben ist.

Gehört das Gebot von seinem Gehalt her eigentlich zur zweiten, so knüpft die Motivation durch die inhaltliche Nähe zu der Erinnerung an die Herausführung (Ex 20, 2) einen Zusammenhang mit der ersten Tafel.[22] Gilt die Motivation zudem stellvertretend auch für die anderen Gebote der zweiten Tafel?[23] Jedenfalls verstärkt die Motivation die Scharnierstellung des Elterngebots zwischen beiden Tafeln.

(5) Ein früher Beleg für die Umdeutung des fünften Gebots auf das Verhältnis von Kindern zu ihren Eltern findet sich im Neuen Testament; dort wird innerhalb der Hausordnung unter dem Aspekt „Ihr Kinder, gehorchet euren Eltern!“ die Forderung der Elternehrung zitiert (Eph 6, 1–3; vgl. Kol 3, 20f.). Allerdings werden unmittelbar anschließend (Eph 6, 4) auch die Väter ermahnt.[24]

(6) Gewiß ist „graues Haar eine Krone der Zier“ (Spr 16, 31), jedoch weiß das Alte Testament die Lasten und Einschränkungen, die das Alter dem Menschen auferlegt, bildkräftig darzustellen:

„Ich bin jetzt 80 Jahre alt. Kann ich da noch Gutes und Schlechtes unterscheiden? Schmeckt da noch deinem Knecht, was ich esse und trinke? Kann ich noch der Stimme der Sänger und Sängerinnen lauschen?“[25]

So kann die Ehrfurcht vor den Eltern zur nötigen Achtung vor dem Alter überhaupt erweitert werden:

[22] Vgl. H. Kremers, EvTh 21, 1961, 145ff.

[23] Vgl. J. Becker, IKaZ 8, 1979, 298f.

[24] Hier (Eph 6, 3) findet sich die generalisierende Formulierung „auf Erden“ (statt „in dem Lande“, das Gott gibt). – Ist auch die eingangs zitierte Übertragung elterlicher Autorität auf die Obrigkeit in Luthers Großem Katechismus durch Eph 6, 5 angeregt?

[25] 2 Sam 19, 36; vgl. Koh 12, 1–7; auch Gen 27, 1f.; 48, 10; 1 Kön 1, 1–4 u. a.

„Vor einem grauen Haupt sollst du aufstehen
und einem Greis Ehrfurcht erweisen."
(Lev 19,32; vgl. Spr 20,29)

Zwar kann „die Menge der Jahre Weisheit lehren"[26], dennoch braucht „langes Leben" nicht selbstverständlich „Einsicht"[27] zu bedeuten.[28]

Ein Alter von 70 oder gar 80 Jahren (Ps 90,10), erst recht von 120 Jahren (Gen 6,3; vgl. Dtn 34,7) überschreitet erheblich die durchschnittliche Lebenserwartung.[29] „Alt und lebenssatt" zu sterben[30] entspricht gewiß nicht dem allgemeinen Lebensgefühl und der Wirklichkeit.

Allerdings wagt die Hoffnung über den gegenwärtigen Zustand weit hinauszugreifen:

„Greise und Greisinnen werden sitzen
auf den Plätzen Jerusalems,
ein jeder mit dem Stab in der Hand
wegen seines hohen Alters."
(Sach 8,4; vgl. 12,8)

„Es wird dort kein Kind mehr von wenigen Tagen geben,
keinen Greis, der seine Lebenszeit nicht erfüllt;
denn als jung gilt, wer mit hundert Jahren stirbt."
(Jes 65,19f.; vgl. 66,7ff.)

[26] Hi 32,7; vgl. 1 Kön 12,6ff.; Sir 6,35.

[27] Hi 12,12; 32,9; vgl. Ps 119,100.

[28] „Im Alter liegen Schwäche und Größe, Torheit und Weisheit, Eigensinn und kluge Zurückhaltung nahe beieinander." J. Scharbert, Saeculum 1978/79, 351; vgl. L. Ruppert, TThZ 85, 1976, 270–281; J. Conrad, ThWAT II, 1977, 639ff.; O. Kaiser, „Und das sind die Geschlechter ...". Alt und Jung im Alten Testament: Zur Aktualität des Alten Testaments, FS G. Sauer, 1992, 29–45; W. Schottroff, Alter als soziales Problem in der hebräischen Bibel: Was ist der Mensch ...?, FS H. W. Wolff, 1992, 61–77.

[29] Nach H. W. Wolff (Anthropologie, 178) ergibt sich aus den Angaben über das Lebensalter der judäischen Könige eine durchschnittliche Lebenserwartung von etwa 44 Jahren. Vgl. die unterschiedliche Höhe des Schätzwerts Lev 27,1ff.

[30] So wird von wenigen Auserwählten berichtet, wie Abraham (Gen 25,8; vgl. 15,15), Isaak (35,29), David (1 Chr 29,28; vgl. 2 Chr 24,15) oder Hiob (42,17). Vgl. demgegenüber Zeugnisse wie 2 Sam 12,23; 14,14; 1 Kön 2,2; Ps 90 u. v. a.

VI. DAS SECHSTE (FÜNFTE) GEBOT

„Nicht töten"

(1) Wenn das Alte Testament, das vielfältig von kriegerischen Auseinandersetzungen erzählt und auch entsprechende Rechtsverordnungen (wie Dtn 20) enthält, nicht sich selbst, nämlich einem von ihm aufgestellten Grundsatz, widerspricht, kann das 6. Gebot nicht alle Formen des Tötens überhaupt erfassen. Das 6. Gebot begreift von seiner Grundbedeutung her *drei* wesentliche *Bereiche nicht* ein; es zielt nicht auf:

a) die Ächtung des Krieges, den Pazifismus überhaupt,
b) die Abschaffung der Todesstrafe[1],
c) das Verbot der Tiertötung, den Vegetarismus.[2]

Hier ragen wieder deutlich andere, heutiger Zeit ferne (politische, gesellschaftliche) Verhältnisse in die Gestalt des Dekalogs hinein.

Was sich auf diese Weise allgemein vermuten läßt, ist im einzelnen vom Gebrauch des Verbums her zu belegen. Das im sechsten Gebot verwendete Verbum *(raṣaḥ)* ist keineswegs das übliche (wie *harag, hemit,* seltener *qaṭal*), sondern recht ungewöhnlich.[3] Wieweit sind Täter und Opfer, aber auch Tatumstand durch die Wahl des spezifischen Verbs von vornherein eingeschränkt?

(2) Was heißt „töten" *(raṣaḥ)*?

Prüft man den Gebrauch dieses Ausdrucks, so stellt sich heraus:

Die üblichen Verben *(harag, hemit)* „werden verwendet für die Tötung des politischen Feindes im Kampf, für die Tötung des nach dem Gesetz Strafbaren und für das richtende Töten seitens Gottes.

Im Unterschied dazu kommt das im sechsten Gebot verwendete Verb „nur vor, wenn es sich um das Töten oder Ermorden eines persönlichen Gegners handelt; nur einmal (Num. 35,30) bezeichnet es die Tötung des nach dem

[1] Vgl. die Androhung Ex 21,12ff.; Lev 20; Dtn 13 u. a.

[2] Vgl. die Erlaubnis der Schlachtung Gen 9,2ff. gegenüber 1,29f.; auch die Opfer Gen 4,4; 8,20 u. a.

[3] Während *hemit* knapp 200mal und *harag* über 160mal gebraucht werden, kommt *raṣaḥ* weniger als 50mal, *qaṭal* gar nur dreimal vor.

Gesetz Schuldigen, und nie steht es für die Tötung des Gegners im Kampf oder für die Vernichtung eines dem Gericht Verfallenen durch Gott."[4]

„Auf Tiere wird das Wort, soweit erkennbar, nicht angewandt; so wird man auch im Dekalog nicht an Tiere denken dürfen."[5]

Der grobe Überblick über den Wortgebrauch bestätigt also, daß das sechste Gebot nicht jede Tötung überhaupt untersagt, es sich seiner Grundbedeutung nach weder auf den Krieg noch (mit einer Einschränkung) auf die Todesstrafe, noch auf die Tiertötung bezieht.

Allerdings fällt es leichter zu erheben, was das Verb des sechsten Gebots nicht meint, als positiv exakt anzugeben, was es konkret beinhaltet.

Die Wortwurzel begegnet überwiegend in einem eng umrissenen Bereich, im Recht der Asyl- oder Freistädte. Um die Blutrache, die vermutlich aus einer Lebenswelt ohne ordentliche Gerichtsbarkeit stammt[6], einzuschränken, hat man sog. Asylstädte eingerichtet; in sie konnte, wer unvorsätzlich getötet hat, fliehen (vgl. Dtn 19,4ff.).

Unterschieden wird also zwischen unbeabsichtigtem, versehentlichem und absichtlichem, aus zuvor vorhandenem Haß (Dtn 19,4.11 u. a.) entspringendem Totschlag. Merkwürdigerweise findet sich das zu untersuchende Verb vorwiegend bei der Beschreibung des ersten Falls.[7] Wie kann unvorsätzliches Töten aber verboten werden?

In einer – vielleicht jüngeren – Ausführungsbestimmung des Asylrechts (Num 35,16ff.21; vgl. Dtn 22,26) kann auch die absichtliche Tötung mit demselben Verb *(raṣaḥ)* bezeichnet werden; sein Sinn läßt sich von da aus aber gewiß nicht generell bestimmen.

Außerdem wird das Verb verwendet für die Ausführung der Blutrache (Num 35,19.27) und eines Gerichtsurteils (35,30f.) sowie für den noch nicht vor Gericht als schuldig oder unschuldig eingestuften Totschlag (35,12).

„Töten" *(raṣaḥ)* kann auch eine Vergewaltigung mit (unbeabsichtigter) Todesfolge (Ri 20,4f.) oder ein Justizmord (1 Kön 21,19) sein.

Außerdem erscheinen Rechtsberaubung und Bedrückung – real und metaphorisch? – als Mord.[8]

So läßt sich als Ergebnis zunächst festhalten: Die Unterscheidung von versehentlichem Totschlag und beabsichtigtem, heimtückisch-hinterlistigem Mord (aus niederen Beweggründen) hilft zum Verständnis des sechsten Gebots nicht weiter.

[4] So faßt J.J. Stamm (ThR 27, 1961, 297) seine grundlegende Untersuchung (ThZ 1, 1945, 81ff.) zusammen.

[5] A. Jepsen, Der Herr ist Gott, 1978, 194.

[6] W. Thiel, Die soziale Entwicklung Israels in vorstaatlicher Zeit, ^{2}1985, 46.

[7] Dtn 19,3f.6; 4,42; Num 35,6.11.25f.; Jos 20,3.5f.; vgl. 21,13ff.

[8] Ps 94,6; Hi 24,14; vgl. vielleicht Hos 4,1f.; Jes 1,21 u. a.

Vielleicht können beide Arten des Tötens mit demselben Verb bezeichnet werden, „weil zunächst ein objektiver Tatbestand vorliegt, der einen Rechtsentscheid notwendig macht.“[9]

Muß die – durch Beschluß der Gemeinschaft nicht gedeckte – Tat durch die Gemeinschaft geprüft und beurteilt werden?

Auch der Erklärungsversuch, das verbotene „Töten“ auf die Blutrache zu beziehen[10], muß als zu eng ausscheiden.

Zwar legt sich diese Vermutung durch den häufigen Gebrauch des Verbs im Zusammenhang des Asylrechts nahe, jedoch bestätigen die übrigen Belege (wie Ri 20,4; 1 Kön 21,19 u. a.) diese Einschränkung nicht.

Im einzelnen wird die Intention des sechsten Gebots ähnlich, wenn auch mit gewissem Bedeutungsspielraum, umschrieben: Es verbietet das „rechtswidrige“[11], das „unrechtmäßige“, „gemeinschaftswidrige“[12], ungesetzlich-unbegründete, „eigenmächtige“[13] Töten, insofern auch: das Vergießen unschuldigen Bluts[14]. Das Gebot sucht das Leben des Nächsten zu schützen, so den inneren Frieden der Gemeinschaft – vor tiefen Störungen – zu bewahren.

(3) Innerhalb der verschiedenen Bestimmungen, die im Alten Testament einen ähnlichen oder gleichen Sachverhalt betreffen, darf aus der schon mehrfach zum Vergleich herangezogenen Reihe der Rechtssatz Ex 21,12 als die wahrscheinlich älteste Fassung des Tötungsverbots und wohl auch als Parallele zum sechsten Gebot[15] herangezogen werden:

„Wer einen Mann erschlägt, so daß er stirbt,
muß getötet werden.“

[9] A. Jepsen, Der Herr ist Gott, 193.

[10] Vgl. W. Keszler, VT 7, 1957, 11; H. Graf Reventlow, Gebot und Predigt, 72ff.; E. Nielsen, Die Zehn Gebote, 85f. 97.

[11] A. Alt, KS I, 333.

[12] J. J. Stamm, ThZ 1, 1945, 83.88; vgl. ThR 27, 1961, 227.

[13] M. Noth, ATD 5, [6]1978, 134.

[14] So, vielleicht ein wenig zu eng, A. Jepsen (Der Herr ist Gott, bes. 194): „Wenn das grundlose Töten eines unschuldigen Menschen untersagt wird, so ist damit die Möglichkeit, einen schuldig gewordenen Menschen zu töten, gegeben. Aber nicht auf dieser Möglichkeit liegt der Ton, sondern auf dem strikten Verbot, unschuldiges Menschenleben zu vernichten.“

[15] Dies gilt insbesondere bei der weiten, auf Grund von Ri 20,4f. vorgeschlagenen Definition des Verbs *raṣaḥ* durch H. Schulz (Todesrecht, 11f.): „Entscheidend war allein die Todesfolge, wie immer die Tat sonst zu charakterisieren sein mochte.“

Die Formulierung erweist sich, von der Reihenbildung abgesehen, aus doppeltem Grund als alt:

Die Rechtsfolge, der Tod, wird (zunächst) ohne Bedingung oder Einschränkung festgelegt. Diese Härte wird allerdings durch einen (späteren) Zusatz (21, 13 f.) gemildert: Er unterscheidet zwischen absichtslos-zufälliger und vorsätzlich-hinterhältiger Tat. Im ersten Fall besteht die Möglichkeit der Rettung in der Asylstätte. Vor allem ist auffällig:

Nur der Mann wird als Objekt genannt. In diesem frühen Überlieferungsstadium scheint sich das Tötungsverbot also nur auf den – freien – Mann[16] bezogen zu haben. Wurde die Tötung einer Frau, eines Kindes oder eines Abhängigen nicht auf dieselbe Weise bestraft?

Jedenfalls wird das Verbot des Totschlags schon bald (vgl. Ri 20, 4 f. von der Frau) auf den Menschen überhaupt erweitert:

„Wer irgendeinen Menschen erschlägt,
muß getötet werden."[17]

Ausdrücklich wird es auf die Menschheit insgesamt, auch auf Mann und Frau als Gottes Bild, bezogen:

„Wer Menschenblut vergießt,
dessen Blut soll durch Menschen (oder: um des Menschen willen) vergossen werden;
denn Gott hat den Menschen nach seinem Bilde gemacht."[18]

Das im sechsten Gebot verwendete Verb „töten" *(raṣaḥ)* bezieht sich dann nicht nur auf den „Nächsten" (Dtn 19, 4), sondern allgemein auf eine „Seele" bzw. ein „Leben" (Num 35, 30. 11; Jos 20, 3).

In diesem Verallgemeinerungsprozeß steht – ähnlich wie bei anderen Geboten wiederum – die Dekalogfassung, die eher eine spätere Formulierung darstellt.[19] Sie läßt nämlich das Objekt, mag es „Mann"

[16] Vgl. A. Alt, KS I, 336 f.; J. Fichtner, Der Begriff des 'Nächsten' im Alten Testament (1955): Gottes Weisheit, 1965, 88–114, bes. 100; H. Schulz, Todesrecht, 14, Anm. 33. Da hier nomadische, vor-israelitische Lebensverhältnisse in das Alte Testament hineinragen, ist es vorsichtiger, „Mann" nicht ohne weiteres mit „der freie Israelit" wiederzugeben.

[17] Lev 24, 17 im Gegensatz zur Ersatzleistung für ein getötetes Tier.

[18] Gen 9, 6 im Anschluß an 1, 26–28; vgl. o. Abs. A II, 1. – Gen 9, 6 ist in der vorliegenden Gestalt – schon wegen der Begrifflichkeit *'adam* „Mensch" – kaum ein alter Rechtssatz, eher eine Spätform, die aber weitaus früher erkennbare Tendenzen aufgreift und weiterführt.

[19] Umgekehrt versteht H. Schulz (Todesrecht, 11 ff.; vgl. W. Richter, Recht und Ethos, 128 f.) Ex 21, 12 als spätere Präzisierung von Ex 20, 13. Unter dieser Voraussetzung wäre allerdings die Entwicklung recht kompliziert verlaufen, da

(Ex 21, 12) oder – vielleicht erst später – „Nächster"[20] gelautet haben, aus. So schützt das Dekaloggebot nicht nur eine Gruppe, kann vielmehr uneingeschränkt, allgemein-umfassend – nämlich auch auf Frauen, Kinder oder abhängige Personen – gedeutet werden. In dieser Hinsicht stimmt das Dekaloggebot mit den Propheten, Hosea (4, 2) und Jeremia (7, 9), überein.

(4) Allerdings bleibt das sechste Gebot thematisch, vom Sachbereich her, eingeschränkt; es umfaßt nicht das durch die Gemeinschaft bzw. deren Institution beschlossene oder vollzogene Töten, den Krieg, die gerichtliche Todesstrafe, erst recht nicht die Tiertötung.

Nicht in Ausführungsbestimmungen zum sechsten Gebot, in der Auslegung und Verschärfung seines Wortsinns, jedoch unabhängig von diesem Zusammenhang übersteigt das Alte Testament die Grenzen, die jenem Verständnis zunächst gesetzt sind. So bleiben die Bereiche, die aus dem Tötungsverbot ausgeklammert sind, nicht unbedacht. Die aus der Prophetie erwachsene Hoffnung schließt sowohl den Völker- als auch den Tierfrieden ein.

a) Die Hoffnung auf *Frieden* unter den *Völkern* findet ihre ausgeprägte Gestalt in der Verheißung (Jes 2, 2–4 = Mi 4, 1–3), die durch ihr bildkräftiges Symbol („Schwerter zu Pflugscharen") wohl auch die wirksamste Nachgeschichte hatte. Die Völker sollen zum Berg Zion, der alle Hügel überragen wird, wallfahren, Gottes Unterweisung („Tora") und Schiedsspruch empfangen, um daraufhin selbst zu handeln:

„Sie werden ihre Schwerter zu Pflugscharen umschmieden
  und ihre Lanzenspitzen zu Winzermessern.
Nicht wird ein Volk gegen ein anderes das Schwert erheben,
  und sie werden nicht mehr das Kriegshandwerk erlernen."

Der gegenüber der bestehenden Welt neue Zustand braucht nicht gewaltsam herbeigeführt zu werden; vielmehr handeln die Völker von sich aus, freiwillig. Die Kriegskunst, Voraussetzung aller Kriegsführung, wird vergessen. Gott wird den Völkern Recht sprechen.[21] „Richten" meint weniger „verurteilen" als durch „entscheiden, schlichten" einen Streitfall klären, und „Zurechtweisung" besteht im „Feststellen,

dann aus der weiten Auffassung von 20, 13 die engere von 21, 12 entstand, die wiederum durch die umfassende Deutung von Gen 9, 6; Lev 24, 17 abgelöst wurde. Außerdem fügt sich die oben vorgetragene Auffassung besser zu dem bei den übrigen Dekaloggeboten erkennbaren Tatbestand (vgl. VT.S 22, 1972, 211).

[20] Dtn 4, 42; 19, 4 f.; 27, 24; vgl. Ex 21, 14.

[21] Jes 2, 4 = Mi 4, 3.

was recht ist". Darum vollzieht sich der Übergang vom Thema „Gerechtigkeit" zum Thema „Frieden" leicht; es geht weiterhin um Konfliktlösung. Das Hören auf Gottes Weisung veranlaßt die Völker zur Friedfertigkeit untereinander. Ein ruhiges Leben – „ein jeder unter seinem Weinstock und unter seinem Feigenbaum" –, wie es Juda und Israel (nach 1 Kön 5,5) in der Vergangenheit unter Salomo genießen konnten, soll in der Zukunft allen Völkern zuteil werden (Mi 4,4).

Die gleiche Erwartung auf Abschaffung der Waffen oder auf Frieden, die im Alten Testament mehrfach bezeugt ist, sonst aber als Tat Gottes gedacht wird[22], findet sich auch innerhalb der messianischen Weissagungen[23]; das königliche Regiment soll sich in eine Friedensherrschaft (vgl. Jes 11,4) auf Grund einer Friedensbotschaft (Sach 9,10) verwandeln. Am auffälligsten ist ein – erst recht damals, aber auch heute noch der Wirklichkeit nicht entsprechendes, eher ihr widersprechendes – Bekenntnis zu Gott (Ps 46,10),

„der Kriegen ein Ende setzt bis ans Ende der Welt".

b) Darüber hinaus kann sich die Hoffnung auf eine Einheit von Mensch und Natur erstrecken; der Friede soll auch den Tieren zugute kommen.

Richtet sich eine Vorstellung, die der gegebenen Wirklichkeit und auch der Möglichkeit näher bleibt, (nur) auf ein sicheres und furchtloses Leben des Menschen durch Ausrottung der wilden Tiere[24], so bezieht eine andere auch die wilden Tiere in den Frieden ein, so daß der Schöpfungszustand (Gen 1,29f.; 2,16.19f.) durch eine tiefgreifende Verwandlung der Natur wiederkehrt.

„Auch die Tiere werden untereinander Frieden wahren und sich nicht mehr zur Selbsterhaltung gegenseitig vernichten Jes 11,6,f.; 65,25.

Damit ist dann die Vorbedingung dafür gegeben, daß Einzelmensch und Tier hinfort in Eintracht nebeneinander leben Jes 11,8 oder auch Völker und Tiere Hos 2,20."[25]

„Da wird der Wolf zu Gast sein bei dem Lamm
und der Panther bei dem Böcklein lagern ...
Kuh und Bärin werden sich befreunden,
und ihre Jungen werden zusammen lagern;

[22] Hos 2,20; Hag 2,22; Mi 5,9f. u. a.

[23] Sach 9,10; vgl. Jes 9,4.6.

[24] Lev 26,6; Jes 35,9; Ez 34,25.

[25] H. Groß, Die Idee des ewigen und allgemeinen Weltfriedens im Alten Orient und im Alten Testament: TThSt 7, 1956, ²1967, 66.

der Löwe wird Stroh fressen wie das Rind.
Der Säugling wird spielen am Loch der Otter ...“
(Jes 11,6–8)

c) Die Hoffnung auf Völker- und Tierfrieden wird im späten Alten Testament nochmals überboten durch die Erwartung einer Überwindung auch des ärgsten Feindes, des Todes. Sie gibt sich mit der Beseitigung der Nöte des Daseins nicht zufrieden, sondern wendet sich gegen die Not des Daseins schlechthin, hofft nicht nur auf ein Ende des gewaltsamen Tods, sondern des Tods überhaupt:

Der Herr „wird den Tod für immer vernichten“.[26]

Wäre eigentlich nicht erst dann, wenn auch der Kampf gegen den Tod unnötig geworden ist, „Friede auf Erden“ vollkommen? Jedenfalls kommt mit dieser (in 1 Kor 15,26 aufgenommenen) Erwartung die Hoffnung gegen den Tod in letztmöglicher Zuspitzung zum Ausdruck.

Das Alte Testament selbst hat die Hoffnung auf Frieden unter den Völkern nicht mit dem Verbot des Tötens zusammengedacht. Hat nicht nur die Zeitbedingtheit, sondern auch sein Realismus, die Einsicht in die gegebene menschliche Wirklichkeit, es daran gehindert?

Allerdings besteht heute die Aufgabe, über den ursprünglichen Wortsinn des Gebots „Du sollst nicht töten“ hinauszudenken, die in der Überlieferungsgeschichte vielfach erkennbare Erweiterung der Intention fortzuführen. Soll dieses „Weiterdenken“ wiederum Anhalt an der biblischen Tradition behalten, kann es vor allem an zwei Aussagen anknüpfen:

Zum einen steht der Mensch als „Bild Gottes“ unter einem Schutz, der auch dem schuldigen Menschen gilt, so daß etwa die Todesstrafe nicht mehr angemessen erscheint.[27]

Zum andern ist jene biblische Hoffnung auf Frieden mit dem Tötungsverbot zu verbinden, so daß sie auch als Zielpunkt für das Handeln erscheint. Dabei bleibt die alttestamentliche Zukunftserwartung durch menschliches Handeln nicht einholbar; denn sie übergreift die natürlich-geschichtlichen Gegebenheiten, ja die menschlichen Möglichkeiten. Es bleibt ein reicher „Überschuß“, der eben wegen der Differenz zur jeweils vorhandenen Wirklichkeit deren Mängel aufdecken und zu deren Kritik führen kann.

[26] Jes 25,8; vgl. 26,19; auch Ps 22,30; 73,23ff.; Dan 12,2; vgl. o. B I.
[27] Vgl. o. Anm. 18.

VII. DAS SIEBTE (SECHSTE) GEBOT

„Nicht ehebrechen"

„Wie sollte ich dies große Unrecht begehen und gegen Gott sündigen?" So begründet Joseph seine Weigerung gegenüber der Frau Potiphars, als diese ihn während der Abwesenheit ihres Mannes zum Ehebruch verleiten will.[1]

(1) Dem strengen Wortlaut nach wird im siebten Gebot nur dem Mann verboten, die Ehe zu brechen.

Das Spezifikum des (altorientalischen und) alttestamentlichen Ehebruchsverständnisses ist, „daß der Mann nur die fremde Ehe, die Frau nur die eigene brechen kann".[2]

Genauer: „Ehebruch ist der Geschlechtsverkehr mit der Frau oder Verlobten eines anderen Mannes, geht man vom Standpunkt des Mannes aus, bzw. für die verheiratete, verlobte oder im Rechtsverhältnis der Schwiegertochter stehende Frau jeder außereheliche Verkehr überhaupt."[3]

Mit dem hebräischen Verb wird kaum schon der versuchte Ehebruch bezeichnet, wie im Gefolge anderer jüdischer Ausleger[4] M. Buber übersetzt („Buhle nicht!") und etwa Sch. Ben-Chorin[5] interpretiert. Dieser Fall wird im Hebräischen eher mit anderen Verben umschrieben.[6]

Nach E. Nielsen[7] steht die Formulierung des siebten Gebots sogar für „jede Form sexueller Versündigung" und „religiösen Abfall".

Für Homosexualität (Lev 18,22; 20,13) und Sodomie (18,23; 20,15) wird jedoch generell *škb ᶜm* „liegen bei" gebraucht. Ist von Ehebruch im kultischen Zusammenhang die Rede[8], wird zunächst an kanaanäische Kultprostitution

[1] Gen 39,9; vgl. o. A I.

[2] O. Procksch, Theologie des Alten Testaments, 1950, 88.

[3] H. Schulz, Todesrecht, 34.

[4] Zitiert bei J. J. Petuchowski (Hrsg.), Die Stimme vom Sinai, 1981, 104–106.

[5] „Das Gebot wendet sich sicher gegen den Ehebruch, aber nicht *nur* gegen ihn, sondern umschließt auch das Verbot der Sexualkulte, der Tempelprostitution, die in der kanaanitischen Umwelt des antiken Israel eine bedeutende Rolle spielte" (Sch. Ben-Chorin, Die Tafeln des Bundes, 124).

[6] Nämlich *ḥmd* und *'wh;* vgl. u. Abs. B X.

[7] E. Nielsen, Die Zehn Gebote, 84.

[8] Vgl. Hos 4,13; Jer 3,8f.; 5,7; 23,10.14; Ez 16,32.38; 23,37.48.

und damit an konkretes sexuelles Vergehen, dann auch an metaphorischen Gebrauch des Wortes zu denken sein.

Welche Intention steht hinter diesem Dekalogverbot? Die Frage ist nicht leicht zu beantworten.

a) Das Eigentumsrecht ist nach E. Otto Hintergrund des Gebots: „Der exklusive Anspruch des Ehemannes auf die Sexualität der Ehefrau dient der besitzrechtlichen Unterordnung der Frau unter ihren Mann."[9]

Als Gründe lassen sich anführen:

1. Die Bezeichnungen *ba^cal* (Eheherr) für den Mann und *b^{e c}ulat ba^cal* (etwa: die dem Eheherrn Unterworfene/Anvertraute) für die Frau deuten auf ein Besitzverhältnis.[10]

2. Die Inzestverbote Lev 18,7–18 begründen die Unantastbarkeit der weiblichen Verwandten mit ihrer Zugehörigkeit zu den männlichen Gliedern der Großfamilie.[11]

Allerdings geht es nach Otto nicht „intentional um Herrschaft des Mannes über die Frau". Zweck dieser Zuordnung ist vielmehr die „Sicherung des Überlebens der Familie", in der „letztlich die Lebensantworten angesichts des Wissens um den Tod aufgehoben sind."[12]

Ist im Verständnis der Ehe der Besitzaspekt vorherrschend? Oft wird *ba^cal* synonym mit der üblichen Bezeichnung für den Mann, *'iš*, gebraucht (vgl. 2 Sam 11,26 u. a.). Der Mann hat aber keineswegs die Rechte, die ein Besitzer an seinem Sachgut hat; so ist die Frau nicht veräußerbar.[13]

Die – wohl sekundären[14] – Begründungen der Inzestverbote (Lev 18) bedenken zwar die Großfamilie vom pater familias her, wollen im strengen Sinne jedoch kaum Besitzverhältnisse festhalten; Begründungen, wie „sie ist ja deine Tante" (V. 14), sprechen eher dagegen. Vielmehr geht es den Verboten darum, daß das Zusammenleben „nicht in ein Durcheinander der Geschlechtsgemeinschaft ausarten, und der Friede innerhalb der Wohn- und Wirtschaftsgemeinschaft ... an einem empfindlichen Punkt gesichert werden" soll.[15]

[9] E. Otto, ZEE 26, 1982, 290f.

[10] Ebenda; vgl. auch J. Halbe, Die Reihe der Inzestverbote Lev 18,7–18: ZAW 92, 1980, 60–88, bes. 71.87.

[11] E. Otto, ZEE 26, 1982, 290.

[12] E. Otto, ZEE 26, 1982, 296.

[13] Der *mohar* „Brautpreis" hat nicht den Charakter eines Kaufpreises; vgl. E. Würthwein, Verantwortung, 101f.; E. Lipiński, ThWAT IV, 1984, 717–724.

[14] So K. Elliger, HAT I,4, 1966 z. St.; anders J. Halbe (o. Anm. 10).

[15] K. Elliger, Das Gesetz Leviticus 18: KS zum Alten Testament, TB 32, 1966, 240.

b) Hingegen ist nach H. Graf Reventlow[16] das siebte Gebot sakralrechtlich zu verstehen:

„Auf jeden Fall ist in dem“ *n'p* „mehr enthalten als die Verletzung eines bloßen Rechtsinstituts. Hier ist vielmehr ein Akt gemeint, der die sakrale Sexualzone tangiert ... Mag auch der spezielle Fall eines Ehebruchs im engeren Sinne ... hier konkret im Blick stehen, ist damit beispielhaft doch das gesamte Gebiet des Geschlechtlichen einbegriffen, das in seinen mannigfachen Versuchungen eine besonders große Gefahr für eine dem Jahweglauben gemäße Lebensführung bedeutete.“

Zwei Beobachtungen können diese These stützen: Gen 39,9 und 2 Sam 12,13 (vgl. Ps 51,6) sprechen vom Ehebruch als einer „Sünde gegen Gott“.[17] Zudem taucht *n'p* mehrfach in prophetischen Anklagen gegen Kultprostitution auf (Hos 4,13f. u. a.). „Israel grenzte sich damit vom Kanaanäertum und seinen orgiastischen Fruchtbarkeitskulten ab.“[18]

Ist diese kultische Bedeutung aber ursprünglich mit *n'p* verbunden? Die Propheten erkennen, „daß *auch* die Kultprostitution Ehebruch darstellt – was damals offenbar bestritten wurde – und der sakrale Bezirk nicht vor den mit Ehebrecherei notwendig gegebenen Folgen schützt“.[19] Das Ehebruchsverbot gehört generell kaum zum *Sakral*recht.

c) Wiegen persönliche Erfahrungen[20] mit Auswirkungen des Ehebruchs so schwer wie oder gar schwerer als rechtliche Gründe? Die Gefahren des Auseinanderklaffens von sexueller Begierde und tiefer Zuneigung sind wohlbekannt (vgl. 2 Sam 13,11–17). Darum legt das Alte Testament Wert auf die „Ganzheit“ der Liebe. „Gestörte und enttäuschte Liebe bringt namenloses Leid.“[21]

Etwa die Erzählung von David und Batseba (2 Sam 11f.) betont weniger die juristische Verfehlung Davids als die immer tiefere Verstrikkung in Schwäche und Schuld, die schließlich zum Tod zweier Menschen führt.

[16] H. Graf Reventlow, Gebot und Predigt, 79.

[17] Vgl. aber zu dem eher allgemeinen Ethos vor religiös-theologischem Hintergrund o. A I 3.

[18] H. J. Boecker, Recht und Gesetz, 99.

[19] H. Schulz, Todesrecht, 18.

[20] Umgekehrt können persönliche Beziehungen die gesellschaftlichen Bedingungen überbieten. So fragt Elkana seine Frau Hanna, die über ihre Unfruchtbarkeit trauert: „Bin ich dir nicht mehr wert als zehn Söhne?“ (1 Sam 1,8).

[21] H. W. Wolff, Anthropologie, 256.

„Es ist ja kein blindes Spiel von Zufälligkeiten, das dieser Schriftsteller nachgestaltet, sondern Schicksale sind's in dem ernsten Sinn des Wortes, die sich erfüllen. Eine straff gespannte Kette von Sünde und Leid zieht an dem Beschauer vorüber. Irgendein Wahn, eine Verlockung ... verstrickt diese Menschen in Schuld, in der sie untergehen.“[22]

Auch die Weisheit warnt weniger vor einer Strafe (Spr 6,33f.) als vor der Schmach, die den Ehebrecher trifft.

Eifersucht, Rachegelüste und Unbestechlichkeit des Ehemannes (Spr 6,34f.) lassen den Ehebrecher ins offene Messer laufen. Die Weisheit sieht ihn als selbstzerstörerisch und verstandlos an (V 32). So gleicht er einem Stier, den man zur Schlachtbank führt (7,22). In eine tiefe Grube wird er, bildlich gesprochen, fallen und dem engen Brunnen nicht mehr entweichen (23,27). Hoffnung, unentdeckt zu bleiben, gibt es nicht; denn jeder wird bestraft (6,29). Wenn kein Mensch den Ehebruch bemerkt, so wird doch Gott für eine gerechte Strafe sorgen (Sir 23,18.21–24).

Solchen Warnungen setzt die Spruchweisheit entgegen:

„Wer eine Ehefrau gefunden hat, hat etwas Gutes gefunden
und Wohlgefallen von Jahwe erfahren.“
(Spr 18,22)

So scheint auch die Weisheit an der Weitergabe von (zumal leidvollen) Erfahrungen interessiert zu sein, ohne daß sie ausdrücklich reflektiert, warum etwa der betrogene Ehemann den Ehebrecher nicht schont. Zeigt sich hier das Wissen um die Empfindlichkeit und Sensibilität des engsten menschlichen Lebensbereichs, das nicht auf seine Hintergründe befragt zu werden braucht?

Ähnlich wird die Kritik an bestimmten Verhaltensformen, die im Zusammenhang mit Sexualität stehen, nicht eigens begründet. Sie werden vielmehr mit Redeweisen wie dem formelhaften „So tut man nicht in Israel“ (2 Sam 13,12; vgl. Gen 34,7) oder „Torheit“ in Israel (Ri 20,6; Dtn 22,21 u. a.) abgetan. Damit scheint Israel schon in frühen Zeiten ein Wissen um ein wohl nicht schriftlich fixiertes, auch nicht rational begründetes, aber unbedingt zu wahrendes Ethos zu haben.[23]

(2) Richtet sich das Ehebruchsverbot auch an die Frau? Die Frage stellt sich, weil die übliche Ergänzung zu *n'p* „ehebrechen“, nämlich „mit der Frau seines (deines) Nächsten“[24], fehlt. Diese Belegstellen be-

[22] G. v. Rad, TheolAT I⁴, 326.
[23] Vgl. o. A I.
[24] Lev 20,10; Jer 29,23; vgl. Lev 18,20; Ez 18,6.11.15; 22,11; Spr 6,29 u. a.

denken, daß ein Mann, ob verheiratet oder nicht, ein Verhältnis mit der Ehefrau eines anderen eingeht und damit in *dessen* Ehe einbricht.

Jedoch kann auch die Frau Subjekt von „ehebrechen" sein.[25]

1. Außerdem wird statt des üblichen, immer mit Objekt stehenden *škb ᶜm* „liegen bei" oder „schlafen mit" (Dtn 22,22 u. a.) das allgemeinere, aber seltenere Verb *n'p* gewählt, das ohne Objekt stehen kann.

2. Die Todesstrafe für Ehebruch wird (Lev 20,10) von dem Mann auf die Frau erweitert.

3. Die Frauen können in späterer Zeit in die Gemeinde einbezogen sein.[26]

Daraus darf man folgern: Das Ehebruchsverbot läßt sich wiederum aus einer Generalisierungstendenz verstehen. Kann es – trotz der grammatikalischen Form (2. Ps. masc. Sg.) – auch auf die Frau bezogen sein?

(3) Die Strafbestimmungen des Alten Testaments sehen für nachgewiesenen Ehebruch die Todesstrafe für den Mann und – wohl erst später – auch für die Frau vor:

„Ein Mann, der mit der Frau () seines Nächsten die Ehe bricht,
soll getötet werden – der Ehebrecher und die Ehebrecherin."
(Lev 20,10; vgl. Dtn 22,22–27)

Die Bestrafung der Ehebrecher ist dabei keine Privatsache:

„Im Alten Testament findet sich keinerlei Andeutung auf eine privatrechtliche Beurteilung dieses Delikts, die für das altorientalische Recht sonst ... bezeichnend ist. Das fällt besonders auf, wenn man beachtet, daß sich im Alten Testament im übrigen durchaus noch Reste der Vorstellung von der Privatrache finden".[27]

Die Bestrafung soll im Tor stattfinden, und zwar durch Steinigung (Dtn 22,24). Der Grund für dieses öffentliche Interesse liegt wohl darin, daß „der Schutz der Ehe für die Lebensfähigkeit einer geordneten Gemeinschaft von besonderem Interesse (ist). Ehebruch ist ein Vergehen, das die Gemeinschaft gefährdet."[28] Allerdings ist die Ausführung des Todesurteils in keinem Fall bezeugt.

[25] Jer 3,8f.; Ez 16,32.38; 23,37.48; Hos 4,13f.; 7,4; Spr 30,20.

[26] Vgl. Jer 44,15; Esr 10,1; Neh 8,2. Schließt die prophetische Verkündigung, also ein Wort wie Hos 4,2 (vgl. Am 4,1f.; Jes 3,14f.), eventuell die Frauen mit ein?

[27] H. J. Boecker, Recht und Gesetz, 98; anders S. E. Loewenstamm, AOAT 204, 1980, 146ff. Eine Entwicklung vom Privatrecht zum öffentlichen Recht erkennt W. Kornfeld, RB 57, 1950, 92ff.

[28] H. J. Boecker, Recht und Gesetz, 98.

So bezweifelt H. McKeating, daß die entsprechenden Gesetze in Israel unbedingte Geltung hatten. Vor allem unter Berufung auf die Weisheit (bes. Spr 6, 32–35) vermutet er, "that there was a law, which such a husband might appeal to if he chose, and that the extreme penalty was at least a theoretical problem." "As far as adultery is concerned, the law constitutes a forceful statement of what is desirable."[29] Doch selbst wenn Spr 6, 32–35 den rechtlichen Aspekt nicht in den Vordergrund stellt, deutet V 34 darauf hin, daß die Anklage wohl Praxis und nicht nur Desiderat ist. So ist McKeatings Rat "we are unwise to use the laws as a starting point for any discussion of Israelite ethics"[30] bei diesem Fall nicht zwingend.

In einer Auseinandersetzung mit McKeating vermutet A. Phillips[31], Ehebruch sei vor dem deuteronomischen Gesetz und dem Heiligkeitsgesetz nur für den Mann mit der Todesstrafe verbunden gewesen, während die Bestrafung der ehebrecherischen Frau Privatangelegenheit war. Erst später sei auch sie öffentlich und mit dem Tode bestraft worden.

Anders als in den alttestamentlichen Gesetzen liegt die Bestrafung des Ehebruchs nach dem Codex Hammurabi nicht im öffentlichen Interesse. Wird auch im § 129[32] die Todesstrafe für beide in flagranti ertappten Ehebrecher verlangt, so fügt der Nachsatz hinzu, daß der betrogene Ehemann seiner Frau verzeihen und der König anschließend den Ehebrecher begnadigen kann.

Auch mittelassyrische Gesetze billigen dem Ehemann eine tragende Rolle zu: Er kann die beiden Beteiligten nach seinem Willen bestrafen.[33]

Warum wird nicht auch im Alten Testament dem Ehemann die Möglichkeit des Verzeihens ausdrücklich zugebilligt? E. Würthwein[34] urteilt:

„Die Vorstellung vom Ehebruch als einer Unheil zeugenden bösen Tat ... bringt es mit sich, daß Ehebruch nicht als ein Delikt behandelt werden kann, das die Betroffenen unter sich nach Gutdünken abmachen können. Es hängt zu viel für das Jahwevolk und sein Heil als ganzes davon ab.“

Hat die Ehe im Alten Testament auch eine große Bedeutung, so ist sie doch nicht unauflösbar. Allerdings kann eine Scheidung nur vom Mann ausgehen.[35] Sie war möglich (Dtn 24, 1; vgl. Hos 2, 4)[36], wird

[29] H. McKeating, JSOT 11, 1979, 68f.; vgl. A. Phillips, JSOT 20, 1981, 25f.
[30] H. McKeating, JSOT 11, 1979, 66.
[31] A. Phillips, JSOT 20, 1981, bes. 6.15.
[32] Vgl. TUAT I/1, 58.
[33] §§ 14–16.23; vgl. TUAT I/1, 82f. 84.
[34] E. Würthwein, Verantwortung, 108.
[35] Im babylonischen Recht kann die Scheidung auch von der Frau ausgehen (CH §§ 137–143. 148f.). Erkrankt sie, wird eine Scheidung jedoch unmöglich. Vgl. dazu H. J. Boecker, Recht und Gesetz, 52. 89–91.
[36] Schutz der Frau ist der Scheidebrief (Dtn 24, 1.3). Zwei Ausnahmen nennt das Recht, die eine Scheidung ausschließen: Die Frau wurde als Jungfrau ver-

aber, wie der exegetische Befund vermuten läßt, nicht oft durchgeführt worden sein.[37]

(4) Die Propheten können das Verhältnis von Gott und Volk im Bild der Ehe einfangen.[38]

Im Hintergrund steht der Mythos der Hochzeit von Gott und Göttin.[39] Die Propheten greifen diese Vorstellung auf und entmythisieren sie: An die Stelle der Göttin tritt – entsprechend dem ersten Gebot – das Volk, an die Stelle eines vor- oder überzeitlichen Geschehens die Geschichte.

In Israels Umwelt verband man mit der Hochzeit von Gott und Göttin vor allem Heil, etwa Fruchtbarkeit in der Natur. Dagegen begegnet bei den Propheten das Bild der Ehe zwischen Gott und Volk im Schuldaufweis. Das Volk hat die Ehe gebrochen, weil es sich anderen Göttern zugewandt hat. So erhält der Prophet Hosea den Auftrag:

„Geh und nimm dir eine hurerische Frau
und (zeuge) hurerische Kinder;
denn das Land hurt von Jahwe weg."[40]

Eine Rück- oder Umkehr des Volkes ist ausgeschlossen:

„Wenn ein Mann seine Frau entläßt, und sie von ihm weggeht
und die Frau eines anderen wird,
kann ‚sie' da wieder ‚zu ihm' zurückkehren?
Würde nicht vollends verunreinigt dieses Land?
Und du hurst mit vielen anderen
und solltest zu mir zurückkehren können –
Spruch Jahwes?"
(Jer 3,1)

führt (Dtn 22,28f.), oder ihr wurde fälschlich der Vorwurf gemacht, nicht als Jungfrau in die Ehe gekommen zu sein (22,13–19).

[37] Daß die Scheidung selten vollzogen wurde, hatte wohl nicht nur materielle – dem Ehemann ging das Brautgeld verloren –, sondern auch religiöse Gründe: Jahwe haßt die Scheidung (Mal 2,16; vgl. H. J. Boecker, Recht und Gesetz, 95–97).

[38] Hos 1,2; Jer 3,6ff.; Ez 16; 23 u. a.

[39] W. H. Schmidt, Das erste Gebot, 24f. 35; Alttestamentlicher Glaube, 169. 173.

[40] Hos 1,2. Die Echtheit des Textes wird gelegentlich bestritten (vgl. W. Rudolph, KAT XIII/1, 1966, 39–45; J. Jeremias, ATD 24/1, 1983, 25–27), doch kaum zu Recht. Der Kauf einer „Frau, die einen anderen ‚liebt' und die Ehe bricht" (3,1), dient ebenfalls (zunächst) dem Schuldaufweis. Ob 1,2 jüngere (dtr) Sprache enthält, bleibt zumindest unsicher, da eine exakte Parallele fehlt. Konnte man einem Propheten, der durch die geschichtlichen Ereignisse recht bald als wahr erwiesen wurde, nachträglich eine solch anstößige Ehe zuschreiben?

Erst die neuerliche Zuwendung Jahwes nach erlittenem Gericht stellt die Ehe wieder her:

„Man wird zu dir nicht länger 'Verlassene' sagen,
zu deinem Land wird man nicht länger ',Einsame'' sagen,
sondern man wird dich 'Mein Wohlgefallen an ihr' nennen,
und dein Land 'Verheiratete'.
‚So' wie der Jüngling die Jungfrau freit,
werden deine ‚Erbauer' dich freien,
und so wie der Bräutigam sich an der Braut freut
wird sich dein Gott an dir freuen.“
(Jes 62,4f.)

VIII. DAS ACHTE (SIEBTE) GEBOT

„Nicht stehlen“

(1) Die schon mehrfach erkennbare Tendenz zur Sinnerweiterung des Gebots tritt in diesem Fall besonders klar hervor.

Wie der älteste erhaltene Rechtssatz das Töten eines Mannes unter Strafe stellt, so scheint sich das Verbot des Diebstahls *ursprünglich* nur auf den Mann bezogen zu haben; darauf deuten verschiedene Hinweise:

a) Innerhalb des Dekalogs steht das Verbot des Diebstahls im näheren Zusammenhang von Verboten zwischenmenschlicher Vergehen (Tötung, Ehebruch); in diesem Kontext erscheint es auch außerhalb des Dekalogs.[1]

b) Das Verbot des Diebstahls steht „mehr oder weniger weit abseits“[2] von dem ihm sachlich nahestehenden Verbot des Begehrens. Bezieht sich das achte Gebot ursprünglich nur auf den Mann, so überschneidet es sich nicht mehr mit dem zehnten Gebot; denn dieses nennt in der Reihe der Objekte („Haus, Frau, Knecht, Magd ...“) den Mann nicht.

c) Innerhalb der ältesten erhaltenen Rechtssatzreihe, die auch Totschlag und Elternfluch untersagt, findet sich der Tatbestand des Diebstahls in der Fassung:

„Wer einen Mann stiehlt –
ob er ihn verkauft
oder ob er sich noch in seiner Hand (Gewalt) befindet –,
muß getötet werden.“
(Ex 21,16; vgl. Dtn 24,7)[3]

Das bekannteste biblische Beispiel bietet die Erzählung vom Verkauf Josephs nach Ägypten (Gen 37,25ff.; 40,15).

Das Verbot des Diebstahls paßt „gerade in solcher Beschränkung auf

[1] Hos 4,2; Jer 7,9; Hi 24,14f. u. a.

[2] A. Alt, KS I, 333.

[3] G. Liedke (Gestalt, 132f.) vertritt ein enges Verständnis dieses Rechtssatzes: Es „handelt sich um den Diebstahl eines männlichen Gliedes der eigenen Familie zum Zweck des Verkaufs in die Sklaverei“.

den Kreis der freien Männer ausgezeichnet zu den es umgebenden Verboten des Ehebruchs und der falschen Aussage vor Gericht“[4]. Es ist „wahrscheinlich an Freiheitsberaubung gedacht“[5].

So gilt der in einem frühen Überlieferungsstadium vom achten Gebot ausgesprochene Schutz wieder einer Person.

H.-J. Kraus[6] plädiert auch im Blick auf die Gegenwartsbedeutung dafür, „daß im Verständnis von Ex. 20,15 die zuverlässigen Forschungen biblischer Exegese gegen die bestehende Auslegungstradition durchgesetzt werden“, und bezieht – im Anschluß an A. Alt und jüdische Exegese – das Gebot eben nur auf „den an Menschen begangenen qualifizierten Diebstahl“.

Allerdings entspricht dieses Verständnis nur der noch nachklingenden *Vorgeschichte* des Gebots, kaum mehr seinem Sinn im Dekalog selbst.

Kann das Verb *ganab* „stehlen“ ohne Angabe eines Objekts den eingeschränkten Sinn „Menschen stehlen“ haben? Das Verb bezieht sich eher nur gelegentlich auf Personen[7], oft auf Vieh[8] oder Sachen wie Geld[9]. So gilt die Untersagung des Diebstahls schon nach Zeugnis der Propheten allgemein.[10] Das Gebot hat – durch Auslassung des Objekts – eine stark erweiterte Bedeutung gewonnen. Damit ist das Verbot von Menschenraub nicht aus-, sondern eingeschlossen.[11]

[4] A. Alt, KS I, 340.

[5] So zustimmend M. Noth, ATD 5, ^{6}1978, 133; vgl. J. J. Stamm, ThR 27, 1961, 298f.; H. Graf Reventlow, Gebot und Predigt, 79ff.; E. Nielsen, Die Zehn Gebote, 72f. u. v. a.

Nach A. Phillips (Ancient Israel's Criminal Law, 10) werden im Dekalog nur "offences against persons and not property" behandelt.

Auch die rabbinische Auslegung kennt die Deutung auf Menschenraub; vgl. H. Gottstein, ThZ 9, 1953, 349f.; J. J. Petuchowski, VT 7, 1957, 397f.; ders., Die Stimme vom Sinai, 111–113.

[6] Reich Gottes: Reich der Freiheit. Grundriß systematischer Theologie, 1975, 361f.; vgl. Systematische Theologie im Kontext biblischer Geschichte und Eschatologie, 1983, 174f.

[7] Von 55 Belegen nur dreimal (Ex 21,16; Dtn 24,7; Gen 40,15); vgl. V. Hamp, ThWAT II, 1977, 44f.

[8] Ex 21,37; 22,11.

[9] Ex 22,6; Gen 44,8; vgl. Jos 7,21 u. a.

[10] Hos 4,2; Jer 7,9; vgl. Lev 19,11.

[11] Ist Menschenraub zur Zeit der Entstehung des Dekalogs überhaupt noch von Bedeutung? W. Thiel (Die soziale Entwicklung Israels in vorstaatlicher Zeit, ^{2}1985, 156) jedenfalls meint: „Der Raub eines Menschen ... gilt in Israel als todeswürdiges Verbrechen (Exod 21,16). Es dürfte daher nicht allzu oft vorgekommen sein.“

(2) Das Alte Testament enthält einen dreifach differenzierten Strafkatalog für Diebstahl:

1. Die Todesstrafe droht für den Diebstahl von Menschen (Ex 21,16; Dtn 24,7 u. a.) und Eigentum Gottes, etwa geweihtem Banngut (Jos 7).[12]

2. Gewöhnlich wird als Strafe für den Diebstahl von Vieh und Wertgütern doppelter Ersatz gefordert (Ex 22,3.6.8).

3. Fünf- bzw. vierfacher Ersatz ist zu leisten, wenn Rinder oder Schafe bereits geschlachtet oder verkauft waren (Ex 21,37).[13]

Körperverstümmelung ist, anders als in Israels Umwelt[14], im Alten Testament als Strafe nicht belegt. Auch der Dieb hat ein Recht auf persönliche Unversehrtheit – gilt er insofern als Gottes „Ebenbild"? Zudem erlauben die vergleichsweise milden Strafen für Diebstahl[15] den Schluß: Im Alten Testament haben Personen Vorrang vor Eigentum.

[12] Die Rechtscorpora in der Umwelt Israels, etwa der Codex Hammurabi in §§ 6, 7, 9, 10 (TUAT I/1, 45f.), kennen „sowohl für den qualifizierten wie auch für den gemeinen Diebstahl" die Todesstrafe (F. Horst, Gottes Recht, 171). Allerdings haben „jüngere Rechtsschichten ... die Todesstrafe für Diebstahl bereits zurückgedrängt" (ebenda).

[13] Der Codex Hammurabi etwa kennt Strafen bis zum dreißigfachen Ersatz (§ 8; TUAT I/1, 45). Darf man daraus folgern, daß im Vergleich zum alttestamentlichen im altorientalischen Recht „der Schutz des Eigentums wesentlich stärker vertreten wird" (H. J. Boecker, Recht und Gesetz, 53f.)?

[14] Vgl. Mittelassyr. Gesetz § 4, 5 (TUAT I/1, 81); Hethitische Gesetze § 95 (TUAT I/1, 111).

[15] Bußleistungen wurden „von viel geringerer Höhe als in den altorientalischen Gesetzen festgesetzt, so daß man nicht zu Unrecht von einer ‚eigenartigen Milde in der Beurteilung' des Diebstahls im Alten Testament gesprochen hat" (H. J. Boecker, Recht und Gesetz, 145 unter Aufnahme eines Zitats von J. Hempel).

Erklärt sich diese Milde daher, „daß die alttestamentlichen Rechtsbestimmungen noch erheblich vom nomadischen Eigentumsverständnis geprägt sind, das darin seine Besonderheit hat, daß es mehr gruppenbezogen als individualistisch ausgerichtet ist und deshalb dem Eigentum des einzelnen weniger Aufmerksamkeit entgegenbringt" (ebenda)?

IX. DAS NEUNTE (ACHTE) GEBOT

Keine falsche Zeugenaussage

Wie wenig das Alte Testament Prinzipien vor Augen stellt oder feste Normen auf eine Situation anwendet, wird für heutiges Verständnis besonders auffällig bei diesem Gebot, das nicht die Mahnung enthält, stets die Wahrheit zu sagen. Unseren „Nächsten nicht fälschlich belügen, verraten, afterreden oder bösen Leumund machen" deutet M. Luther (im Kleinen Katechismus). Dem Wortlaut nach verbietet das neunte Gebot die falsche Zeugenaussage vor Gericht, untersagt die Lüge also zunächst nur dort, wo sie dem Nächsten am meisten schadet, ihn seinen Besitz oder eventuell gar das Leben kosten kann. Insofern steht mehr als, wie man gelegentlich auslegt, die „Ehre", nämlich die Existenz, auf dem Spiel.

Der *reaᶜ* ist – entgegen gelegentlichem Mißverständnis – eigentlich nicht der „Volksgenosse", der Israelit[1]; der Begriff bezeichnet zunächst „weithin ganz allgemein den Menschen der näheren Umgebung, mit dem man durch das tägliche Leben – durch Nachbarschaft, gemeinsame Arbeit oder zufällige Begegnung – in Berührung kommt".[2] Gedacht ist an den räumlich Nächsten, den Nachbarn:

„Verflucht ist, wer seines Nächsten Grenze verrückt."[3]

(1) Der Sprachgebrauch veranschaulicht den Hintergrund. Das verwendete Verb (*ᶜnh b*) bezeichnet das Auftreten vor Gericht für oder (zumeist) gegen jemanden: „aussagen, zeugen".[4] Wer Zeuge eines Vergehens wird, ist verpflichtet, die Sache vorzutragen, so daß in einem Prozeß der Zeuge zugleich Ankläger sein kann: „Er ist derjenige, der

[1] Vgl. Lev 19,18; Dtn 15,2f.

[2] J. Fichtner, Der Begriff des 'Nächsten' im Alten Testament (1955): Gottes Weisheit, 1965, 88–114, bes. 95. Der Begriff des „Nächsten" „meint, ohne ein bestimmtes Rechtsverhältnis auszudrücken, denjenigen Menschen, mit dem man durch die Lebensumstände zusammengeführt ist und zusammenlebt" (M. Noth, ATD 5, ^{6}1978, 133). Vgl. auch J. Kühlewein, THAT II, ^{2}1979, 786ff., bes. 788f. 790; D. Kellermann, ThWAT VII/Lfg. 3–5, 1990, 545–555.

[3] Dtn 27,17; vgl. Spr 3,29.

[4] Vgl. Dtn 19,16; 1 Sam 12,3; Spr 25,18 u. a.; dazu HAL 806f.; C. J. Labuschagne, THAT II, 1976, 339; F. J. Stendebach, ThWAT VI, 1987, 236f.

das Verüben eines Verbrechens gesehen oder davon gehört hat (Lev. v 1) und es anzeigt."[5]

Das Verbot, als „Falsch-" oder „Lügenzeuge"[6] aufzutreten, „heißt also nichts anderes als: Du darfst gegen niemand eine falsche, fingierte Anklage erheben"[7].

Was Gesetze und Erzählungen von der Bedeutung des Zeugen erkennen lassen, bestätigen weisheitliche Sprichwörter und warnen so vor der Gefahr einer „drohenden Vernichtung"[8], die ein Lügenzeuge bringen kann:

> „Ein Lebensretter ist der wahrhaftige Zeuge ..."
> (Spr 14,25)

> „Ein Streithammer, ein Schwert und ein scharfer Pfeil ist der Mann,
> der gegen seinen Nächsten als Lügenzeuge auftritt."
> (Spr 25,18)

Einen anschaulichen Beispielfall für die Ausnutzung einer Falschaussage und deren Folgen bietet das Alte Testament in der Geschichte von Nabots Weinberg.[9] Die vielfältigen Hinweise legen den Schluß nahe, „daß die falsche Anzeige in der israelitischen Gesellschaft ein verbreitetes Übel war"[10].

Diesem Übel suchte man mit der gesetzlichen Forderung zu begegnen, eine Anklage (Dtn 19,15), jedenfalls bei drohender Todesstrafe (17,6; Num 35,30), nur auf Aussage von zwei Zeugen zu erheben; jedoch schloß auch diese Regelung den Mißbrauch nicht aus (1 Kön 21,13).[11]

[5] I. L. Seeligmann, FS W. Baumgartner, 1967, 262; dazu Spr 29,24. Einen Einblick in das Gerichtsverfahren gibt – neben der klassischen Darstellung von L. Köhler, Die hebräische Rechtsgemeinde, in: Der hebräische Mensch, 1953, 143ff. – H. J. Boecker, Recht und Gesetz, 20ff. Wer „als Zeuge in einem Verfahren eine Aussage gemacht hat, der kann durchaus am Ende des Verfahrens als Richter seine Stimme abgeben. Dasselbe gilt aber auch ... vom Ankläger und Richter. Es ist möglich, daß auch der Ankläger schließlich als Richter den Urteilsspruch mit verantwortet" (27; auch 30). Vgl. noch C. van Leuven, THAT II, 1976, 211ff.; H. Simian-Yofre, ThWAT V, 1986, 1112ff.

[6] Dtn 19,18; Ps 27,12; Spr 6,19; 12,17; 14,5; 19,5.9; 25,18; vgl. *ᶜed ḥamas* „Zeuge der Gewalt", d. h. der Zeuge bzw. Kläger, der auf Unrecht, Gewalt oder gar Tod aus ist (Dtn 19,16; Ex 23,1).

[7] I. L. Seeligmann, FS W. Baumgartner, 1967, 262f.

[8] O. Plöger, BK XVII, 1984, 303.

[9] 1 Kön 21; vgl. auch Am 5,10ff.; Mi 3,1ff.9ff. u. a.

[10] I. L. Seeligmann, FS W. Baumgartner, 1967, 262.

[11] Vgl. auch Jes 8,2; Mt 18,16; 26,60. – Wegen der hohen Bedeutung der

(2) In Dtn 5,20 findet sich statt „Zeuge der Lüge" (*šaeqaer* Ex 20,16) vielmehr „Zeuge des Trugs", d. h. der „Bosheit, Falschheit, Nichtigkeit" *(šaw')*[12].

J. J. Stamm erklärt den Wechsel im Ausdruck (wohl zu Recht) als Ausweitung des Sachverhalts:

„Jede falsche Aussage sollte verboten sein, und keiner sollte sich darauf berufen können, nicht geradezu gelogen zu haben."[13]

M. A. Klopfenstein stimmt zu, daß es „richtig ist, in der Ersetzung von *šaeqaer* durch *šaw'* im Dt eine Verallgemeinerung – eine Verallgemeinerung vielleicht nicht nur im Sinn einer unausweichlicheren Erfassung des Pseudozeugen in der forensischen Situation, sondern wohl auch der Ausweitung des Verbotsbereichs über diese Situation selber hinaus – zu sehen". „Etwa in dem Sinn, wie der allgemeinere Fall der Verbreitung falscher Gerüchte ... in Ex 23,1 neben dem spezielleren Fall der rechtsvergewaltigenden, also falschen Zeugenschaft vor Gericht ... steht."[14]

Umgekehrt argumentiert F.-L. Hossfeld: Eine (priesterliche) Redaktion habe die in Dtn 5,20 belegte ursprüngliche Wendung durch *šaeqaer* „Lüge" in Ex 20,16 ersetzt, um die „Stichwortassoziation zwischen dem Verbot des Namensmißbrauches und dem des Falschzeugnisses zu unterbinden, ohne den Sinn des Falschzeugnisverbots zu ändern"[15].

Allerdings bildet *ᶜed šaeqaer* „Lügenzeuge" den üblichen, vorgeprägten Ausdruck[16], während *ᶜed šaw'* „Trugzeuge" singulär ist. Die Entwicklung ist leichter verständlich, wenn sie bei dem gängigen Sprachgebrauch einsetzt und von ihm wegführt, einen vorgegebenen

Zeugenaussage vor Gericht wird die Falschaussage schon im alten Orient (Codex Hammurabi § 1ff. u. a.) wie gemäß Dtn 19,16–19 nach dem Talionsprinzip bestraft: „Der falsche Ankläger bzw. Zeuge wird mit der Strafe bedroht, die den Angeklagten im Falle der Verurteilung getroffen hätte" (H. J. Boecker, Recht und Gesetz, 70).

[12] Das Wort *šaw'*, das zwar früh im Bereich des Rechtswesens (Ex 23,1; Hos 10,4), aber außer Dtn 5,20 nicht in Verbindung mit *ᶜed* „Zeuge" begegnet, hat über *šaeqaer* „Lüge" hinaus auch den Sinn „Leere, Nichtigkeit", eventuell „Haltlosigkeit, Vergeblichkeit". Vgl. J. F. A. Sawyer, THAT II, 1976, 882f.

[13] Der Dekalog, 60.

[14] Die Lüge, 20 mit Anm. 69; vgl. auch E. Nielsen, Die Zehn Gebote, 39.

[15] Der Dekalog, 85; vgl. Vom Sinai zum Horeb, 101ff.; zustimmend H. Simian-Yofre, ThWAT V, 1986, 1113; anders wieder F. J. Stendebach, ThWAT VI, 1989, 236f.

[16] Vgl. o. Anm. 3. „Der Exodusdekalog greift beim Falschzeugnisverbot auf eine etablierte und verbreitete ältere Formulierung mit dem Lügenzeugen zurück" (F.-L. Hossfeld, Vom Sinai zum Horeb, 104).

Terminus umformt, zumal die Deuteronomiumfassung auch als Angleichung an das dritte Gebot verständlich wird.[17] Warum sollte eine sprachlich einheitlichere Prägung des Dekalogs später aufgegeben worden sein?

(3) Die sich in Dtn 5,20 vermutlich andeutende Tendenz zur Verallgemeinerung kommt in sachlich nahestehenden Sätzen stärker zum Ausdruck.

Schon das formal dem Dekalog vergleichbare, im Bundesbuch erhaltene und wohl in alte Zeit zurückreichende Gebot

„Du sollst nicht ein leeres (nichtiges) Gerücht aussprechen" (Ex 23,1)

bleibt durch die parallele Wendung, nicht als Zeuge zu Unrecht oder Gewalt beizutragen, dem Thema des neunten Gebots eng verbunden, scheint mit der Warnung, ein „Gerücht" zu verbreiten, aber schon über dessen Situation hinauszugreifen.

Erst recht bieten andere Formulierungen eine Sinnerweiterung in Richtung auf Untersagung übler Nachrede oder der Teilhabe am Betrug:

„Von einer Lügensache halte dich fern!" (Ex 23,7)

Wie eine Entfaltung des Gegensatzes zwischen dem, der „Zuverlässiges äußert", und dem „Lügenzeugen" (Spr 12,17) wirken die Urteile, welche die Weisheit über die Lüge ausspricht:

„Verläßliche Lippe (d. h.: wahrhaftiger Mund)
besteht für immer,
aber nur einen Augenblick lügnerische Zunge." (12,19)

„Ein Greuel für Jahwe sind lügnerische Lippen,
aber die Treue üben, (haben) sein Wohlgefallen."
(12,22; vgl. 6,16ff.; 12,13)[18]

[17] Diese Angleichung braucht der allgemein im Dekalog erkennbaren Tendenz zur Verallgemeinerung nicht zu widersprechen, entspricht ihr eher. Auch läßt sich der wechselnde Sprachgebrauch im neunten Gebot kaum aus der Tendenz erklären, eine Überschneidung mit dem dritten Gebot zu vermeiden. Das dritte Gebot, das allgemein den Mißbrauch des Gottesnamens verbietet, schließt weiterhin diesen Mißbrauch auch bei Meineid oder Fluch aus (vgl. Lev 19,12; Ps 24,4; außerdem Hos 4,2; 10,4; Jer 7,9; dazu o. Abs. B III).

[18] Haben lügnerische Lippen „keine Beständigkeit, weil der Sprechende sich nicht an sie gebunden fühlt"? Oder ist eher ihre Wirkung nach außen im Blick? Jedenfalls handelt es sich um ein „dem Mitmenschen zum Schaden gereichendes Sprechen" (W. Bühlmann, Vom rechten Reden und Schweigen: OBO 12, 1976, 141).

Schließlich fordert das Gebot Lev 19,11 generell:

„Ihr sollt nicht belügen, ein jeder seinen Mitbürger."

Möglicherweise hat man später auch das Dekaloggebot in solchem weiteren Sinn verstanden.

Zumindest in der Mehrzahl der zitierten Texte wird die Wahrheit unter dem Blickwinkel der Lebenssicherung des anderen betrachtet.

Insofern behält auch M. Luther bei seiner – schon im Alten Testament angelegten – verallgemeinernden Deutung eine Intention des Textes bei: Es „ist in diesem Gepot verpoten alle Sunde der Zungen, dadurch man den Nähisten mag Schaden tuen oder zu nahe sein"[19].

(4) Daß Wahrheit oder Wahrhaftigkeit gleichsam an den Schutz des Nächsten gebunden ist, nicht „absolut" gefordert wird, hängt nicht nur damit zusammen, daß eine gewisse „Gerissenheit" im Leben, etwa eine Klugheit oder gar Verschlagenheit beim Handel, selbstverständlich gegeben ist, sondern deutet ein Sachproblem an, das zum Konfliktfall führen kann: Es gibt eine zu direkte Ehrlichkeit oder Offenheit, die verletzen oder gar zerstören kann. So gehört zum Anspruch auf Wahrheit das Bedenken der Situation: Kann eine wahrheitsgemäße Auskunft dem Nächsten schaden oder nützen? Läßt – in Not oder Gefahr – eventuell nur die Halb- oder Unwahrheit leben?

Schon das Alte Testament berichtet von Szenen, in denen der wahre Sachverhalt zumindest nicht ausreichend wiedergegeben wird. So lassen die Hebammen entgegen der Anordnung Pharaos die Neugeborenen am Leben und weichen auf Befragung geschickt, wohl übertreibend, aber kaum lügend, aus.[20] Eindeutiger sagt der Prophet Jeremia (38,24ff.) in einer verzweifelten Situation auf Drängen des Königs die Unwahrheit.[21] Ist Lüge gerechtfertigt, wenn sie ein Menschenleben retten kann?

M. A. Klopfenstein[22] faßt seine einschlägige Untersuchung abschließend so zusammen:

[19] Im Großen Katechismus BSLK 626.

[20] Ex 1,15ff. (dazu BK II/1, 1988, 44f.).

[21] Vgl. auch Jos 2 u.a. Dagegen erscheinen Abraham (Gen 12,10ff.; 20) oder Isaak (26,6ff.) zumindest nicht vorbildhaft. Die ein Stück weit hilfreiche Unterscheidung, die Halb- oder Unwahrheit komme als Schutz für andere, nicht als Selbstschutz in Betracht, wird der in Ex 1,15ff. geschilderten Situation nicht gerecht.

[22] Die Lüge, 353. Bei dem hebräischen Begriff „Wahrheit, Zuverlässigkeit" ist „immer die Beziehung zum anderen, dem das Reden und Handeln gilt, mit eingeschlossen" (A. Jepsen, ThWAT I, 1973, 337).

„Sowenig Wahrheit und Wahrhaftigkeit in einem idealistischen Sinn um ihrer selbst als eines in sich ruhenden sittlichen Gutes oder um der geistigen Werte der Persönlichkeit willen erstrebt werden, so wenig wird die Lüge um der Verletzung dieser Güter und Werte willen verworfen. Ihre Verurteilung geht vielmehr in erster Linie davon aus, daß sie die Gemeinschaft zwischen Gott und seinem Volk, zwischen Gott und Mensch, zwischen Volksglied und Volksglied, zwischen Mensch und Mensch zerstört. *Lüge ist gemeinschaftswidrig.*"

So scheint D. Bonhoeffer[23] alttestamentliche Denkstruktur zuzuspitzen:

„Das wahrheitsgemäße Wort ist nicht eine in sich konstante Größe, sondern ist so lebendig wie das Leben selbst. Wo es sich vom Leben und von der Beziehung zum konkreten anderen Menschen löst, wo die ‚Wahrheit gesagt wird' ohne Beachtung dessen, zu wem ich sie sage, dort hat sie nur den Schein, aber nicht das Wesen der Wahrheit.

Es ist der Zyniker, der unter dem Anspruch, überall und jederzeit und jedem Menschen in gleicher Weise ‚die Wahrheit zu sagen', nur ein totes Götzenbild der Wahrheit zur Schau stellt ... Er verletzt die Scham, entheiligt das Geheimnis, bricht das Vertrauen, verrät die Gemeinschaft, in der er lebt ..."

[23] Ethik, [8]1975, 388.

X. DER DEKALOGSCHLUSS: DAS (NEUNTE UND) ZEHNTE GEBOT

„Nicht begehren“

(1) Das Verbot zu „begehren“ enthält zweifach die Anrede „Du sollst“, besteht so als einziges Dekaloggebot aus zwei syntaktisch selbständigen Prohibitiven. Handelt es sich darum nicht um zwei Gebote?[1]

Die Antwort fällt für beide Fassungen des Dekalogs, die beim Begehrensverbot erheblich voneinander abweichen, verschieden aus. In Ex 20 sind beide Prohibitive mit Hilfe desselben Verbs *ḥmd* „begehren“ formuliert und gehören daher als *ein* Gebot zusammen. In Dtn 5 begegnet dagegen an zweiter Stelle ein anderes Verb *('wh)*. Außerdem sind hier beide Prohibitive wie die übrigen Gebote der zweiten Tafel durch „und“ aneinandergereiht, wollen also als eigenständige Gebote gelesen werden.[2] Darüber hinaus unterscheiden sich – inhaltlich gewichtiger – beide Fassungen des Dekalogschlusses hinsichtlich der Stellung der Frau. Steht sie in Dtn 5 an der Spitze der geschützten „Objekte“, begegnet sie in Ex 20 erst an zweiter Stelle hinter dem Haus.

(2) Der Befund führt erneut vor die Frage, welche Gestalt des Dekalogs die ältere ist. Wurden die beiden Begehrensverbote von Dtn 5,21 f. nachträglich zu einem Gebot in Ex 20 verbunden?[3] Diese Deutung bereitet nicht geringe Schwierigkeiten.[4] Zum einen fragt man sich:

[1] Vgl. die Zählung der Gebote in der römisch-katholischen und lutherischen Tradition, die auf Augustin zurückgeht: Das Bilderverbot wird mit dem Fremdgötterverbot zusammengenommen oder – ab dem 13. Jahrhundert – ausgelassen, das Begehrensverbot dafür in zwei Gebote aufgespalten. Zu den verschiedenen Zählweisen im Dekalog vgl. B. Reicke, Die zehn Worte in Geschichte und Gegenwart, 8–49.

[2] F.-L. Hossfeld, Der Dekalog, 141 ff.

[3] F.-L. Hossfeld, Der Dekalog, 87ff.; Vom Sinai zum Horeb, 107ff.; J. Schreiner, Die Zehn Gebote, 96f.; vgl. auch W. L. Moran, CBQ 29, 1967, 552–554; K.-D. Schunck, ZAW 96, 1984, 108f.

[4] W. Dietrich, UF 16, 1984, 361; Chr. Levin, VT 35, 1985, 168f.; F. J. Stendebach, BiKi 41, 1986, 91; Religionsunterricht heute 3, 1985, 11; A. Graupner, ZAW 99, 1987, 321–326.

Warum haben die Bearbeiter den zweiten Prohibitiv nicht gestrichen, um die Vereinigung beider Gebote einfacher, zugleich sinnfälliger zu gestalten? Zum andern müßte man folgern: Spätere haben der Frau ihre Vorrangstellung (wieder) genommen, die ihr die Deuteronomiumfassung einräumt. Hat die Überlieferung nicht eher die Tendenz, einmal gewonnene Unterscheidungen zu bewahren oder gar weiterzuführen, als sie nachträglich zu nivellieren? Tatsächlich widerspricht die Annahme, daß die Frau eine Einschränkung ihrer Stellung erfahren hat, der sonst zu beobachtenden Entwicklung in der Gebotsliteratur: Die Frau gewinnt im Laufe der Zeit Rechte hinzu.[5]

a) Gegenüber der älteren Form des Sklavengesetzes Ex 21,2–11 nennt die dtn Novellierung neben dem Hebräer auch die Hebräerin (Dtn 15,12; vgl. V 17), weil „jetzt offensichtlich auch die Frau als grundbesitzfähig und damit rechtsfähig angesehen wird“[6].

b) In nachexilischer Zeit wird der Tochter das Erbrecht für den Fall zugesprochen, daß kein Sohn vorhanden ist.[7]

c) Das Deuteronomium schränkt die Ehescheidung auf den Fall ein, daß der Ehemann an seiner Frau „etwas Abstoßendes“ findet.[8]

d) Das ältere Gebot, nach dem, wer eine unverlobte Jungfrau verführt oder vergewaltigt, sie zu heiraten hat (Ex 22,15), ergänzt das Deuteronomium um die Bestimmung: „er kann sie sein Leben lang nicht entlassen“ (Dtn 22,29).[9] Außerdem verliert der Vater des Mädchens das Recht, die Eheschließung zu verweigern und nur das Brautgeld anzunehmen.[10]

[5] Vgl. F. Crüsemann, in: Als Mann und Frau geschaffen, 26. Besonders das Deuteronomium scheint die Stellung der Frau aufzuwerten. Es „tendiert zu ihrer Emanzipation“ (G. Braulik, FS G. Sauer, 20 mit Anm. 16).

[6] H. J. Boecker, Recht und Gesetz, 158; vgl. G. Braulik, Deuteronomium 1–16,17: NEB, 1986, 114. Außerdem streicht das Deuteronomium die Möglichkeit, die eigene Tochter in ein Konkubinat zu verkaufen (Ex 21,7ff.). – Auch die gewiß jüngere Bestimmung Lev 25,39–46, die sich gegen die Versklavung des „verarmten Bruders“ richtet, nennt ausdrücklich die Frau (V 44).

[7] Num 27,1–11. Sie darf dann allerdings nur innerhalb ihres Stammes heiraten (Num 36).

[8] Dtn 24,1f. Der genaue Sinn der Formulierung *ʿrwt dbr* ist zwar nicht mehr zu ermitteln (vgl. H. J. Boecker, Recht und Gesetz, 96), doch muß etwas Gravierendes damit gemeint gewesen sein (F. Crüsemann, in: Als Mann und Frau geschaffen, 30).

[9] Vgl. E. Otto, ZEE 26, 1982, 287f.; K. Engelken, Frauen im Alten Testament, 178f.

[10] Ex 22,16. Damit wird einem möglichen Rechtsmißbrauch zum Nachteil der Tochter gewehrt. Ihr Vater kann sie nicht zu lebenslanger Ehelosigkeit ver-

e) Die Bestimmung (Lev 20,10), daß der Ehebrecher sterben muß, ist später auf die Frau ausgeweitet worden; so kommt sie stärker als „Subjekt", als eigenverantwortliche Person in den Blick.[11]

Lassen sich Beobachtungen namhaft machen, die diese Entwicklung zugunsten der Frau relativieren?[12] Daß Genealogien noch in nachexilischer Zeit patrilinear waren, verwundert kaum und bedeutet keine Herabminderung der Stellung der Frau. Auch die Höherbewertung männlicher Nachkommenschaft (Lev 12,1–8) ist nicht erst ein Phänomen späterer Zeit. Daß die Priesterschrift das Recht der Namengebung von Sara auf Abraham überträgt (Gen 17,19; 21,3), läßt sich kaum als Versuch werten, die Frau herabzusetzen. Wird die Stammutter Israels nicht eher entlastet, der Stammvater dagegen kritischer gesehen? Nun lacht er angesichts der Sohnesverheißung ungläubig (17,17 P).

Dagegen scheint sich in der Separierung der Frau vom Heiligtum (2 Chr 8,11) bzw. von den Männern während des Gottesdienstes (Sach 12,12–14) tatsächlich der „Vorhof der Frauen" des Herodianischen Tempels anzukündigen. Beide Texte aus der Spätzeit des Alten Testaments betreffen jedoch den kultischen Raum. Von ihm läßt sich nicht ohne weiteres auf den Bereich von Recht und Ethos schließen. Außerdem umfaßte auch die spätnachexilische Gemeinde Männer und Frauen, ja selbst die Kinder (Esr 10,1).

Die Unterschiede beider Dekalogversionen erklären sich leichter, wenn die Exodus- der Deuteronomiumfassung zeitlich vorgeordnet ist. Die jüngere Gestalt trägt der verbesserten Rechtsstellung der Frau Rechnung, stellt sie an die Spitze der vor „Begehren" geschützten Objekte.

Außerdem spaltet Dtn 5 das Begehrensverbot in zwei Gebote auf, um die in Ex 20 herrschende Unklarheit bei der Zählung der Gebote zu beseitigen. Die Zehnzahl wird dort nämlich nur erreicht, wenn man das Bilderverbot als eigenständig zählt, obwohl es mit dem ersten Gebot verklammert ist[13], oder die beiden Prohibitive des Begehrensverbots als zwei Gebote auffaßt, obwohl sie mit Hilfe desselben Verbs formuliert sind. Dagegen teilt die Polysyndese, d. h. die fortlaufende Verknüpfung durch „und", in Dtn 5,17–21 die Gebotsreihe im Verhältnis 4:6 und stellt auf diese Weise sicher, daß Fremdgötter- und Bilderverbot als *ein* Gebot, die Begehrensverbote dagegen als zwei Gebote gelesen werden.

(3) Die beiden Prohibitive des zehnten Gebots der Exodusfassung lassen sich in ihrer Entstehung nicht durch die Verbindung zweier

urteilen, um sie als billige Arbeitskraft im Hause zu behalten (E. Otto, ZEE 26, 1982, 288).

[11] Vgl. M. Noth, ATD 6, ⁵1985, 130.

[12] Vgl. zum Folgenden F.-L. Hossfeld, Vom Sinai zum Horeb, 113f.

[13] Siehe o. B II.

ursprünglich selbständiger Gebote erklären. Handelt es sich um die Restglieder einer ursprünglich selbständigen Reihe von Begehrensverboten?[14] Eine andere Deutung des Sachverhalts liegt näher: Der zweite Satz interpretiert den ersten.[15] Wie im Falle des zweiten Gebots wird eine ältere Fassung durch Ergänzung des Wortlauts ausgeweitet, so die Geltung des Gebots verallgemeinert.[16]

Tatsächlich scheint sich der Begriff „Haus" ursprünglich nur auf das Gebäude mit dem dazugehörigen Grund und Boden bezogen zu haben.[17] Dafür spricht neben der Deuteronomiumfassung, die „Haus" ebenfalls im engeren Sinne auffaßt, vor allem die älteste und engste Wortparallele zum zehnten Gebot Mi 2,1f. Der Prophet Micha ruft das Wehe über die aus,

> „die Unrecht planen ...
> Sie begehren *(ḥmd)* Felder und rauben (sie),
> Häuser und nehmen (sie).
> Sie bedrücken einen Mann und sein Haus,
> einen Menschen und seinen Erbbesitz."[18]

Die Bedeutung von Haus und Grund in Israel läßt sich kaum überschätzen. Sie bilden die Existenzgrundlage der Sippe bzw. der Familie und sichern zugleich die soziale Stellung des freien Mannes. „Vollbürger sind diejenigen Männer, welche auf eigener Scholle sitzen, keiner Vormundschaft mehr unterstehen und die vier großen Rechte zur Ehe, zum Kult, zum Krieg und zur Rechtspflege besitzen."[19] Wer seinen Grundbesitz verliert, verliert zugleich seinen Status als Vollbürger.[20]

[14] H. Graf Reventlow, Gebot und Predigt, 91–93. Vgl. auch K.-D. Schunck, ZAW 96, 1984, 104–109, der hinter dem neunten und zehnten Gebot eine ursprünglich selbständige dreigliedrige apodiktische Reihe vermutet, die sich gegen die Falschaussage vor Gericht, das Begehren der Frau des Nächsten und das Begehren seines Hauses richtete.

[15] A. Alt, KS I, 334f.

[16] J. Herrmann, FS E. Sellin, 79.

[17] J. J. Stamm, Der Dekalog, 55; G. Fohrer, Studien zur alttestamentlichen Theologie und Geschichte, 136; H. Gese, Vom Sinai zum Zion, 67; H. Schüngel-Straumann, Der Dekalog, 57ff.; W. H. Schmidt, VT.S 22, 1972, 207f. Der Begriff „Haus" kann den Grundbesitz einschließen (vgl. 1 Sam 25,1; 1 Kön 2,3 und dazu H. J. Stoebe, KAT VIII/1, 1973, 446; M. Noth, BK IX/1, 1968, 36f.), die Wendung „Haus Jahwes" gar das Land bezeichnen (Hos 8,1; 9,15; 11,11; Jer 12,7; Sach 9,8; dazu H. W. Wolff, BK XIV/3, 1977, 176.217.262; J. Jeremias, ATD 24/1, 1983, 104).

[18] Vgl. Hos 5,10; Jes 5,8; Dtn 19,14; 27,17; Prov 22,28; 23,10.

[19] L. Köhler, Der hebräische Mensch, 147.

[20] E. Würthwein, Verantwortung, 69.

Das Gebot „Du sollst nicht begehren das Haus deines Nächsten!" birgt eine weitere Möglichkeit des Verständnisses in sich. Da „Haus" im übertragenen Sinne „Familie" bedeutet, kann man Ex 20,17a auch als Verbot verstehen, die Familie des Nächsten anzutasten. In diesem Doppelsinn begegnet *bjt* ebenfalls in Mi 2,2:

„Sie begehren . . .
Häuser und nehmen (sie).
Sie bedrücken einen Mann und sein Haus . . ."[21]

Ex 20,17b formuliert diesen latenten Doppelsinn aus, dehnt so den Schutz des Gebots auf die Ehefrau und die Sklaven aus.[22] Darüber hinaus bezieht die Erläuterung all jene Güter ein, die zwar nicht unter den Begriff *bjt* „Haus" fallen[23], aber zum Haus hinzugehören, nämlich den gesamten Vieh- und sonstigen Mobilienbesitz („Rind und Esel und alles, was deinem Nächsten gehört").[24]

[21] „Sind mit den ‚Häusern' in 2a neben den ‚Feldern' sicher Gebäude gemeint ..., so mit dem sg. ‚*Haus*' in 2b ebenso sicher die Familie." H. W. Wolff, BK XIV/4, 1982, 48.

[22] Sklave und Sklavin sind zwar im Unterschied zur Frau (s. o. B VII) Besitz ihres Herrn (Ex 21,21; Lev 25,46), der ge- und verkauft (Ex 21,2; Lev 25,44) oder verschenkt werden kann (Gen 20,14). Gleichwohl sind sie nicht wie im griechisch-römischen Bereich bloße Sachen. Vgl. H. J. Boecker, Recht und Gesetz, 135ff. Auch der Unfreie hat Rechte (Ex 21,26f.; Hi 31,13). Er gehört zur Klientel seines Herrn, zum Kreis der Schutz- und Fürsorgebefohlenen (Ex 23,12; Lev 25,6) und kann zur Familie, zum Haus gerechnet werden (Gen 20,17f.; vgl. auch Dtn 14,26 vor dem Hintergrund von 12,12.18; 16,11.14). Dies dürfte auch im zehnten Gebot der Fall sein. Wie im Sabbatgebot wird die Sklavin nicht als *špḥh,* sondern als *'mh* bezeichnet. Dieser Terminus begegnet häufig dann, wenn sie primär als Person und nicht als organon oder als Besitz in den Blick kommt (Ex 21,7.20.26f.32; Dtn 15,12.17). J. Riesner, Der Stamm *ʿbd* im Alten Testament: BZAW 149, 1979, 206; F.-L. Hossfeld, Der Dekalog, 115f.; vgl. auch K. Engelken, Frauen im Alten Testament, 166f. 183f., die jedoch in den Termini *'mh* und *špḥh* nicht unterschiedliche *Aspekte* findet, unter denen der Stand der Sklavin betrachtet werden konnte, sondern zwei *Formen* unfreier Existenz: *'mh* ist die abhängige, in der Regel zur Hausgemeinschaft gerechnete Magd oder Dienerin, *špḥh* die Sklavin, die zum Besitz ihres Herrn gehört. Müßte dann aber nicht im Sabbatgebot die *špḥh* neben der *'mh* begegnen?

[23] Daß „Haus" auch „Besitz, Eigentum" bedeuten kann, ist immer wieder zu Recht bestritten worden. Vgl. J. Herrmann, FS E. Sellin, 75–77; F.-L. Hossfeld, Der Dekalog, 91–96. Daß hier unterschieden werden muß, zeigt besonders deutlich Gen 39,4.8: Potifar setzt Joseph über sein Haus und vertraut ihm seinen gesamten Besitz an. Letzteres ist deutlich ein zweiter Akt.

[24] Vgl. J. J. Stamm, Der Dekalog, 55, der jedoch Ex 20,17bβ unnötigerweise

Die Abfolge der Objekte ist dabei nicht zufällig. Die Aufzählung orientiert sich an Reihenbildungen wie Gen 12,20[25], die aus den erweiterten Grußformeln des altorientalischen Briefformulars abgeleitet sind. Alttestamentliches Paradigma solcher Briefgrüße ist 1 Sam 25,6: „Heil dir und Heil deinem Haus und Heil allem, was dir gehört."[26] In ihrer zweigliedrigen Kurzform begegnet dieser Reihentyp auch beim Propheten Micha (2,2): „ein Mann und sein Haus".[27]

Die Aufnahme dieses Reihentyps erklärt zugleich, warum das zehnte Gebot aus zwei voneinander unabhängigen Sätzen besteht. Da das Objekt „Haus" innerhalb solcher Aufzählungen die Familie bezeichnet, konnte die Erweiterung nicht einfach an das Gebot angehängt werden. Sein ursprünglicher Sinn, der Schutz des Wohnhauses und des zugehörigen Grundbesitzes, wäre verlorengegangen. Um die konkrete Bedeutung des Wortes *bjt* „Haus" zu wahren, muß es von der Erläuterung Ex 20,17b abgehoben werden. Dies geschieht durch Wiederholung des Verbs. Der zweite Prohibitiv ist daher im Sinne von „das heißt auch" für den Aussagewillen des Gebots unverzichtbar.

Diese Erklärung wird indirekt durch die jüngere Deuteronomiumfassung bestätigt. Nachdem sie die Objekte „Haus" und „Frau" vertauscht hat, muß sie das Feld in die Aufzählung aufnehmen, um zu verdeutlichen, daß *bjt* „Haus" nicht in übertragenem Sinne, sondern konkret gemeint ist.[28]

für eine zweite Stufe der Ausweitung hält. Auffälligerweise werden die Kinder des freien Israeliten nicht erwähnt. Eine einleuchtende Erklärung dafür ist schwierig. Fehlen sie, weil sie in einer Gesellschaft, der das Rechtsinstitut der Adoption unbekannt war (H. J. Boecker, Recht und Gesetz, 104–106; vgl. aber BK II/1, 72f. zu Ex 2,10), nicht Gegenstand des Begehrens sein konnten?

[25] Gen 13,1; 45,10.11; Hi 1,10.

[26] Vgl. F.-L. Hossfeld, Der Dekalog, 117–119, der jedoch einen Zusammenhang dieses Reihentyps mit dem zehnten Gebot bestreitet: Der Exodusfassung „fehlt ein Konstitutivum, nämlich die Nennung des Pater familias oder des Vollbürgers im ersten Glied" (119). Der Vollbürger ist im Gebot jedoch als *r*ᶜ „Nächster" genannt und zugleich angeredet.

[27] Weitere Beispiele finden sich in Gen 7,1; Jos 24,15; Dtn 15,20; 1 Sam 25,17; 27,3; 2 Sam 9,9; 1 Kön 16,3; 2 Kön 8,1f.

[28] Spricht nicht auch der asyndetische Anschluß des Feldes dafür, daß diese Bestimmung erst später hinzugekommen ist? Es befremdet, daß Haus und Feld anders als die folgenden Objektpaare nicht durch Kopula verbunden sind. Ähnlich Chr. Levin, VT 35, 1985, 169; anders dagegen F.-L. Hossfeld, Der Dekalog, 103; Vom Sinai zum Horeb, 112. Er hält die konsequente Polysyndese der Exodusfassung für eine stilistische Glättung der unregelmäßigen Asyndese der Deuteronomiumversion. Bei einem solchen Vergleich muß jedoch das Objekt

(4) Die überlieferungsgeschichtlichen Erwägungen sind immer wieder auf das Wort des Propheten Micha (2,2) gestoßen. Der Vers enthält alle wesentlichen Elemente des zehnten Gebots: a) das Verb *ḥmd* „begehren“, b) *bjt* „Haus“ im Doppelsinn von „Wohnhaus“ und „Familie“, damit c) die gemeinsame Nennung von Personen und Sachen, schließlich d) die Kurzform des Reihentyps, der der Erweiterung des Gebots zugrunde liegt. Kannte Micha im 8. Jahrhundert bereits das zehnte Gebot? Die terminologischen Übereinstimmungen zwischen Ex 20,17a und Mi 2,2a sind denkbar eng. So liegt die Annahme nahe, daß der Prophet die Urgestalt des Gebots voraussetzt.

Die Berührungen zwischen Ex 20,17b und Mi 2,2b sind dagegen eher sachlicher und formaler Art. Hier liegt es näher, an eine Beeinflussung des zehnten Gebots durch Mi 2,2 zu denken. Bildete die prophetische Kritik den Anstoß für seine Ausweitung?[29]

(5) Das zehnte Gebot möchte die eheliche Gemeinschaft und den Besitz des einzelnen vor fremdem Zugriff schützen. Wiederholt es damit nicht das Ehebruch- und Diebstahlverbot? Eine Abgrenzung, die Überschneidungen vermeidet, will nicht gelingen. Der Vorschlag, das achte Gebot auf den Menschenraub zu beschränken, hat den vorliegenden Wortlaut des Gebots gegen sich; durch Auslassung des Objekts wurde das ältere Verbot des Menschenraubs zu einem allgemeinen Diebstahlverbot ausgeweitet.[30]

Umgekehrt läßt sich die umfassende Formulierung des zehnten Gebots nicht auf bestimmte Delikte einschränken, etwa die widerrechtliche Aneignung herrenlosen Gutes[31] oder der Frau eines im Krieg vermißten oder deportierten Mannes.[32] Die Vermutung, das zehnte

„Feld“ zunächst außer Betracht bleiben, da es in Ex 20,17 keine Entsprechung hat. Es von Anfang an einzubeziehen, hieße außerdem, seine umstrittene Ursprünglichkeit bereits voraussetzen. Damit reduziert sich der Unterschied in der Verknüpfung der Gebotsobjekte auf die Asyndese des Wortpaares „Rind und Esel“. Stilistisch betrachtet, verdient dann keine der beiden Versionen den Vorzug. Der konsequenten Syndese in der Exodusfassung steht in der Deuteronomiumversion eine sechsgliedrige Aufzählung mit einer durch Asyndese markierten Zäsur in der Mitte gegenüber.

[29] Vgl. K.-D. Schunck, ZAW 96, 1984, 107f., der Entstehung und Aufnahme des neunten und zehnten Gebots in den Dekalog auf die sozialen Verhältnisse des 8. Jahrhunderts zurückführt.

[30] Siehe o. B VIII.

[31] Ex 34,24; vgl. Ez 11,15; 33,24; 2 Kön 8,1–6.

[32] So B. Lang, ZAW 93, 1981, 216–224 (vgl. ThQ 164, 1984, 63) im Anschluß an B. D. Eerdmans, ThT 37, 1903, 19–35. Zur Kritik an der Sicht Langs vgl.

Gebot habe sich im Unterschied zum achten Gebot ursprünglich nur auf Immobilien bezogen,[33] scheitert daran, daß sich die Objektpaare „Sklavin und Sklave" sowie „Rind und Esel" nicht als literarische Zusätze erweisen lassen.[34]

Die Art der Aneignung der Personen oder Güter erlaubt ebenfalls keine Abgrenzung, da *ḥmd* „begehren" anders als *gnb* „stehlen" über die Art und die Mittel der Wegnahme nichts aussagt.[35] Darum bleibt auch die vorgeschlagene Unterscheidung zwischen heimlich, punktuell vollzogenem Ehebruch und dauerhafter Aneignung der Frau eines anderen unbefriedigend.[36]

Das Begehrensverbot umfaßt in seiner vorliegenden Gestalt Ehebruch und Diebstahl mit. Gleichwohl handelt es sich nicht um eine bloße Wiederholung. Vielmehr weitet das zehnte Gebot das siebte und achte Gebot in mehrfacher Hinsicht aus:

a) Es schützt nicht nur die bewegliche Habe, sondern den gesamten „Besitz" eines Mannes.

b) Es verbietet nicht nur die heimliche Wegnahme, sondern jede Machenschaft, die den Nächsten an seinem Besitz schädigt. Dabei braucht „nicht unbedingt an die rechtlich erfaßbare Straftat des Entwendens gedacht zu sein".[37] Das Gebot schärft ein: „Auf keinen Fall darf die Erweiterung des eigenen Vermögens, der eigenen Existenz zu Lasten

auch F. Crüsemann, Bewahrung der Freiheit, Anm. 169 und K. D. Schunck, ZAW 96, 1984, 105.

33 F.-L. Hossfeld, Der Dekalog, 136–140; vgl. J. Schreiner, Die Zehn Gebote, 100f.

34 Vgl. auch B. Lang, ThQ 164, 1984, 62.

35 E. Gerstenberger, THAT I, 581. Anders H. Klein, VT 26, 1976, 161–169: *gnb* bezeichnet die „‚Wegnahme im Verborgenen'" (168), *ḥmd* das „‚sich Gelüsten bis zur Wegnahme mit Macht'" oder „‚mit einem Schein des Rechts'" (169). Bereits Jos 7,21 lehrt jedoch, daß sich so nicht differenzieren läßt. Achans Diebstahl – beschrieben durch die Verben *ḥmd* „begehren" und *lqḥ* „nehmen" – geschah im Verborgenen. Auch der Vorschlag A. Schenkers (OBO 103, 200), *gnb* der Gewinnsucht, *ḥmd* dagegen der Habsucht zuzuordnen, will nicht überzeugen. Auch der Diebstahl kann darauf abzielen, das Gestohlene dem eigenen Besitz einzugliedern. Vgl. Gen 30,33; 31,19; Jos 7,11.

36 So F.-L. Hossfeld, Der Dekalog, 132–136; A. Schenker, OBO 103, 201.

37 G. Wallis, ThWAT II, 1029; ähnlich J. Schreiner, Die Zehn Gebote, 100f.; H. Schulz, Todesrecht, 97. Vgl. auch M. Luthers Auslegung im Kleinen Katechismus: Wir sollen „unserm Nähisten nicht mit List nach seinem Erbe oder Hause stehen und mit eim Schein des Rechts an uns bringen" (BSLK 509). Hatte Luther dabei die Batseba-Geschichte 2 Sam 11 oder die Nabot-Erzählung 1 Kön 21 vor Augen?

eines anderen gehen, weder durch Ehebruch, noch durch Diebstahl oder auch durch neidische Gewinnsucht, die es auf das Gedeihen und den Wohlstand anderer abgesehen haben."[38] Das Gebot möchte „jede(n) denkbare(n) Griff nach der Lebensgrundlage des Nächsten abschneiden".[39]

c) Das Verb *ḥmd* „begehren" bezieht über äußere Machenschaften hinaus auch die inneren Regungen des Menschen, sein Denken, Wünschen und Wollen ein.

Bezieht sich das Verb sogar ausschließlich auf die inneren Regungen des Menschen?[40] Dieses Verständnis, das sich bereits in der griechischen Übersetzung findet[41], kann sich darauf berufen, daß die Aneignung des Begehrten gelegentlich durch ein eigenes Verb (meist *lqḥ* „nehmen") eigens ausgedrückt, insofern vom Begehren unterschieden wird.[42]

An anderer Stelle scheint *ḥmd* „begehren" dagegen die Ausführung der Tat einzuschließen. So verheißt Ex 34,24:

„Niemand soll dein Land begehren, wenn du hinaufziehst,
um das Antlitz Jahwes, deines Gottes, dreimal im Jahr 'zu sehen'"

und tritt damit der Befürchtung entgegen, andere könnten während der Wallfahrt verwaisten Besitz an sich bringen. Auch in Ps 68,17 umfaßt *ḥmd* über das „Begehren" hinaus dessen Ausführung:

„Warum blickt ihr scheel,
ihr hochragenden Bergkuppen,
auf den Berg, den begehrte
Gott als seinen Sitz,
wo Jahwe auf ewig thront?"

Wahrscheinlich hörte „der Hebräer aus *ḥmd* einen Affekt heraus, der mit einer gewissen Zwangsläufigkeit zu entsprechenden Handlungen führt"[43]. So entspricht die Bedeutung des Verbs am ehesten „dem

[38] G. Wallis, ThWAT II, 1031f.

[39] F. Crüsemann, Bewahrung der Freiheit, 78.

[40] P. Volz, Mose und sein Werk, 1932, 54f.; R. J. Coats, ZAW 52, 1934, 238f.; G. Beer, Exodus, 1939, 103; U. Cassuto, A Commentary on the Book of Exodus, 1967, 248f.; B. S. Jackson, HUCA 42, 1971, 197–225.

[41] Die griechische Übersetzung *(ouk epithymäseis)* denkt sowohl in Ex 20,17 wie in Dtn 5,21 an eine reine Gedankensünde.

[42] Dtn 7,25; Jos 7,21; Mi 2,2.

[43] J. Herrmann, FS E. Sellin, 72; aufgenommen von A. Alt, KS I, 333f.; L. Koehler, ThR 1, 1929, 183; A. Jepsen, ZAW 79, 1967, 294; E. Nielsen, Die Zehn Gebote, 39; M. Noth, ATD 5, ^{6}1978, 133; H. van Oyen, Ethik, 126f.;

deutschen: ‚es auf etwas abge*sehen* haben' oder ‚nach etwas *trachten*'"[44].

Setzt sich in der Deuteronomiumfassung diese Tendenz zur Verinnerlichung mit der Wahl der Vokabel *'wh* fort?[45] Diese Auffassung hat ihre Stützen. Den Tag Jahwes (Am 5,18), Jahwes Nähe (Jes 26,9) oder das Gericht (Jer 17,16) kann der Mensch nicht herbeizwingen.

Allerdings begegnet *'wh* an den genannten Stellen – ähnlich wie *ḥmd* – neben Verben der Aktion, nämlich *šḥr* „suchen" und *ʾwṣ* „drängen". Außerdem wird *ḥmd* in Spr 6,25 und Ps 68,17 in derselben Weise gebraucht wie *'wh* in Ps 45,12 und 132,13f. In Gen 3,6 finden sich beide Wurzeln sogar im Parallelismus.

So scheinen *ḥmd* „begehren" und *'wh* eher synonym zu sein.[46]

Die im zehnten Gebot erkennbare Verfeinerung oder Verinnerlichung des ethischen Empfindens setzt sich außerhalb des Dekalogs fort.[47] So warnt die Weisheit vor der „fremden Frau" (Spr 6,25):

„Begehre nicht ihre Schönheit *in deinem Herzen*!"[48]

Noch weiter geht Hiobs Beteuerung (31,1):

„Eine Abmachung traf ich mit meinen Augen,
mich nie nach einer Jungfrau umzusehen."[49]

(6) Wie das zehnte Gebot zeigt, bestimmt die Tendenz zur Bedeutungserweiterung und Verallgemeinerung nicht nur die Überlieferungsgeschichte der Einzelgebote, sondern auch die Entstehung des Dekalogs als Ganzheit mit, wobei es allerdings zu Überschneidungen

J. J. Stamm, Der Dekalog, 55f.; H. Schüngel-Straumann, Der Dekalog, 56f.; G. Wallis, ThWAT II, 1020–1032; F. Crüsemann, Bewahrung der Freiheit, 77; J. Schreiner, Die Zehn Gebote, 97f. Vgl. auch E. Gerstenberger, THAT I, 580.

[44] G. Wallis, ThWAT II, 1024. In diesem Sinne begegnet die Wurzel *ḥmd* auch in der phönizischen Inschrift von Karatepe KAI Nr. 26, Kol. III, 12–IV, 1.

[45] J. J. Stamm, Der Dekalog, 59.

[46] G. Mayer, ThWAT I, 146; G. Wallis, ThWAT II, 1027; F.-L. Hossfeld, Der Dekalog, 96–99; J. Schreiner, Die Zehn Gebote, 99. Dabei mag *ḥmd* primär ein von außen, durch den Anblick ausgelöstes Begehren bezeichnen, *'wh* dagegen in erster Linie ein von Innen, durch Triebe und Wünsche geleitetes Begehren. Vgl. B. Jacob, JQR NS 14, 1923/24, 107; W. L. Moran, CBQ 29, 1967, 548, Anm. 18; E. Gerstenberger, THAT I, 75; ferner H. W. Wolff, Anthropologie des Alten Testaments, ^{4}1984, 33.

[47] Siehe auch unten Abs. C.

[48] Vgl. Lev 19,17; ferner Ps 15,2; 24,4.

[49] Übersetzung nach G. Fohrer, KAT XVI, ^{2}1989, 423.

kommt. Dieser Befund spricht entschieden gegen eine einheitliche literarische Herkunft des siebten, achten und zehnten Gebots.[50] Er läßt sich auch kaum redaktionsgeschichtlich erklären. Sprachliche Hinweise, etwa dtr Diktion wie im ersten und zweiten Gebot, fehlen. So spricht insbesondere das zehnte Gebot für eine überlieferungsgeschichtliche Sicht der Entstehung des Dekalogs: Kurzreihen wandelten sich, nahmen neue Glieder hinzu, stießen andere ab und wuchsen so zu einer Zehnerreihe zusammen.

[50] F.-L. Hossfeld, Der Dekalog, 281f.

C

NACHWORT

Die Zehn Gebote suchen zwar eine Vielfalt des Lebens zu umfassen, sind jedoch mit Absicht nicht auf bestimmte Einzelsituationen bezogen, sondern reden eher grundsätzlich-allgemein und sind darum stets neu zu konkretisieren. Geben die Gebote in ihrer ursprünglichen Fassung die Grenze an, bei der das Verhältnis zu Gott und zur menschlichen Gemeinschaft abbricht[1], so prägen sie durch die Verallgemeinerung den Lebensraum selbst gestaltend mit. Indem etwa das *Ver*bot „Du sollst deinen Eltern nicht fluchen" in das *Ge*bot „Du sollst deine Eltern ehren" übergeht, wird nicht nur festgelegt, wann das Verhältnis zu den Eltern gestört ist oder aufhört, sondern zumindest angedeutet, wie die rechte Beziehung auszusehen hat. In den wechselnden Situationen ist zu entscheiden, wie die Ehrung der Eltern geschehen kann.

Die Sinnerweiterung bindet den Menschen stärker, überträgt ihm aber zugleich größere Verantwortung und schenkt ihm damit Freiheit. Insofern verlangen die Zehn Gebote nicht Gehorsam gegenüber einem fremden Gesetz, sondern rufen den Menschen auch zum eigenen Nachdenken über das auf, was das Leben des anderen schützt. So wird durch die Verallgemeinerung der Kern oder die Intention der ethischen Forderung im Wechsel der Zeit und der gesellschaftlichen Verhältnisse einerseits bewahrt und durchgehalten, andererseits zugleich der Freiheit mit der Entscheidungsnotwendigkeit des Menschen Raum gegeben.

Die Verallgemeinerung der Gebote bedingt in gewissem Maße zugleich eine Verinnerlichung.

Die Zehn Gebote beziehen sich nicht nur auf Taten, sondern auch auf Worte des Menschen, so die Zeugenaussage vor Gericht oder den Mißbrauch des Gottesnamens. Ähnlich begreift das erste Gebot, etwa mit einem Gebet an fremde Götter, Worte ein. Ja, das zehnte Gebot wird im Kontext des Dekalogs nicht nur tätliche Machenschaften oder ein Besitzergreifen, sondern bereits Gedanken oder innere Regungen einschließen.

Jedenfalls außerhalb des Dekalogs erstrecken sich Gebote, ethische Überlegungen und Anweisungen, ausdrücklich auf Gedanken „im

[1] Vgl. o. A II, 3f.

Herzen"[2]. Den weitesten Schritt in der Verschärfung der Ethik geht Hiobs Beteuerung (Kap. 31) – allerdings nicht mit Geboten für jedermann, sondern als Unschuldsbekenntnis dieses „Gottesfürchtigen".[3]

Durch zunehmende, in nachbiblischer Zeit erheblich weitergetriebene Verfeinerung differenziert sich das ethische Empfinden. Wieweit bleibt dann aber noch Raum für die Freiheit des Menschen, und bleibt vor allem die Intention der Gebote gewahrt, dem Schutz des Nächsten zu dienen?

Gegengewicht gegen die Differenzierung der einzelnen Gebote ist ihre *Konzentration* auf ein, zwei Hauptgebote; hier ist die Nachgeschichte ebenfalls weit über die bereits im Dekalog selbst erkennbare Tendenz zur Verallgemeinerung und Verinnerlichung der Gebote hinausgeschritten.

Schon im Alten Testament finden sich Ansätze für eine Zusammenfassung. So können die Propheten – fernab aller Kasuistik – konkrete ethische Einzelforderungen in einer Grundforderung zusammenfassen. Micha tadelt die Führer des Volks, „die das Gute hassen und das Böse lieben" (Mi 3,2; vgl. Jes 5,20), oder Jesaja mahnt, bevor er zur Fürsorge für die Schwachen aufruft:

> „Hört auf, Böses zu tun,
> lernt Gutes tun!"
> (Jes 1,16f.)

> „Suchet das Gute und nicht das Böse!"
> (Am 5,14; vgl. Mi 6,8)

Mit solcher Gegenüberstellung von gut und böse, insofern mit einer allgemeinen und allgemeingültigen ethischen Sprache, knüpfen die

[2] Ps 15,2; 24,4; Lev 19,17; vgl. Gen 20,5f. E; Ps 73,1; Hi 31,7.9.27; Jer 4,4 u. a. „Ein reines Herz, Gott, schaffe mir!" (Ps 51,12). Erinnert sei auch an die eindringliche, zu „Herzen" redende Paränese des Deuteronomiums (4,9.29.39; 6,5f.; 10,16; 15,7ff. u. a.).

[3] Hier werden Tendenzen erkennbar, die in der Bergpredigt zum Durchbruch kommen. So geht gleichsam ein Weg von dem Gebot „nicht begehren" (Ex 20,17; Dtn 5,21) über die Mahnung der Weisheit: „Begehre nicht nach ihrer Schönheit in deinem Herzen!" (Spr 6,25) und das Bekenntnis „Nicht umzuschauen" (Hi 31,1; vgl. V 9 „Wenn sich mein Herz wegen einer Frau betören ließ") zu Mt 5,27f. („ansehen, um zu begehren"). – Erwächst diese Verfeinerung, ja „Verinnerlichung" ethischen Empfindens aus dem Bekenntnis, daß Gott die Herzen kennt und prüft? Vgl. Spr 21,2; Ps 7,10; 139,23; auch 1 Sam 16,7 u. a.; dazu E. Oßwald, Hiob 31 im Rahmen der alttestamentlichen Ethik: TheolVers II, 1970, 9–26; H.-P. Müller, Das Hiobproblem: EdF 84, 1978, 91.

Propheten wohl an weisheitliches Denken an, das nach dem sucht, was dem Leben, auch dem menschlichen Zusammenleben, förderlich ist.[4]

Wird der Mensch vor der Teilnahme am Gottesdienst auf seinen Umgang mit dem Mitmenschen und sein Handeln im Alltag angesprochen, so steht der Einzelforderung wiederum eine Grundforderung oder Grundhaltung voran: „Wer vollkommen (untadelig) wandelt, Recht übt, in seinem Herzen Wahrheit redet" (Ps 15,2; vgl. 24,4a). Mit vergleichbarer Ausdrucksweise sowie in Anlehnung an den Dekalog eröffnet die Priesterschrift die Verheißung an Abraham mit Gottes Ich-Rede und dem programmatischen Satz „Sei vollkommen!"[5]. Innerhalb des sog. Heiligkeitsgesetzes wird einer dem Dekalog ähnlichen Gebotsreihe (Lev 19,3f. 11ff.) überschriftartig eine Aussage vorangestellt, die die Gegenseitigkeit des Verhältnisses von Gott und Mensch zugleich begründet und fordert, menschliches Handeln in Analogie zum göttlichen versteht:

„Ihr sollt heilig sein;
denn heilig bin ich, Jahwe, euer Gott."[6]

Vielleicht ist dieser Satz, der die folgenden Einzelverordnungen vorweg zusammenfassend auslegt, nicht nur als Forderung, sondern zugleich als Feststellung gemeint: „Ihr seid heilig; denn ich bin heilig!" Ähnlich kann das Deuteronomium (14,1) seine Gebote mit einem Indikativ überschreiben und begründen: „Söhne seid ihr Jahwe, eurem Gott." Klingen beide Auffassungen an, so wird verlangt, „das wirklich zu sein und zu bewähren, was man grundsätzlich" ist.[7] Die Gemeinde soll sich so verhalten, wie sie von Gott her schon ist; sie soll gottgemäß leben, indem sie in ihrem Dasein dem Wesen und Wirken Gottes, durch das sie begründet ist, entspricht. Liegt hier nicht das Vorbild für den Schlußsatz der Antithesen der Bergpredigt: „Ihr sollt vollkommen sein, wie euer himmlischer Vater vollkommen ist" (Mt 5,48), der den Anspruch auf „Vollkommenheit"[8] mit der Gegenseitigkeit von Lev 19,2 u. a. verbindet?

Auch der Grundsatz der *Nächstenliebe* (Lev 19,18), den man – bei systematischer Betrachtung – als Kern und Zusammenfassung der zweiten Tafel des Dekalogs oder gar ethischer Forderung überhaupt ansehen kann, bildet – für geschichtliche Sicht – keineswegs den Ausgangspunkt ethischer Überlegungen, der dann allmählich in Einzelausführungen erläutert wurde. Vielmehr setzt jener Grundsatz eine lange

[4] Spr 11,27; 31,12; vgl. 1 Kön 3,9 u. a.

[5] Gen 17,1; vgl. o. Abs. B I.

[6] Lev 19,2; vgl. 11,44f.; 20,26; Ex 22,30 u. a.

[7] M. Noth, ATD 6, ^{5}1985, 120.

[8] Gen 17,1; vgl. Dtn 18,13; Ps 15,2; 101,2; auch Gen 6,9; 20,5f.; 1 Kön 8,61; 9,4; Spr 10,9; 20,7; 28,18 u. a.

Geschichte ethischen Nachdenkens voraus und stellt wohl ebenfalls eine Verallgemeinerung eines zunächst negativ formulierten Gebots dar, sei es das Recht des Nächsten nicht zu beugen[9], oder allgemeiner, den Nächsten nicht zu bedrücken[10]. Wiederum scheint das Verbot eines Verhaltens, das eine Grenze überschreitet, auf seine tiefe Absicht befragt und sie – in positiver Fassung, zugleich verfeinert wie zugespitzt – als eine Wesensaussage formuliert zu sein. Daß „den Nächsten lieben“ dabei nicht nur ein nach außen gerichtetes Handeln meint, sondern das dem anderen verborgene Innere einschließt, zeigt die Parallelfassung (Lev 19,17): „Du sollst deinen Bruder nicht in deinem Herzen hassen.“[11]

Gewiß läßt der Dekalog ein weites Feld des Handelns ungeregelt, spart den Raum des Erlaubten und Guten großenteils aus und gibt ihn so frei.[12] Allerdings möchte wohl schon der Dekalog selbst als Zusammenfassung der Grenzziehungen und Anstöße zur Lebensführung, als eine Art Grundsatzprogramm, verstanden werden, das in den folgenden Rechtssätzen entfaltet wird. Darum ist er in beiden Belegen (Ex 20; Dtn 5) zum einen den Gesetzessammlungen vorangestellt und zum andern als Wort Gottes (Ex 20,1; Dtn 5,4) formuliert, während jene nur indirekt als Wort Gottes, direkt als Wort Moses (Ex 20,19.22; 21,1; Dtn 5,25ff.) ergehen. So erhalten die Gesetzesbestimmungen vom Bundesbuch (Ex 20,22) ab durch die Komposition den Charakter einer Auslegung der Zehn Gebote, d. h. von mehr oder weniger exemplarischen Ausführungsbestimmungen.

Der Dekalog scheint in späterer, wohl nachexilischer Zeit auch im Gottesdienst seinen festen Ort gehabt zu haben.[13] Allerdings wird

[9] Ex 23,6; Dtn 24,17; 27,19; 16,19; Sach 7,9f.; Lev 19,15f.; 24,22; auch Ex 23,1.6 u. a.

[10] Lev 19,13; ursprünglich wohl auf sozial, wirtschaftlich, rechtlich benachteiligte Personen bezogen; vgl. Ex 22,20f.; 23,9; Dtn 23,17; Spr 14,31; 17,5; auch 23,10f. u. a.

[11] Das Liebesgebot wird auch auf den – im Land ansässigen – Fremden bezogen (V 33f.; vgl. Dtn 10,19; 24,14). Zum Liebesverhalten gegenüber Feinden vgl. etwa Ex 23,4f.; Lev 19,18a; Hi 31,29f. oder die Fürbitte Jer 29,7. Vgl. A. Nissen, Gott und der Nächste im antiken Judentum: WUNT 15, 1974, 278ff.; H. P. Mathys, Liebe deinen Nächsten wie dich selbst: OBO 71, ^{2}1990.

[12] „Innerhalb des von den Geboten … umsteckten Lebensraumes liegt ein weites Gebiet sittlichen Handelns, das durchaus unnormiert bleibt“ (G. v. Rad, TheolAT I^{4}, 208). Vgl. o. Abs. A II, Anm. 27.

[13] Dies belegen Ps 50 (V 7) und 81 (V 9ff.), in denen die Dekalogeinleitung im Rahmen eines liturgischen Ablaufs zitiert wird.

diese prinzipielle Bedeutung des Dekalogs vom frühen Judentum eingeschränkt.[14]

In der christlichen Theologie ist der ethische Teil des Dekalogs seinerseits noch einmal in dem – zwar dem Alten Testament entnommenen, aber von ihm noch nicht als Kern des Dekalogs gedeuteten – Liebesgebot konzentriert worden (vgl. Röm 13,9f.; Gal 5,14). In der Tat kann, sachlich geurteilt, die sog. zweite Tafel des Dekalogs als Konkretion des Liebesgebots gelten, weil die ethischen Gebote auf den Schutz des Nächsten ausgerichtet sind.

Allerdings darf bei dieser Zusammenschau nicht übersehen werden, daß nur das *Doppel*gebot der Liebe beiden Tafeln gerecht zu werden vermag. Insofern bedarf das Neue Testament zweier alttestamentlicher Gebote (Dtn 6,5; Lev 19,18), um mit ihnen die an den Menschen ergehende Gesamtforderung zu umschreiben; es hat damit der Folgezeit die Blickrichtung gewiesen, aus der sie den Dekalog gedeutet hat:

> „Du sollst den Herrn, deinen Gott, lieben von ganzem Herzen und deinen Nächsten wie dich selbst."
> (Mk 12,28ff.)

Diese „Vereinfachung" bzw. Konzentration der Zehn Gebote auf das Liebesgebot bedeutet sachlich keine Erleichterung. Das Gebot „Liebe deinen Nächsten wie dich selbst" ist durch das Recht nicht mehr einklagbar, ja geht über das hinaus, was durchschnittlich für die Erhaltung der Gesellschaft nötig ist und faktisch in gegenseitiger Rücksichtnahme und Hilfeleistung geübt wird.

Verbirgt sich in dem Anspruch, den anderen wie sich selbst zu lieben, nicht die Frage: Kann sich der Mensch das leisten? Von Ausnahmesituationen abgesehen, kann sich eine solche Nächstenliebe wohl nur in einer Gemeinschaft entfalten, die den einzelnen aufnimmt oder ihm gar ein Stück weit die nötige Sorge für sich selbst abnimmt.

Ist die aus biblischer Tradition stammende Forderung der Nächstenliebe darum letztlich nicht nur auf Grund des Glaubens möglich, daß der Mensch nicht für sich selbst zu sorgen braucht? Insofern ist in der streng verstandenen ethischen Forderung das erste Gebot enthalten.

Die Zehn Gebote werden getragen durch die voranstehende Zusage „dein Gott". Daß Verbote und Gebote nicht das Allerletzte und Endgültige sind oder zu sein brauchen, deutet das Alte Testament selbst an. Es spitzt die Frage nach den Bedingungen für den Zugang zum Heilig-

[14] Vgl. H. Schneider, BZ 3, 1959, 18–31; G. Stemberger, JBTh 4, 1989, 91–103 (Lit.).

tum oder für die Teilnahme am Gottesdienst „Wer darf hinaufziehen?“ (Ps 24, 3; 15, 1) zur grundsätzlichen Einsicht über das „Bestehen“ vor Gott zu. Die Erkenntnis, „kein Lebender ist vor dir gerecht“[15], ist verbunden mit dem Bekenntnis, das wiederum die Ausschließlichkeit des Glaubens zum Ausdruck bringt, dabei die Ehrfurcht statt als Voraussetzung, vielmehr als Folge versteht (Ps 130, 3 f.):

„Wenn du Sünden anrechnetest, ...
Herr, wer kann bestehen?
Doch bei dir ist die Vergebung,
daß man dich fürchte!“

[15] Ps 143, 2; vgl. 14, 2f.; 51, 7; Gen 6, 5; 8, 21; 1 Kön 8, 46; Hi 4, 17; 9, 2; 14, 4; 15, 14; 25, 4ff.; Spr 20, 9; Pred 7, 20f.; Jer 17, 9 u. a.

LITERATUR IN AUSWAHL

A

I. Zur alttestamentlichen Ethik

Albertz, R.: Täter und Opfer im Alten Testament: ZEE 28, 1984, 146–166.

Braulik, G.: Das Deuteronomium und die Menschenrechte: ThQ 166, 1986, 8–25 = Studien zur Theologie des Deuteronomiums: SBAB 2, 1988, 301–323.

Essays in Old Testament Ethics, FS J. P. Hyatt, 1974.

Fischer, J. A.: Ethics and Wisdom: CBQ 40, 1978, 293–310.

Gunneweg, A. H. J./Schmithals, W.: Leistung: Biblische Konfrontationen 7, 1978.

Hempel, J.: Das Ethos des Alten Testaments: BZAW 67, ^{2}1964.

Kaiser, W. C.: Toward Old Testament Ethics, 1983.

Mathys, H.-P.: Liebe deinen Nächsten wie dich selbst: OBO 71, 1986, ^{2}1990.

Oßwald, E.: Hiob 31 im Rahmen der alttestamentlichen Ethik: Theologische Versuche II, 1970, 9–26.

Otto, E.: Kultus und Ethos in Jerusalemer Theologie: ZAW 98, 1986, 161–179.

–: Sozial- und rechtshistorische Aspekte in der Ausdifferenzierung eines altisraelitischen Ethos aus dem Recht: Osnabrücker Hochschulschriften 9, 1987, 135–161.

–: Forschungsgeschichte einer Ethik im Alten Testament: VF 36/1, 1991, 3–37.

Oyen, H. van: Ethik des Alten Testaments: GdE 2, 1967.

Richter, W.: Recht und Ethos: StANT 15, 1966.

Ruppert, L.: Der Umgang mit den Volksangehörigen, in: J. Horstmann (Hrsg.), Und wer ist mein Nächster?, 1982, 1–36.

Schmidt, W. H.: Aspekte alttestamentlicher Ethik, in: J. Moltmann (Hrsg.), Nachfolge und Bergpredigt, KT 65, ^{2}1982, 12–36.

Schrage, W.: Ethik des Neuen Testaments: GNT 4, ^{2}1989.

Smend, R.: Ethik III. Altes Testament: TRE 10, 1982, 423–435 (Lit.).

Soisalon-Soininen, I.: Das ethische Moment in der frühisraelitischen Religion: ZEE 13, 1969, 146–153.

Stendebach, F. J.: Überlegungen zum Ethos des Alten Testaments: Kairos 18, 1976, 273–281.

Wallis, G.: Natur und Ethos: Theologische Versuche VII, 1976, 41–60.

Würthwein, E./Merk, O.: Verantwortung: Biblische Konfrontationen 9, 1982.

II. Zum alttestamentlichen Recht

Alt, A.: Die Ursprünge des israelitischen Rechts (1934): KS I, [4]1968, 278–332.
Boecker, H. J.: Recht und Gesetz im Alten Testament und im Alten Orient, [2]1984.
Gerstenberger, E. S.: Wesen und Herkunft des „apodiktischen Rechts“: WMANT 20, 1965.
Halbe, J.: Das Privilegrecht Jahwes. Ex 34,10–26: FRLANT 114, 1975.
Hentschke, R.: Erwägungen zur israelitischen Rechtsgeschichte: ThViat 10, 1965/66, 108–133.
Köhler, L.: Die hebräische Rechtsgemeinde (1931): Der hebräische Mensch, 1953, 142–171.
Liedke, G.: Gestalt und Bezeichnung alttestamentlicher Rechtssätze: WMANT 39, 1971.
Macholz, G. Chr.: Die Stellung des Königs in der israelitischen Gerichtsverfassung: ZAW 84, 1972, 157–182.
–: Zur Geschichte der Justizorganisation in Juda: ZAW 84, 1972, 314–340.
Niehr, H.: Rechtsprechung in Israel: SBS 130, 1987.
Otto, E.: Wandel der Rechtsbegründungen in der Gesellschaftsgeschichte des antiken Israel. Eine Redaktionsgeschichte des „Bundesbuches“ Ex XX 22–XXIII 13: Studia Biblica 3, 1988.
Schottroff, W.: Der altisraelitische Fluchspruch: WMANT 30, 1969.
–: Zum alttestamentlichen Recht: VF 22/1, 1977, 3–29.
Schulz, H.: Das Todesrecht im Alten Testament: BZAW 114, 1969.
Schwienhorst-Schönberger, L.: Das Bundesbuch (Ex 20,22–23,33): BZAW 188, 1990.
Smend, R./Luz, U.: Gesetz: Biblische Konfrontationen 15, 1981.
Wagner, V.: Rechtssätze in gebundener Sprache und Rechtssatzreihen im israelitischen Recht: BZAW 127, 1972.

III. Zum Dekalog insgesamt

1. Forschungsberichte

Kapelrud, A. S.: Some Recent Points of View on the Time and Origin of the Decalogue: StTh 18, 1964, 81–90.
Köhler, L.: Der Dekalog: ThR 1, 1929, 161–184.
König, E.: Zur Erklärung und Geschichte des Dekalogs: NKZ 12, 1901, 363–389.
Lang, B.: Neues über den Dekalog: TThQ 164, 1984, 58–65.
Oberforcher, R.: Arbeit am Dekalog: BiLi 59, 1986, 74–85.
Otto, E.: Alte und neue Perspektiven in der Dekalogforschung: EvErz 42, 1990, 125–133.
Peek-Horn, M.: Der Dekalog – ein Literaturbericht: KatBl 107, 1982, 788–796.

Stamm, J. J.: Dreißig Jahre Dekalogforschung: ThR 27, 1961, 189–239. 281–305.
–: Der Dekalog im Lichte der neueren Forschung, ^{2}1962.
Stamm, J. J./Andrew, M. E.: The Ten Commandments in Recent Research: SBT II/2, 1967.
Vincent, J.: Neuere Aspekte der Dekalogforschung: BN 32, 1986, 83–104.
Zenger, E.: Eine Wende in der Dekalogforschung?: ThRev 64, 1968, 189–198.

2. *Lexikonartikel*

Boecker, H. J.: Dekalog: EKL^{3} I, 1986, 797–799.
Eißfeldt, O.: Dekalog: RGG^{2} I, 1927, 1816–1819.
Horst, F.: Dekalog: RGG^{3} II, 1958, 69–71.
Hossfeld, F.-L.: Dekalog: BL^{3} I, 1991, 400–405.
Perlitt, L.: Dekalog I. Altes Testament: TRE 8, 1981, 408–413 (Lit.).

3. *Zur Auslegung und Entstehungsgeschichte des Dekalogs*

Achenbach, R.: Israel zwischen Verheißung und Gebot: EHS.T 422, 1991.
Ben-Chorin, Sch.: Die Tafeln des Bundes, 1979.
Boecker, H. J.: Recht und Gesetz: Der Dekalog, in: –/Hermisson, H.-J., u. a.: Altes Testament, 1983, 206–222.
Botterweck, G. J.: Form- und überlieferungsgeschichtliche Studien zum Dekalog: Conc(D) 1, 1965, 392–401.
Brandscheidt, R.: Der Dekalog – Gottes Gebote als Weisungen zu einem Leben in Freiheit – aus exegetischer Sicht: Senfkorn II/1, 1986, 105–134.
Braulik, G.: Die Abfolge der Gesetze in Deuteronomium 12–26 und der Dekalog (1985): Studien zur Theologie des Deuteronomiums, SBAB 2, 1988, 231–255.
–: Die deuteronomistischen Gesetze und der Dekalog: SBS 145, 1991.
Brekelmans, C.: Deuteronomy 5: It's Place and Function: N. Lohfink (Hrsg.), Das Deuteronomium, BEThL 68, 1985, 164–173.
Carmichael, C. M.: The Ten Commandments, 1983.
–: Law and Narrative in the Bible. The Evidence of the Deuteronomic Laws and the Decalogue, 1985.
Cazelles, H.: Dix paroles: Les origines du Décalogue: Autor de l'Exode, 1987, 113–123.
Charles, R. H.: The Decalogue, 1923.
Childs, B. S.: Old Testament Theology in a Canonical Context, 1985, 63 ff.
Crüsemann, F.: Bewahrung der Freiheit. Das Thema des Dekalogs in sozialgeschichtlicher Perspektive: KT 78, 1983.
Dietrich, W.: Rez. zu F.-L. Hossfeld, Der Dekalog (OBO 45, 1982): UF 16, 1984/85, 361–363.

Dohmen, C.: Dekalogexegese und kanonische Literatur: VT 37, 1987, 81–84.
–: Was stand auf den Tafeln vom Sinai und was auf denen vom Horeb?: Vom Sinai zum Horeb, FS E. Zenger, 1989, 9–50.
Eerdmans, B. D.: Oorsprong en beteekenis van de »tien woorden«: ThT 37, 1903, 19–35.
Fabry, H.-J.: Noch ein Dekalog! Die Thora des lebendigen Gottes in ihrer Wirkungsgeschichte: Im Gespräch mit dem dreieinen Gott, FS W. Breuning, 1985, 75–96.
Finlay, T. J.: The Ten Commandments, 1961.
Fohrer, G.: Das sog. apodiktisch formulierte Recht und der Dekalog: KuD 11, 1965, 49–74 = Studien zur alttestamentlichen Theologie und Geschichte: BZAW 115, 1969, 120–148.
Gampert, A.: Le décalogue: RThPh 14, 1926, 184–209.
Gese, H.: Der Dekalog als Ganzheit betrachtet: ZThK 64, 1967, 121–138 = Vom Sinai zum Zion, 1974, 63–80.
Goldman, S.: The Ten Commandments, ^{2}1963.
Graupner, A.: Zwei Arbeiten zum Dekalog: VF 31/1, 1986, 87–89.
–: Zum Verhältnis der beiden Dekalogfassungen Ex 20 und Dtn 5. Ein Gespräch mit Frank-Lothar Hossfeld: ZAW 99, 1987, 308–329.
Gruber, M.: On the "Ten Commandments" (hebr.): Beth Mikra 88, 1981, 16–21.
Haag, H.: Der Dekalog: Abhandlungen zur Moraltheologie 6, 1964, 9–38.
Harrelson, W.: The Ten Commandments and Human Rights, 1980.
Hossfeld, F.-L.: Der Dekalog. Seine späten Fassungen, die originale Komposition und seine Vorstufen: OBO 45, 1982.
–: Zum synoptischen Vergleich der Dekalogfassungen: Eine Fortführung des begonnenen Gesprächs: Vom Sinai zum Horeb, FS E. Zenger, 1989, 73–117.
Jacob, B.: The Decalogue: JQR 14, 1923/24, 141-187.
Jepsen, A.: Beiträge zur Auslegung und Geschichte des Dekalogs: ZAW 79, 1967, 277–304 = Der Herr ist Gott, 1978, 76ff.
Johnstone, W.: The Decalogue and the Redaction of the Sinai Pericope in Exodus: ZAW 100, 1988, 361–385.
Jonsen, A. R.: The Decalogue. Command and Presence: Thought 38, 1963, 421–446.
Jucci, E.: Il Decalogo e la polemica anticanaanaica: RBibIt 28, 1980, 97–109.
Kaufmann, St. A.: The Second Table of the Decalogue and the Implicit Categories of Ancient Near Eastern Law, in: J. H. Marks/R. M. Good (Hrsg.), Love and Death in the Ancient Near East, FS M. H. Pope, 1987, 111–116.
Keszler, W.: Die literarische, historische und theologische Problematik des Dekalogs: VT 7, 1957, 1–16.
Kilian, R.: Das Humanum im ethischen Dekalog Israels: Im Gespräch: Der Mensch, FS J. Möller, 1981, 43–52.
Koch, K.: Tempeleinlaßliturgien und Dekaloge, in: K. Koch/R. Rendtorff (Hrsg.), Studien zur Theologie der alttestamentlichen Überlieferung, 1961, 46–60.

–: Was ist Formgeschichte?, [5]1989, 55–64.

Lang, B.: Grundrechte des Menschen im Dekalog: BiKi 34, 1979, 75–79.

Lehmann, P.: The Commandments and the Common Life: Interpr 34, 1980, 341–355.

Lemaire, A.: Le décalogue: Essai d'histoire de la rédaction: AOAT 212, FS H. Cazelles, 1981, 259–295.

Lestienne, M.: Les dix «paroles» et le decalogue: RB 80, 1972, 484–510.

Levin, C.: Der Dekalog am Sinai: VT 35, 1985, 165–191.

Lewis, J.: The Ten Commandments, 1946.

Lohfink, N.: Zur Dekalogfassung von Dtn 5: BZ 9, 1965, 17–32 = Studien zum Deuteronomium und zur deuteronomistischen Literatur I: SBAB 8, 1990, 193–209.

–: Die These vom „deuteronomistischen" Dekaloganfang – ein fragwürdiges Ergebnis atomistischer Sprachstatistik: Studien zum Pentateuch, FS W. Kornfeld, 1977, 99–109 = Studien zum Deuteronomium und zur deuteronomistischen Literatur I: SBAB 8, 1990, 363–378.

–: Kennt das Alte Testament einen Unterschied von „Gebot" und „Gesetz"? Zur bibeltheologischen Einstufung des Dekalogs: JBTH 4, 1989, 63–89.

Maier, P. J.: Enumerating the Decalogue: Do We Number the Ten Commandments Correctly?: Concordia Journal 16, 1990, 18–26.

Matthes, J. C.: Der Dekalog: ZAW 24, 1904, 17–41.

Mayes, A. D. H.: Deuteronomy 5 and the Decalogue: Proceedings of the Irish Biblical Association 4, 1980, 68–83.

McFayden, J. E.: The Mosaic Origin of the Decalogue: Exp 8/11, 1916, 152–160.222–231.311–320.383–400.

Meier, E.: Die ursprüngliche Form des Dekalogs, 1846.

Meinhold, J.: Der Dekalog, 1927.

Meissner, O.: Der Dekalog. Eine kritische Studie I. Der Dekalog im Hexateuch: Diss. phil. Leipzig 1893.

Metzler, E.: Discovering the Three-Dimensional Structure of the Ten Commandments, 1986.

Mittmann, S.: Deuteronomium 1,1–6,3: BZAW 139, 1975, 132 ff.

Mowinckel, S.: L'origine du Décalogue: RHPhR 6, 1926, 409–433.501–525.

–: Le Décalogue: EHPhR 16, 1927.

–: Zur Geschichte der Dekaloge: ZAW 55, 1937, 218–235.

Nicholson, E. W.: The Decalogue as the Direct Address of God: VT 27, 1977, 422–433.

Nielsen, E.: Die Zehn Gebote, 1965.

–: The Ten Commandments and Human Rights, 1980.

Nowack, W.: Der erste Dekalog: Abhandlungen zur semitischen Religionskunde und Sprachwissenschaft, FS W. W. Graf Baudissin, BZAW 33, 1918, 381–397.

Otto, E.: Der Dekalog als Brennspiegel israelitischer Rechtsgeschichte: Alttestamentlicher Glaube und Biblische Theologie, FS H. D. Preuß, 1992, 59–68.

Perlitt, L.: Bundestheologie im Alten Testament: WMANT 36, 1969, 71 ff.
–: Rez. zu F.-L. Hossfeld, Der Dekalog: OBO 45, 1982: ThLZ 108, 1983, 578–580.
Petuchowski, J. J. (Hrsg.): Die Stimme vom Sinai, 1981.
Pfeiffer, R. H.: The Oldest Decalogue: JBL 43, 1924, 294–310.
Phillips, A.: Ancient Israel's Criminal Law, 1970.
–: Prophecy and Law: Israel's Prophetic Heritage, FS P. R. Ackroyd, 1982, 217–231.
–: The Decalogue – Ancient Israel's Criminal Law: JJS 34, 1983, 1–20.
Preuß, H. D.: Theologie des Alten Testaments I, 1991, 111 ff.
Rad, G. von: Theologie des Alten Testaments I, ^{4}1962, 203–216.
Reventlow, H. Graf: Gebot und Predigt im Dekalog, 1962.
–: Rechtfertigung im Horizont des Alten Testaments, 1971, 30 ff.
Rowley, H. H.: Moses and the Decalogue (1951): Men of God, 1963, 1–36.
Schmid, H.: Die Gestalt des Mose: EdF 237, 1986, 49 f.
Schmidt, H.: Mose und der Dekalog: ΕΥΧΑΡΙΣΤΗΡΙΟΝ, FS H. Gunkel, FRLANT 36, 1923, 78–119.
Schmidt, W. H.: Überlieferungsgeschichtliche Erwägungen zur Komposition des Dekalogs: Congress Volume Edinburgh, VT.S 22, 1972, 201–220.
Schreiner, J.: Die zehn Gebote im Leben des Gottesvolkes, 1988.
Schüngel-Straumann, H.: Der Dekalog – Gottes Gebote?: SBS 67, 1973.
Segal, B.-Z. (Hrsg.): The Ten Commandments [hebr.], 1985.
Smend, R.: Rez. zu F.-L. Hossfeld, Der Dekalog (OBO 45, 1982): ThRev 79, 1983, 458 f.
Smith, E. J.: The Decalogue in the Preaching of Jeremiah: CBQ 4, 1942, 197–209.
Spiegel, Sh.: A Prophetic Attestation of the Decalogue: Hosea 6:5 with some Observations on Psalms 15 and 24: HarvardThR 27, 1934, 105–144.
Stendebach, F. J.: Rez. zu F.-L. Hossfeld, Der Dekalog (OBO 45, 1982): BiKi 41, 1986, 90–92.
Tate, M. E.: The Legal Traditions of the Book of Exodus: RExp 74, 1977, 483–509.
Vazhuthanapally, O. K.: The Decalogue in Deuteronomy: Bible Bhashyam 15, 1989, 111–132.
Weinfeld, M.: The Decalogue: Its Significance, Uniqueness, and Place in Israel's Tradition, in: E. B. Firmage u. a. (Hrsg.), Religion and Law, 1990, 3–47.
Wichler, W.: Die Biologie der Zehn Gebote, 1971.
Wildeboer, G.: Die Datierung des Dekalogs: ZAW 24, 1904, 296–300.
Wright, J. H. C.: The Israelite Household and the Decalogue: The Social Background and Significance of Some Commandments: TynB 30, 1979, 101–124.
Zimmerli, W.: Grundriß der alttestamentlichen Theologie: ThW 3,1, ^{5}1989, 95 f.116–119.

4. Zur Rezeptionsgeschichte des Dekalogs

Berger, K.: Die Gesetzesauslegung Jesu: WMANT 40, 1972.
Burchard, Chr.: Nächstenliebegebot, Dekalog und Gesetz in Jak 2,8–11: Die hebräische Bibel und ihre zweifache Nachgeschichte, FS R. Rendtorff, 1990, 517–533.
Dexinger, F.: Das Garizimgebot im Dekalog der Samaritaner: Studien zum Pentateuch, FS W. Kornfeld, 1977, 111–133.
–: Der Dekalog im Judentum: BiLi 59, 1986, 86–96.
Grant, R. M.: The Decalogue in Early Christianity: HarvardThR 40, 1947, 1–17.
Koster, M. D.: The Numbering of the Ten Commandments in some Peshitta Manuscripts: VT 30, 1980, 468–473.
Loopik, M. van: De tien woorden in de Mekhilta, 1987.
Meyer, J.: Historischer Kommentar zu Luthers Kleinem Katechismus, 1929.
Müller, G.: Der Dekalog im Neuen Testament: ThZ 38, 1982, 79–97.
Peters, A.: Kommentar zu Luthers Katechismen I, 1990.
Reicke, B.: Die zehn Worte in Geschichte und Gegenwart, 1973.
Rordorf, W.: Beobachtungen zum Gebrauch des Dekalogs in der vorkonstantinischen Kirche, FS B. Reicke, 1984, 431–442.
Schneider, H.: Der Dekalog in den Phylakterien von Qumran: BZ 3, 1959, 18–31.
Schreiner, S.: Der Dekalog in der jüdischen Tradition und im Koran: Kairos 23, 1981, 17–30.
Schunck, K.-D.: Luther und der Dekalog: KuD 32, 1986, 52–68.
Stemberger, G.: Der Dekalog im frühen Judentum: JBTh 4, 1989, 91–103.
Veijola, T.: Der Dekalog bei Luther und in der heutigen Wissenschaft: The Law in the Bible and Its Environment, 1990, 1–22.
Vermès, G.: The Decalogue and the Minim: Post-Biblical Jewish Studies, 1975, 169–177.

B

I. Zum ersten Gebot

Boesche, H.-U.: Die Polemik gegen die Verehrung anderer Gottheiten neben Jahwe im alten Israel: Diss. masch. Göttingen 1962.
Eißfeldt, O.: Gott und Götzen im Alten Testament: KS II, 1962, 266–274.
Knierim, R.: Das erste Gebot: ZAW 77, 1965, 20–39.
Rad, G. von: Theologie des Alten Testaments I, ^{4}1962, 216–225.
Reindl, J.: Das Angesicht Gottes im Sprachgebrauch des Alten Testaments: EThSt 25, 1970.
Schenker, A.: Der Monotheismus im ersten Gebot, die Stellung der Frau im Sabbatgebot und zwei Sachfragen zum Dekalog (1985): Text und Sinn im Alten Testament, OBO 103, 1991, 187–205.

Schmidt, W. H.: Das erste Gebot: TEH 165, 1969.
–: Alttestamentlicher Glaube in seiner Geschichte, 71990, 63–91.
–: Die Frage nach der Einheit des Alten Testaments – im Spannungsfeld von Religionsgeschichte und Theologie: JBTh 2, 1987, 33–57.
Schüngel-Straumann, H.: Überlegungen zum JHWH-Namen in den Gottesgeboten des Dekalogs: ThZ 38, 1982, 65–78.
Simian-Yofre, H.: *panim:* ThWAT VI, 1988, 629–659.
Wanke, G.: Dämonen II: TRE 8, 1981, 275–277.
Woude, A. S. van der: *panim:* THAT II, 21979, 432–460.
Zimmerli, W.: Grundriß der alttestamentlichen Theologie: ThW 3,1, 51985, 100–103.

Zur Diskussion um den Monotheismus im Alten Testament:
Albrektson, B.: History of the Gods, 1967.
Ancient Israelite Religion, FS F. M. Cross, 1987.
Bade, F.: Der Monojahwismus des Deuteronomiums: ZAW 30, 1910, 81–90.
Balscheidt, B.: Alter und Aufkommen des Monotheismus in der israelitischen Religion: BZAW 69, 1938.
Baumgärtel, F.: Monotheismus und Polytheismus II: RGG3 IV, 1960, 1113–1115.
Braulik, G.: Das Deuteronomium und die Geburt des Monotheismus (1985): Studien zur Theologie des Deuteronomiums, SBAB 2, 1988, 257–300.
Floss, J. P.: Jahwe dienen – Göttern dienen: BBB 45, 1975.
Görg, M.: Monotheismus in Israel – Rückschau zur Genese: RHS 32, 1989, 277–285.
Golka, F.: Schwierigkeiten bei der Datierung des Fremdgötterverbots: VT 28, 1978, 352–354.
Greßmann, H.: Monotheismus und Polytheismus: RGG1 IV, 1913, 475–479.
Groß, W.: YHWH und die Religion der Nicht-Israeliten: ThQ 169, 1989, 34–44.
Haag, E. (Hrsg.): Gott, der einzige. Zur Entstehung des Monotheismus in Israel: QD 104, 1985.
Henninger, J.: Der Glaube an den einen Gott. Über religiöse Strukturen nomadischer Gruppen: BiKi 27, 1972, 13–16.
Höffken, P.: Eine Bemerkung zum religionsgeschichtlichen Hintergrund von Dtn 6,4: BZ 28, 1984, 888–893.
Hossfeld, F.-L.: Einheit und Einzigkeit Gottes im frühen Jahwismus: Im Gespräch mit dem dreieinen Gott, FS W. Breuning, 1985, 57–74.
Hutter, M.: Das Werden des Monotheismus im Alten Israel: Anfänge der Theologie, FS J. B. Bauer, 1987, 25–39.
Keel, O. (Hrsg.): Monotheismus im Alten Israel und seiner Umwelt: BiBe 14, 1980.
Keel, O./Chr. Uehlinger: Göttinnen, Götter und Gottessymbole: QD 134, 1992.
Koch, K.: Šaddaj. Zum Verhältnis zwischen israelitischer Monolatrie und

nordwestsemitischem Polytheismus (1976): Studien zur alttestamentlichen und altorientalischen Religionsgeschichte, 1988, 118–152.
Lang, B.: Vor einer Wende im Verständnis des israelitischen Gottesglaubens? (1980): Wie wird man Prophet in Israel?, 1980, 149–161.
– (Hrsg.): Der einzige Gott. Die Geburt des biblischen Monotheismus, 1981.
–: Neues über die Geschichte des Monotheismus: TThQ 163, 1983, 54–58.
–: Zur Entstehung des biblischen Monotheismus: TThQ 166, 1986, 135–142.
Lohfink, N.: Das Alte Testament und sein Monotheismus, in: K. Rahner (Hrsg.), Der eine Gott und der dreieine Gott: Schriftenreihe der Kath. Akademie der Erzdiözese Freiburg, 1983, 28–47.
Mettinger, T. N. D.: The Elusive Essence: Die hebräische Bibel und ihre zweifache Nachgeschichte, FS R. Rendtorff, 1990, 393-417.
Moor, J. C. de: The Rise of Yahwism: BETL 91, 1990.
Mooren, T.: Monothéisme et polythéisme dans le proche-orient ancien: Ecole practique des hautes études. V^e section (sciences religieuses), Annuaire 84, 1976/77, 471–473.
Müller, H.-P.: Gott und die Götter in den Anfängen der biblischen Religion, in: O. Keel (Hrsg.), Monotheismus im Alten Israel und seiner Umwelt: BiBe 14, 1980, 99–142.
Müller, K.: Die seit Renan über einen israelitischen Urmonotheismus geäußerten Anschauungen, Diss. Breslau 1911.
Niehr, H.: Der höchste Gott. Alttestamentlicher JHWH-Glaube im Kontext syrisch-kanaanäischer Religion des 1. Jahrtausends v. Chr.: BZAW 190, 1990.
Nielsen, E.: „Weil Jahwe unser Gott ein Jahwe ist" (Dtn 6,4f.): Beiträge zur alttestamentlichen Theologie, FS W. Zimmerli, 1977, 288–301.
Nikiprowetzky, V.: Ethical Monotheism: Daedalus 104, Nr. 2, 1975, 69–89.
Ohler, A.: Die vielen Götter und der eine Gott: KatBl 107, 1982, 726–735.
Peter, M.: Dtn 6,4 – ein monotheistischer Text?: BZ 24, 1980, 252–262.
Petersen, D. L.: Israel and Monotheism: FS B.S. Childs, 1988, 92–107.
Preuß, H. D.: Theologie des Alten Testaments I, 1991, 116ff.124ff.
Rose, M.: Der Ausschließlichkeitsanspruch Jahwes. Deuteronomische Schultheologie und die Volksfrömmigkeit in der späten Königszeit: BWANT 106, 1975.
Rendtorff, R.: Die Entstehung der israelitischen Religion als religionsgeschichtliches und theologisches Problem: Gesammelte Studien zum Alten Testament, TB 57, 1975, 119–136.
Ruppert, L.: Jahwe und die Götter: ThZ 84, 1975, 1–13.
Scharbert, J.: Jahwe im frühisraelitischen Recht, in: E. Haag (Hrsg.), Gott, der einzige. Zur Entstehung des Monotheismus in Israel: QD 104, 1985, 160–183.
Schmidt, W. H.: „Jahwe und ..." Anmerkungen zur sog. Monotheismus-Debatte: Die Hebräische Bibel und ihre zweifache Nachgeschichte, FS R. Rendtorff, 1990, 435–447.
Schmidt, W. H./Thiel, W./Hanhart, R.: Altes Testament: Grundkurs Theologie I, 1989, 69–71.

Schmuttermayer, G.: Vom Gott unter Göttern zum einzigen Gott: Freude an der Weisung des Herrn, FS H. Groß, SBB 13, 1986, 349–374.
Seebass, H.: Geschichtliche Vorläufigkeit und eschatologische Endgültigkeit des biblischen Monotheismus, in: A. Falaturi u. a. (Hrsg.), Zukunftshoffnung und Heilserwartung in den monotheistischen Religionen, 1983, 49–80.
Selms, A. van: Temporary Henotheism: Symbolae Biblicae et Mesopotamicae, FS F. M.T de Liagre Böhl, 1973, 341–348.
Stolz, F.: Monotheismus in Israel, in: O. Keel (Hrsg.), Monotheismus im Alten Israel und seiner Umwelt, 1980, 143–189.
Tigay, J.: You Shall Have No Other Gods, 1986.
Uehlinger, Chr.: Götterbild: BL^3 I, 1991, 871–892.
Vorländer, H.: Mein Gott. Die Vorstellungen vom persönlichen Gott im Alten Orient und im Alten Testament, 1975.
–: Der Monotheismus Israels als Antwort auf die Krise des Exils, in: B. Lang (Hrsg.), Der einzige Gott. Die Geburt des biblischen Monotheismus, 1981, 84–113.
Weippert, M.: Synkretismus und Monotheismus: J. Assmann/D. Harth, Kultur und Kulturkonflikt: edition suhrkamp 1612, 1990, 143–179.
Wildberger, H.: Der Monotheismus Deuterojesajas (1977): Jahwe und sein Volk, TB 66, 1979, 249–273.
Zenger, E.: Das jahwistische Werk – ein Wegbereiter des jahwistischen Monotheismus?, in: E. Haag (Hrsg.), Gott, der einzige. Zur Entstehung des Monotheismus in Israel: QD 104, 1985, 26–53.
Zenger, E./Wacker, M.-Th.: Der eine Gott und die Göttin: QD 135, 1991.

II. Zum zweiten Gebot

Barth, H. M.: Wort und Bild: KuD 35, 1989, 34–53.
Bernhardt, K.-H.: Gott und Bild: Theologische Arbeiten 2, 1956.
–: Bild: BHH I, 1962, 249f.
–: Das „Bilderverbot" im Alten Testament und im antiken Judentum, in: J. Irmscher (Hrsg.), Der byzantinische Bilderstreit, 1980, 73–82.
Carroll, R. P.: The Aniconic God and the Cult of Images: StTh 31, 1977, 51–64.
Curtis, E. M.: The Theological Basis for the Prohibition of Images in the Old Testament: Journal of the Evangelical Theological Society 28, 1985, 277–287.
Dohmen, C.: Das Bilderverbot. Seine Entstehung und seine Entwicklung im Alten Testament: BBB 62, ^{2}1987.
–: **pasil* – **päsäl*. Zwei Nominalbildungen von *psl*?: BN 16, 1981, 11f.
–: Heißt *sämäl* ‚Bild, Statue'?: ZAW 96, 1984, 263–266.
–: Religion gegen Kunst? Liegen die Anfänge der Kunstfeindlichkeit in der Bibel?, in: C. Dohmen/Th. Sternberg, ... kein Bildnis machen. Kunst und Theologie im Gespräch, 1987, 11–23.
–: *mskh:* ThWAT IV, 1984, 1009–1015.
–: *psl:* ThWAT VI, 1989, 688–697.

–: Bilderverbot: BL³ I, 1991, 296–298.
–: Um unserer Freiheit willen: IKaZ 21, 1992, 7–24.
Dus, J.: Das zweite Gebot: Communio Viatorum 4, 1961, 37–50.
Eising, H.: Der Weisheitslehrer und die Götterbilder: Bibl 40, 1959, 393–408.
Eißfeldt, O.: Gott und Götzen im Alten Testament: KS II, 1962, 266–274.
Galling, K.: Götterbild, weibliches: BRL², 1977, 111–119.
Glaser, G.: Schauen ohne Bild. Zur alttestamentlichen Gotteserfahrung: GuL 55, 1982, 92–105.
Görg, M.: Das alttestamentliche Bilderverbot und seine Bedeutung im frühen Judentum: Orthodoxes Forum 1, 1987, 171–179.
Graupner, A.: *ᶜaṣab:* ThWAT VI, 1989, 301–305.
Gunneweg, A. H. J.: Bildlosigkeit Gottes im Alten Testament: Henoch 6, 1984, 257–271.
Gutmann, J.: The »Second Commandment« and the Image in Judaism: HUCA 32, 1961, 161–174.
–: No Graven Images. Studies in Art and the Hebrew Bible, 1971.
Haag, H.: Das Bild als Gefahr für den Glauben, in: H. Brunner (Hrsg.), Wort und Bild, 1979, 151–165.
Hahn, J.: Das „Goldene Kalb". Die Jahwe-Verehrung bei Stierbildern in der Geschichte Israels: EHS.T 154, 1981.
Heller, J.: Anthropomorphismen und Chrematomorphismen im Alten Testament: An der Quelle des Lebens, BEATAJ 10, 1988, 129–148.
Hempel, J.: Das Bild in Bibel und Gottesdienst: SgV 212, 1957.
Hendel, R. S.: The Social Origin of the Aniconic Tradition in Early Israel: CBQ 50, 1988, 365–382.
Hermisson, H.-J.: Gottes Freiheit – Spielraum des Menschen: ZThK 82, 1985, 129–151, bes. 130–136.
Hossfeld, F.-L.: Du sollst dir kein Bild machen! Die Funktion des alttestamentlichen Bilderverbots: TThZ 98, 1989, 81–94.
Keel, O.: Jahwe-Visionen und Siegelkunst: SBS 84/85, 1977.
Kennedy, J. M.: The Social Background of Early Israel's Rejection of Cultic Images: BTB 17, 1987, 138–144.
Konikoff, C.: The Second Commandment and its Interpretation in the Art of Ancient Israel, 1973.
Mettinger, T. N. D.: The Veto of Images and the Aniconic God in Ancient Israel, in: H. Biezais (Hrsg.), Religious Symbols and their Functions, 1979, 15–29.
Mowinckel, S.: Wann wurde der Jahwäkultus in Jerusalem offiziell bildlos?: AcOr (L) 8, 1930, 257–279.
North, Ch. R.: The Essence of Idolatry: BZAW 77, 1958, 151–160.
Obbink, H. Th.: Jahwebilder: ZAW 47, 1929, 264–274.
Ockinga, B.: Die Gottesebenbildlichkeit im Alten Ägypten und im Alten Testament: Ägypten und Altes Testament 7, 1984.
Ouelette, J.: Le deuxième commandment et le role de l'image dans la symbolique religieuse de l'Ancien Testament: RB 74, 1967, 504–516.

Pfeiffer, R.: The Polemic Against Idolatry in the OT: JBL 43, 1924, 229–240.
–: Images of Yahwe: JBL 45, 1926, 211–222.
Preuß, H. D.: Verspottung fremder Religionen im Alten Testament: BWANT 92, 1971.
–: Theologie des Alten Testaments I, 1991, 119ff.
Rad, G. von: Das Bilderverbot im A.T.: ThW II, 1935, 378–380.
–: Aspekte alttestamentlichen Weltverständnisses (1964): Gesammelte Studien zum Alten Testament I, TB 8, ^{4}1971, 311–331.
–: Theologie des Alten Testaments I, ^{4}1962, 225–232.
–: Weisheit in Israel, 1970, 229ff.
Ratschow, C. H./Gemser, B.: Bilder und Bilderverehrung I und II: RGG^{3} I, 1957, 1268–1273.
Schmidt, H.: Gottesbild, Gottesschau und Theophanie: Judaica 23, 1967, 241–254.
Schmidt, W. H.: Bilderverbot und Gottebenbildlichkeit: Wort und Wahrheit 23, 1968, 209–216.
–: Ausprägungen des Bilderverbots? Zur Sichtbarkeit und Vorstellbarkeit Gottes im Alten Testament: Das Wort und die Wörter, FS G. Friedrich, 1973, 25–34.
–: Alttestamentlicher Glaube in seiner Geschichte, ^{7}1990, 91–99.225–231.
Schrade, H.: Der verborgene Gott. Gottesbild und Gottesvorstellung in Israel und im Alten Orient, 1949.
Schroer, S.: In Israel gab es Bilder: OBO 74, 1987.
Schüngel-Straumann, H.: Gottesbild und Kultkritik vorexilischer Propheten: SBS 60, 1972.
Tatum, W. B.: The LXX Version of the Second Commandment (Ex 20,3–6 = Deut 5,7–10): A Polemic Against Idols, not Images: JSJ 17, 1986, 177–195.
Tsevat, M.: The Prohibition of Divine Images According to the Old Testament: M. Augustin/K. D. Schunck (Hrsg.), „Wünschet Jerusalem Frieden“: BEAT 13, 1988, 211–220.
Vischer, W.: Du sollst dir kein Bildnis machen: Antwort, FS K. Barth, 1956, 764–772.
Welten, P.: Götterbild, männliches: BRL^{2}, 1977, 99–111.
–: Bilder II: TRE 6, 1980, 517–521.
Woude, A. S. van der: Het twede Gebod: Rondom het Woord 19, 1967, 221–231.
Zenger, E.: Der JHWH im Spannungsfeld von Politik und Kult: ThRev 22, 1986, 441–450.
Zimmerli, W.: Das Zweite Gebot (1950): Gottes Offenbarung, TB 19, 1963, 234–248.
–: Das Bilderverbot in der Geschichte des alten Israel (1971): Studien zur alttestamentlichen Theologie und Prophetie, TB 51, 1974, 247–260.
–: Grundriß der alttestamentlichen Theologie, ^{5}1985, 103–108.

Zum Eifer Jahwes:

Berg, W.: Die Eifersucht Gottes – ein problematischer Zug des alttestamentlichen Gottesbildes?: BZ 23, 1979, 197–211.

Dohmen, Chr.: „Eifersüchtiger ist sein Name" (Ex 34,14): ThZ 46, 1990, 289–304.

Reuter, E.: *qn':* ThWAT VII/Lfg. 1–2, 1990, 51–62.

Sauer, G.: *qin'a:* THAT II, ^{2}1979, 647–650.

Zur Rezeptionsgeschichte des Gebots:

Klimkeit, H. J. (Hrsg.): Götterbild in Kunst und Schrift, 1984.

Judentum (und Islam):

Frey, J. B.: La question des images chez les Juifs á la lumière des récentes découvertes: Bibl 15, 1934, 265–300.

Gutmann, J.: The "second Commandment" and the Image in Judaism: Christianity and Islam, 1977, 5–25.

Jaccard, P.: Kunst und Religion. Das Verbot bildlicher Darstellungen im alten Judentum und im Islam: Kölner Zeitschrift für Soziologie und Sozialpsychologie 21, 1969, 453–462.

Kümmel, W. G.: Die ältere religiöse Kunst der Juden: Judaica 2, 1947, 1–56.

Lang, A. H. B.: The Jalousy of God: Ex 20,5 in Gnosis and Rabbinic Theology: Studia Biblica 1978: I OT, JSOT SS 11, 1979, 197–203.

Meyer, R.: Die Figurendarstellung in der Kunst des späthellenistischen Judentums: Judaica 4, 1949, 1–12.

Roth, C.: An Ordinance Against Images in Jerusalem, A.D. 66: HThR 49, 1956, 169–177.

Urbach, E. E.: The Rabbinical Laws of Idolatry in the 2nd and 3rd Centuries: IEJ 9, 1959, 149–165.229–245.

Christentum:

Bartsch, H. W.: Das alttestamentliche Bilderverbot und die frühchristliche Verwendung des Bildes im Wort und in den Anfängen der christlichen Kunst: Symbolon 6, 1986, 150–162.

Beck, R. u. a. (Hrsg.): Die Kunst und die Kirchen. Der Streit um die Bilder heute, 1984.

Bohls, J.: Bilderverbot und bildende Kunst im Zeitalter der Reformation: ZThK 81, 1984, 322–351.

Campenhausen, H., Freiherr von: Die Bilderfrage als theologisches Problem der alten Kirche: Tradition und Leben, 1960, 216–252.

Collwitz, J.: Zur Frühgeschichte der Bilderverehrung: Das Gottesbild im Abendland, ^{2}1959, 57–76.

Dohmen, Chr.: Hat das 2. Konzil von Nikaia 787 das Bilderverbot außer Kraft gesetzt?: Hermeneia 3, 1987, 200–207.

Hempel, H. L.: Zum Problem der Anfänge der AT-Illustration: ZAW 69, 1957, 103–131.

III. Zum dritten (zweiten) Gebot

Andrew, M. E.: Using God. Exodus XX.7: ExpT 74, 1962/63, 304–307.
Brichto, H. Ch.: The Problem of "Curse" in the Hebrew Bible, 1963.
Eißfeldt, O.: Jahwe-Name und Zauberwesen: KS I, 1962, 150–171.
Gese, H.: Der Name Gottes im Alten Testament, in: H. von Stietencron (Hrsg.), Der Name Gottes, 1975, 75–89.
Giesen, G.: Die Wurzel *šbᶜ:* BBB 56, 1981, bes. 164 ff.
Görg, M.: Mißbrauch des Gottesnamens: BN 16, 1981, 16 f.
Grether, O.: Name und Wort Gottes im Alten Testament, 1934.
Harman, A. M.: The Interpretation of the Third Commandment: Reformed Theological Review 47, 1988, 1–7.
Hermisson, H.-J.: Gottes Freiheit – Spielraum des Menschen: ZThK 82, 1985, 129–152, bes. 136–140.
Horst, F.: Der Eid im Alten Testament (1957): Gottes Recht, TB 12, 1961, 292–314.
–: Segen und Fluch II: RGG³ V, 1961, 1649–1651.
Jucci, E.: Es. 20,7. La proibizione di uso illegittimo del Nome di Dio nel Decalogo: BeO 20, 1978, 245–253.
Lang, B.: Das Verbot des Meineids im Dekalog: ThQ 161, 1981, 97–105.
Meinhold, A.: Jüdische Stimmen zum Dritten Gebot: Kirche und Israel 2, 1987, 159–168.
Mowinckel, S.: Psalmenstudien I, 1921, 50–57.
–: The Psalms in Israel's Worship II, 1962.
Sawyer, J. F. A.: *šaw':* THAT II, ²1979, 882–884.
Scharbert, J.: *'alah:* ThWAT I, 1973, 279–285.
Staples, W. E.: The Third Commandment: JBL 58, 1939, 325–329.
Veijola, T.: Das dritte Gebot (Namenverbot) im Lichte einer ägyptischen Parallele: ZAW 103, 1991, 1–17.
Woude, A. S. van der: *šem:* THAT II, ²1979, 935–963.
Zimmerli, W.: Grundriß der alttestamentlichen Theologie: ThW 3,1, ⁵1985, 107 f.

IV. Zum vierten (dritten) Gebot

Andreasen, N.-E.: The Old Testament Sabbath: SBL Dissertation Series 7, 1972.
–: Recent Studies of the Old Testament Sabbath: ZAW 86, 1974, 453–469.
–: Rest and Redemption. A Study of the Biblical Sabbath: Andrews University Monograph Studies in Religion 11, 1978.
Bartelmus, R.: Mk 2,27 und die ältesten Fassungen des Arbeitsruhegebotes im AT: BN 41, 1988, 41–64.
Bettenzoli, G.: La tradizione del Šabbāt: Henoch 4, 1982, 265–292.
Biggs, Ch. R.: Exposition and Adoption of the Sabbath Commandment in the Old Testament: ABR 23, 1975, 13–23.

Bohn, F.: Der Sabbat im Alten Testament und im altjüdischen religiösen Aberglauben, 1903.
Botterweck, G. J.: Der Sabbat im Alten Testament: ThQ 134, 1954, 134–147. 448–457.
Briend, J.: Sabbat: DBS 10, 1985, 1132–1170.
Budde, K.: The Sabbath and the Week: JThS 30, 1928, 1–15.
–: Sabbath und Woche: ChW 43, 1929, 202–208.265–270.
–: Antwort auf Johannes Meinholds „Zur Sabbathfrage“: ZAW 48, 1930, 138–145.
Cannon, W. W.: The Weekly Sabbath: ZAW 49, 1931, 325–327.
Cazelles, H.: Ex 34,21 traite-t-il du sabbat? (1961): Autour de l'Exode, 1987, 295–298.
–: Les origines du Sabbat (1977): Autour de l'Exode, 1987, 115–130.
Dressler, H. P.: The Sabbath in the Old Testament, in: D. A. Carson (Hrsg.), From Sabbath to Lord's Day, 1982, 21–41.
Ebach, J.: Arbeit und Ruhe (1980): Ursprung und Ziel, 1986, 90–110.
Eerdmans, B. D.: Der Sabbath: Vom Alten Testament, FS K. Marti, BZAW 41, 1925, 79–83.
Eichrodt, W.: Der Sabbat bei Hesekiel: Lex Tua Veritas, FS H. Junker, 1961, 65–74.
Eising, H.: *zakar:* ThWAT II, 1977, 571–593.
Gölz, F.: Vom biblischen Sinn des Sabbat: Theologische Beiträge 9, 1978, 243–256.
Gordon, C. H.: The Biblical Sabbath, its origin and observance in the ancient Near East: Judaism 31, 1982, 12–16.
Grünwaldt, K.: Exil und Identität. Beschneidung, Passa und Sabbat in der Priesterschrift: BBB 85, 1992.
Haag, E.: Vom Sabbat zum Sonntag: TThS 52, 1991.
Hahn, F.: Schabbat und Sonntag: EvTh 46, 1986, 495–507.
Hallo, W. W.: New Moons and Sabbaths: HUCA 48, 1977, 1–18.
Hammerschmidt, E.: Stellung und Bedeutung des Sabbats in Äthiopien: Studia Delitzschiana 7, 1963.
Hasel, G. F.: "New Moon and Sabbath" in Eigth Century Israelite Prophetic Writings (Isa 1:13; Hos 2:13; Amos 8:5): M. Augustin/K. D. Schunck (Hrsg.), „Wünschet Jerusalem Frieden“: BEAT 13, 1988, 37–64.
Hehn, J.: Siebenzahl und Sabbat bei den Babyloniern und im Alten Testament, Leipzig 1907.
–: Zur Sabbatfrage: BZ 14, 1917, 198–213.
Hirschfeld, H.: Remarks on the Etymology of sabbath: JRAS 53, 1896, 353–359.
Hulst, A. R.: Bemerkungen zum Sabbatgebot: Studia Biblica et Semitica, FS Th. C. Vriezen, 1966, 152–164.
Jastrow, M.: The Original Character of the Hebrew Sabbath: AJTh 2, 1898, 344 ff.
Jenni, E.: Die theologische Begründung des Sabbatgebotes im Alten Testament: ThSt 46, 1956.

Kornfeld, W.: Der Sabbath im Alten Testament, in: H. Peichl (Hrsg.), Der Tag des Herrn: StWKA 3, 1958, 11–31.
Kraeling, E. J.: The Present Status of the Sabbath Question: AJSL 44, 1932/33, 218–228.
Kraus, H.-J.: Gottesdienst in Israel, ²1962, 96–108.
Kutsch, E.: Sabbat: RGG³ V, 1961, 1258–1260.
–: Der Sabbat – ursprünglich Vollmondtag?: BZAW 168, 1986, 71–77.
Lemaire, A.: Le Sabbat à l'époque royale Israélite: RB 80, 1973, 161–185.
Levin, C.: Der Sturz der Königin Atalja: SBS 105, 1982, 39–42.
Lohse, E.: *sábbaton:* ThWNT VII, 1964, 1–35.
Lotz, W.: Questiones de Historia Sabbati, 1883.
–: Sabbat: RE³ XVII, 1906, 283–291.
Mahler, E.: Der Sabbat: ZDMG 62, 1908, 33–79.
Matthys, F.: Sabbatruhe und Sabbatfest: ThZ 28, 1972, 241–262.
Meek, T. J.: The Sabbath in the Old Testament: JBL 38, 1914, 201–212.
Meesters, J. H.: Op zoek naar de oorsprong van de Sabbat: SSN 7, 1966.
Meinhold, J.: Sabbat und Woche im Alten Testament: FRLANT 5, 1905.
–: Die Entstehung des Sabbats: ZAW 29, 1909, 81–112.
–: Zur Sabbathfrage: ZAW 48, 1930, 121–138.
Miller, P. D.: The Human Sabbath: A Study in Deuteronomic Theology: The Princeton Seminary Bulletin 6, 1985, 81–97.
Morgenstern, J.: Sabbath: IDB IV, 1962, 135–141.
Negretti, N.: Il Settimo giorno, 1973.
Nielsen, D.: Mondreligion, 1904.
North, R.: The Derivation of the Sabbath: Bibl 36, 1955, 182–201.
Nowack, W.: Schabbat, 1924.
Pinches, T. G.: Sapattu, the Babylonian Sabbath: PSBA 26, 1904, 51–56.
Robinson, G.: The Origin and Development of the Old Testament Sabbath, Diss. Hamburg 1975 = BET 21, 1988.
–: The Prohibition of Strange Fire in Ancient Israel: VT 28, 1978, 301–317.
–: The Idea of Rest in the OT and the Search for the Basic Character of Sabbath: ZAW 92, 1980, 32–42.
Rordorf, W.: Sabbat: BHH III, 1966, 1633–1635.
Schenker, A.: Der Monotheismus im ersten Gebot, die Stellung der Frau im Sabbatgebot und zwei Sachfragen zum Dekalog (1985): Text und Sinn im Alten Testament, OBO 103, 1991, 187–205.
Schmidt, W. H.: Alttestamentlicher Glaube in seiner Geschichte, ⁷1990, 105–109.
Schottroff, W.: *zkr:* THAT I, ³1978, 507–518.
Schüngel-Straumann, H.: Überlegungen zum JHWH-Namen in den Gottesgeboten des Dekalogs: ThZ 38, 1982, 65–78.
Slonim, M. B.: The Gender of *šbt* (Sabbath) in the Hebrew Bible: JBL 70, 1951, 4f.
Snaith, N. H.: The Jewish New Year Festival, 1947.
Spier, E.: Der Sabbat, 1989.

Stolz, F.: Sabbat, Schöpfungswoche und Herbstfest: WuD 11, 1971, 159–175.
–: *šbt:* THAT II, ²1979, 863–869.
Strand, K. A. (Hrsg.): The Sabbath in Scripture and History, 1982.
Toy, C. H.: The Earliest Form of the Sabbath: JBL 18, 1899, 190–194.
Tsevat, M.: The Basic Meaning of the Biblical Sabbath: ZAW 84, 1972, 447–459.
Tur-Sinai, N. H.: Sabbat und Woche: BiOr 8, 1951, 14–24.
Veijola, T.: Die Propheten und das Alter des Sabbatgebots, in: Prophet und Prophetenbuch, FS Otto Kaiser, BZAW 185, 1989, 246–264.
Vriezen, Th. C.: Kalender en Sabbat: NThSt 23, 1940, 172–195.
Watts, J. D. W.: Infinitive Absolute as Imperative and the Interpretation of Ex 20, 8: ZAW 74, 1962, 141–145.
Wolff, H. W.: The Day of Rest in Old Testament: ConThM 43, 1972, 498 ff.
–: Anthropologie des Alten Testaments, ⁵1990, 200–210.
Yamashiro, G.: Hebrew Word Sabbath, 1955.
Zimmerli, W.: Grundriß der alttestamentlichen Theologie: ThW 3,1, ⁵1985, 108 f.
Zimmern, H.: Sabbath: ZDMG 58, 1904, 199–202.
–: Nochmals Sabbat: ZDMG 58, 1904, 458–460.

V. Zum fünften (vierten) Gebot

Albertz, R.: Hintergrund und Bedeutung des Elterngebots im Dekalog: ZAW 90, 1978, 348–374.
–: Altes und Neues zum Elterngebot: Zeitschrift für Gottesdienst und Predigt 3, 1985, 22–26.
Becker, J.: Das Elterngebot: IKaZ 8, 1979, 289–299.
Blidstein, G.: Honor Thy Father and Mother. Filial Responsibility in Jewish Law and Ethics, 1976.
Caspari, M.: Die Bedeutung der Wortsippe *kbd* im Hebräischen, 1908.
Conrad, J.: Die junge Generation im Alten Testament: Arbeiten zur Theologie 42, 1970.
Dohmen, C./Stenmans, P.: *kabed:* ThWAT IV, 1984, 13–23.
Eißfeldt, O.: Sohnespflichten im Alten Orient: KS IV, 1968, 264–270.
Fabry, H.-J.: Gott im Gespräch zwischen den Generationen: KatBl 107, 1982, 754–760.
Gamberoni, J.: Das Elterngebot im Alten Testament: BZ 8, 1964, 159–190.
Gehrmann, W.: Du sollst deine Eltern ehren: Diakonie 6, 1987, 331–333.
Groß, H.: Tora und Gnade im Alten Testament: Kairos 14, 1972, 220–231.
Healey, J. F.: The *pietas* of an Ideal Son in Ugarit: UF 11, 1979/80, 353–356.
Hossfeld, F.-L.: Graue Panther im Alten Testament? – Das Alter in der Bibel: Karl Rahner-Akademie. Ausgewählte Vorträge, [1989].
Klemm, P.: Zum Elterngebot im Dekalog: BThZ 42, 1986, 50–61.
Kremers, H.: Die Stellung des Elterngebots im Dekalog: EvTh 21, 1961, 145–161.

Lang, B.: Altersversorgung, Begräbnis und Elterngebot: ZDMG Suppl III/1, 1975, 149–156.
Lebendige Seelsorge 28, 1977, Heft 3–4, 125 ff., bes. 128 ff. (A. Deissler).
Loretz, O.: Das biblische Elterngebot und die Sohnespflichten in der ugaritischen *Aqht*-Legende: BN 8, 1979, 14–17.
McKenzie, J. L.: The Elders in the Old Testament: Bib 40, 1959, 522–540.
Meinhold, A.: Zum Verständnis des Elterngebots: Die Christenlehre 38, 1985, 248–254.
Ruppert, L.: Der alte Mensch aus der Sicht des Alten Testaments: TThZ 85, 1976, 270–296.
Scharbert, J.: Das Alter und die Alten in der Bibel: Saeculum 1978/9, 338–358.
Westermann, C.: *kbd:* THAT I, 31978, 794–812.
Wolff, H. W.: Anthropologie des Alten Testaments, 51990, 177–189.

VI. Zum sechsten (fünften) Gebot

Christ, H.: Blutvergießen im Alten Testament, 1976.
Freund, R. A.: "Murder, Adultery and Theft?": Scandinavian Journal of the Old Testament 2, 1989, 72–80.
Groß, H.: Die Idee des ewigen und allgemeinen Weltfriedens, 1956. 21967.
Hossfeld, F.-L.: *raṣaḥ*: ThWAT VII/Lfg. 6/7, 1992, 652–663.
Jepsen, A.: „Du sollst nicht töten!“ (1959): Der Herr ist Gott, 1978, 192–195.
Kranvig, H. S.: „Du skal ikke drive hor ...“. Hermeneutiske refleksjoner over det sjette bud [6. Gebot]: Norsk Teologisk Tidsskrift 90, 1989, 65–86.
McKeating, H.: The Development of the Law on Homicide in Ancient Israel: VT 25, 1975, 46–68.
Schüngel-Straumann, H.: Tod und Leben in der Gesetzesliteratur des Pentateuch unter besonderer Berücksichtigung der Terminologie von „töten“, Diss. Bonn 1969.
Stamm, J. J.: Sprachliche Erwägungen zum Gebot „Du sollst nicht töten“: ThZ 1, 1945, 81–90.
Yoder, J. H.: Exodus 20, 13 – "Thou shalt not kill": Interpr. 34, 1980, 394–399.

VII. Zum siebten (sechsten) Gebot

Böckle, F. (Hrsg.): Menschliche Sexualität und kirchliche Sexualmoral, 21977, bes. 51–73 (E. Zenger).
Conc(D) 6, 1970, bes. 320–325 (P. Grelot).
Freedman, D. N./Willoughby, B. E.: *na'ap:* ThWAT V, 1986, 123–129.
Gerstenberger, E.: Ehebruch: BL3 I, 1991, 479–481.
Hutter, M.: Das Ehebruchverbot im altorientalischen und alttestamentlichen Zusammenhang: BiLi 59, 1986, 96–104.
Kornfeld, W.: L'adultère dans l'orient antique: RB 57, 1950, 92–109.

Loewenstamm, S. E.: The Laws of Adultery and Murder in Biblical and Mesopotamian Laws: AOAT 204, 1980, 146–153.
McKeating, H.: Sanctions against Adultery in Ancient Israelite Society, with some Reflections on Methodology in the Study of Old Testament Ethics: JSOT 11, 1979, 57–72.
Otto, E.: Zur Stellung der Frau in den ältesten Rechtstexten des Alten Testaments (Ex 20,14; 22,15f.): ZEE 26, 1982, 279–305.
Phillips, A.: Another Look on Adultery: JSOT 20, 1981, 3–25.
Richter, H.-F.: Geschlechtlichkeit, Ehe und Familie im Alten Testament und seiner Umwelt: BET 10, 1978.
Ringeling, H.: Die biblische Begründung der Monogamie: ZEE 10, 1966, 81–102.
Scharbert, J.: Ehe und Eheschließung in der Rechtssprache des Pentateuch und beim Chronisten: Studien zum Pentateuch, FS W. Kornfeld, 1977, 213–225.
Vaux, R. de: Das Alte Testament und seine Lebensordnungen I, 1960, 52ff.
Westbrook, R.: Old Babylonian Marriage Law: AfO.B 23, 1988.
Wolff, H. W.: Anthropologie des Alten Testaments, [5]1990, 243–258.

VIII. Zum achten (siebten) Gebot

Alt, A.: Das Verbot des Diebstahls im Dekalog (1949): KS I, [4]1968, 333–340.
Gnuse, R.: You shall not steal. Community and Property in the Biblical Tradition, 1985.
Gottstein, H.: „Du sollst nicht stehlen“: ThZ 9, 1953, 394f.
Hamp, V.: *ganab:* ThWAT II, 1977, 41–47.
Horst, F.: Der Diebstahl im Alten Testament: Gottes Recht, TB 12, 1961, 167–175.
Klein, H.: Verbot des Menschendiebstahls im Dekalog?: VT 26, 1976, 161–169.
Little, D.: Exodus 20,15 – “Thou shalt not steal”: Interpr. 34, 1980, 399–405.
Petuchowski, J. J.: A Note on W. Kessler's „Problematik des Dekalogs“: VT 7, 1957, 397f.
Westbrook, R.: Studies in Biblical and Cuniform Law: CRB 26, 1988.

IX. Zum neunten (achten) Gebot

Bühlmann, W.: Vom rechten Reden und Schweigen: OBO 12, 1976.
Klopfenstein, M. A.: Die Lüge nach dem Alten Testament, 1964.
Labuschagne, C. J.: *ʿnh:* THAT II, [2]1979, 335–341.
Leeuwen, C. van: *ʿed:* THAT II, [2]1979, 209–221.
Sawyer, J. F. A.: *šaw':* THAT II, [2]1979, 882–884.
Seeligmann, I. L.: Zur Terminologie für das Gerichtsverfahren im Wortschatz des biblischen Hebräisch: Hebräische Wortforschung, FS W. Baumgartner, VT.S 16, 1967, 251–278.

Simian-Yofre, H.: *'wd:* ThWAT V, 1986, 1107–1128.
Stendebach, F. J.: *ᶜanah:* ThWAT VI, 1987, 233–247.
Stoebe: Das achte (!) Gebot: WuD 3, 1952, 108–126.
Swezey, C. M.: Exodus 20, 16 – "Thou shalt not bear false witness against thy neighbors": Interpr. 34, 1980, 405–410.

X. Zum (neunten und) zehnten Gebot

Coats, J. R.: "Thou shalt not covet": ZAW 52, 1934, 238f.
Gerstenberger, E.: *'wh,* THAT I, ³1978, 74–76.
–: *ḥmd:* THAT I, ³1978, 579–581.
Gordon, C. H.: A Note on the Tenth Commandment: JBR 31, 1963, 208f.
Herrmann, J.: Das zehnte Gebot: Beiträge zur Religionsgeschichte und Archäologie Palästinas, FS E. Sellin, 1927, 69–82.
Jackson, E. S.: Liability for Mere Intention in Early Jewish Law: HUCA 42, 1971, 197–225.
Lang, B.: „Du sollst nicht nach der Frau eines anderen verlangen": ZAW 93, 1981, 216–224.
Mayer, G.: *'wh:* ThWAT I, 1973, 145–148.
Moran, W. L.: The Conclusion of the Decalogue (Ex 20, 17 = Dt 5, 21): CBQ 29, 1967, 543–554.
Schenker, A.: Der Monotheismus im ersten Gebot, die Stellung der Frau im Sabbatgebot und zwei Sachfragen zum Dekalog (1985): Text und Sinn im Alten Testament, OBO 103, 1991, 187–205.
Schunck, K.-D.: Das 9. und 10. Gebot – jüngstes Glied des Dekalogs?: ZAW 96, 1984, 104–109.
Testa, E.: Il comandamento «non concupire»: Euntes Docete 33, 1980, 163–176.
Vasholz, P. I.: You shall not Covet Your Neighbour's Wife: WThJ 49, 1987, 397–403.
Wallis, G.: *ḥmd:* ThWAT II, 1977, 1020–1032.
Wittenberg, G.: The Tenth Commandment in the Old Testament: Journal of Theology for Southern Africa 21, 1978, 3–17.

Zur Stellung der Frau in Israel:

Braulik, G.: Haben in Israel auch Frauen geopfert?: Zur Aktualität des Alten Testaments, FS G. Sauer, 1992, 19–28.
Crüsemann, F./Thyen, H.: Als Mann und Frau geschaffen. Exegetische Studien zur Rolle der Frau, 1978, 13–106.
Engelken, K.: Frauen im Alten Israel. Begriffsgeschichtliche und sozialgeschichtliche Studien zur Stellung der Frau im Alten Testament: BWANT 130, 1990.
Otto, E.: Zur Stellung der Frau in den ältesten Rechtstexten des Alten Testaments (Ex 20, 14; 22, 15f.) – wider die hermeneutische Naivität im Umgang mit dem Alten Testament: ZEE 26, 1982, 279–305.

Anhang: Literatur zur Gegenwartsbedeutung des Dekalogs

Albers, H.-G.: Dekalog und Menschenrechte: RHS 29, 1986, 173–184.
Albertz, H. (Hrsg.): Die Zehn Gebote, Bd. 1–12, 1985–1989.
Biesinger, A.: Zur Relevanz des Dekalogs für die ethische Erziehung: ThQ 164, 1984, 281–293.
Dunde, S.: Unterrichtseinheit zum Dekalog: RHS 29, 1986, 188–192.
Ebeling, G.: Die Zehn Gebote in Predigten ausgelegt, 1973.
Ehrlich, E. L.: Die Zehn Gebote: Israel hat dennoch Gott zum Trost, FS Schalom Ben-Chorin, 1978, 11–19.
Exeler, A.: In Gottes Freiheit leben. Die 10 Gebote, [3]1984.
Fritzsche, H. G.: Evangelische Ethik. Die Gebote Gottes als Grundprinzipien christlichen Handelns, [2]1963.
–: Die Anfänge christlicher Ethik im Dekalog: ThLZ 98, 1973, 161–170.
Furger, F.: Der Dekalog – eine Urcharta der Menschenrechte?, in: R. Mosis/ L. Ruppert (Hrsg.), Der Weg zum Menschen, FS A. Deissler, 1989, 294–309.
Grundwerte und Gottes Gebot. Gemeinsame Erklärung des Rates der EKD und der Deutschen Bischofskonferenz, [3]1979.
Hennig, K.: Das Grundgesetz Gottes. Eine Auslegung der Zehn Gebote, 1982.
Höver, G.: Der Dekalog – Gottes Gebot als Wegweisung zu einem Leben in Freiheit – Grundfragen der Ethik, in: M. Müller (Hrsg.), Senfkorn II/1, 1986, 33–77.
Hofmann, R.: Die Bedeutung des Dekalogs, theologisch und geschichtlich, in der Sicht der katholischen Moraltheologie: ZEE 13, 1969, 230–245.
Honecker, M.: Gesellschaftliche Verantwortung und Gottes Gebot – Der Beitrag der evangelischen Kirche zur Grundwertediskussion: Grundwerte, Schriftenreihe der Bundeszentrale für politische Bildung 168, 1980, 69–81.
–: Einführung in die Theologische Ethik, 1990, 256–266.
Josuttis, M. (Hrsg.): Gebot und Freiheit. Göttinger Universitätspredigten zum Dekalog, 1980.
Kuhn, J.: Ecksteine. Die Zehn Gebote, 1990.
Leuchs, P.: Zehn Wege in die Freiheit: RHS 29, 1986, 193–197.
Link, C.: Das Bilderverbot als Kriterium theologischen Redens von Gott: ZThK 74, 1977, 58–85.
Livneh, E.: Some Thoughts about the Sabbath in our Days: Tradition 7/8, 1965/1966, 62.
Locher, G. W.: Der Geltungsgrad der Zehn Gebote: ZEE 13, 1969, 129–145.
Lochman, J. M.: Wegweisung der Freiheit. Abriß der Ethik in der Perspektive des Dekalogs, 1979.
–: Die Vorstellung des Namens Gottes im Dekalog als Begründung einer Ethik der Freiheit: TZ 34, 1978, 257–264.
Merkel, F.: Das siebente Gebot – Gebot der Freiheit: MPTh 52, 1963, 70–75.
Molinski, W.: Die Zehn Gebote – eine Grundlage für einen ethischen Konsens unter Glaubenden?: StiZt 201, 1983, 53–60.

Müller, H.-P.: Zur Verkündigung der Zehn Gebote: WPKG 65, 1976, 518–535.
Nitschke, H. (Hrsg.): Die Zehn Gebote, 1984.
Oppen, D. von: Du sollst nicht stehlen – heute: ZEE 14, 1970, 35–44.
Releke, W.: Müssen Religionsbücher Dekalog und Menschenrechte zusammenbinden?: RHS 29, 1986, 185–187.
Sorg, T.: Dekalog heute, 1979.
Unsere Verantwortung für den Sonntag. Gemeinsame Erklärung der Deutschen Bischofskonferenz und des Rates der Evangelischen Kirche in Deutschland: EKD Texte 22 (1988).
Wenz, G.: Die Zehn Gebote als Grundlage christlicher Ethik. Zur Auslegung des ersten Hauptstücks in Luthers Katechismus: ZThK 89, 1992, 404–439 (Lit.).
Die Zehn Gebote heute: Sonderdruck aus Rheinischer Merkur/Christ und Welt 18.9. bis 27.11.1981 (u. a. mit Beiträgen von F. Böckle, F. Deissler, M. Honecker, I. Fetscher, H. Haag).

REGISTER

a) Sachen

b) Bibelstellen